プリント形式のリアル過去問で本番の臨場感！

大阪府

大阪高等学校

2025年春受験用 解答集

本書は，実物をなるべくそのままに，プリント形式で年度ごとに収録しています。
問題用紙を教科別に分けて使うことができるので，本番さながらの演習ができます。

■ 収録内容

・解答集（この冊子です）

書籍ＩＤ番号，この問題集の使い方，最新年度実物データ，リアル過去問の活用，
解答例と解説，ご使用にあたってのお願い・ご注意，お問い合わせ

・2024（令和６）年度 ～ 2021（令和３）年度　学力検査問題

JN132627

○は収録あり	年度	'24	'23	'22	'21		
■ 問題収録		○	○	○	○		
■ 解答用紙		○	○	○	○		
■ 配点		○	○	○	○		

数学に解説
がありあます

注）問題文等非掲載：2022年度国語の二と社会の1

問題文などの非掲載につきまして

著作権上の都合により，本書に収録している過去入試問題の本文や図表の一部を掲載しておりません。ご不便をおかけし，誠に申し訳ございません。

本文の一部を掲載できなかったことによる国語の演習不足を補うため，論説文および小説文の演習問題のダウンロード付録があります。弊社ウェブサイトから書籍ＩＤ番号を入力してご利用ください。

なお，問題の量，形式，難易度などの傾向が，実際の入試問題と一致しない場合があります。

教英出版

■　書籍ＩＤ番号

入試に役立つダウンロード付録や学校情報などを随時更新して掲載しています。
教英出版ウェブサイトの「ご購入者様のページ」画面で，書籍ＩＤ番号を入力してご利用ください。

書籍ＩＤ番号　102529

（有効期限：2025年9月30日まで）

【入試に役立つダウンロード付録】
「ラストチェックテスト(標準／ハイレベル)」
「高校合格への道」

■　この問題集の使い方

年度ごとにプリント形式で収録しています。針を外して教科ごとに分けて使用します。①片側，②中央のどちらかでとじてありますので，下図を参考に，問題用紙と解答用紙に分けて準備をしましょう（解答用紙がない場合もあります)。

針を外すときは，けがをしないように十分注意してください。また，針を外すと紛失しやすくなりますので気をつけましょう。

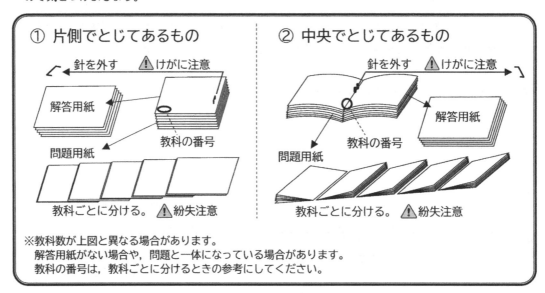

① 片側でとじてあるもの　　② 中央でとじてあるもの

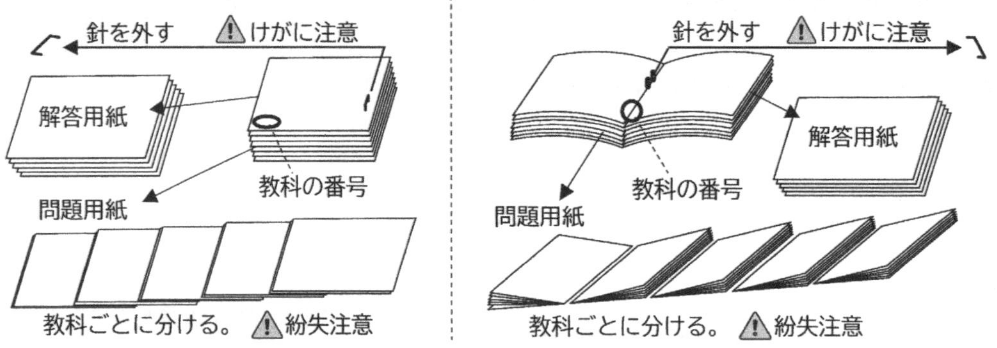

※教科数が上図と異なる場合があります。
解答用紙がない場合や，問題と一体になっている場合があります。
教科の番号は，教科ごとに分けるときの参考にしてください。

■　最新年度 実物データ

実物をなるべくそのままに編集していますが，収録の都合上，実際の試験問題とは異なる場合があります。実物のサイズ，様式は右表で確認してください。

問題用紙	Ｂ５冊子(二つ折り) 国：設問用紙はＢ４両面プリント
解答用紙	Ｂ４片面プリント

リアル過去問の活用

～リアル過去問なら入試本番で力を発揮することができる～

本番を体験しよう！

問題用紙の形式（縦向き／横向き），問題の配置や余白など，実物に近い紙面構成なので本番の臨場感が味わえます。まずはパラパラとめくって眺めてみてください。「これが志望校の入試問題なんだ！」と思えば入試に向けて気持ちが高まることでしょう。

入試を知ろう！

同じ教科の過去数年分の問題紙面を並べて，見比べてみましょう。

① 問題の量

毎年同じ大問数か，年によって違うのか，また全体の問題量はどのくらいか知っておきましょう。どのくらいのスピードで解けば時間内に終わるのか，大問ひとつにかけられる時間を計算してみましょう。

② 出題分野

よく出題されている分野とそうでない分野を見つけましょう。同じような問題が過去にも出題されていることに気がつくはずです。

③ 出題順序

得意な分野が毎年同じ大問番号で出題されていると分かれば，本番で取りこぼさないように先回りして解答することができるでしょう。

④ 解答方法

記述式か選択式か（マークシートか），見ておきましょう。記述式なら，単位まで書く必要があるかどうか，文字数はどのくらいかなど，細かいところまでチェックしておきましょう。計算過程を書く必要があるかどうかも重要です。

⑤ 問題の難易度

必ず正解したい基本問題，条件や指示の読み間違いといったケアレスミスに気をつけたい問題，後回しにしたほうがいい問題などをチェックしておきましょう。

問題を解こう！

志望校の入試傾向をつかんだら，問題を何度も解いていきましょう。ほかにも問題文の独特な言いまわしや，その学校独自の答え方を発見できることもあるでしょう。オリンピックや環境問題など，話題になった出来事を毎年出題する学校だと分かれば，日頃のニュースの見かたも変わってきます。

こうして志望校の入試傾向を知り対策を立てることこそが，過去問を解く最大の理由なのです。

実力を知ろう！

過去問を解くにあたって，得点はそれほど重要ではありません。大切なのは，志望校の過去問演習を通して，苦手な教科，苦手な分野を知ることです。苦手な教科，分野が分かったら，教科書や参考書に戻って重点的に学習する時間をつくりましょう。今の自分の実力を知れば，入試本番までの勉強の道すじが見えてきます。

試験に慣れよう！

入試では時間配分も重要です。本番で時間が足りなくなってあわてないように，リアル過去問で実戦演習をして，時間配分や出題パターンに慣れておきましょう。教科ごとに気持ちを切り替える練習もしておきましょう。

心を整えよう！

入試は誰でも緊張するものです。入試前日になったら，演習をやり尽くしたリアル過去問の表紙を眺めてみましょう。問題の内容を見る必要はもうありません。どんな形式だったかな？受験番号や氏名はどこに書くのかな？…ほんの少し見ておくだけでも，志望校の入試に向けて心の準備が整うことでしょう。

そして入試本番では，見慣れた問題紙面が緊張した心を落ち着かせてくれるはずです。

※まれに入試形式を変更する学校もありますが，条件はほかの受験生も同じです。心を整えてあせらずに問題に取りかかりましょう。

大阪高等学校

《国　語》

一　問一．①押　②率　③復興　④冷蔵　⑤かんしゅう　⑥いど　⑦もど　⑧しゅういつ　　問二．①ア　②ウ　③イ　　問三．①一　②三　③千　　問四．①ア　②エ　③ウ　　問五．［主語／述語］　①［ア／カ］　②［ウ／カ］　③［なし／カ］

二　問一．Ⅰ．オ　Ⅱ．イ　Ⅲ．エ　　問二．イ　　問三．情報や記号で埋め尽くされている　　問四．ア
問五．安心感を与える一方で、何も知らないのにわかったような気にさせ、何も考えないようにさせてしまう
問六．ウ　　問七．A．知識を増やす　B．自分が変わる

三　問一．A．いい　B．おかしく　　問二．a．ウ　b．オ　　問三．ウ　　問四．エ　　問五．ア　　問六．イ
問七．かしら白きおうな　　問八．ウ

《数　学》

1　(1) -9　(2) 14　(3) $\frac{9x+y}{10}$　(4) $-5a^2$　(5) $5-2\sqrt{6}$　(6) $x=-5$　(7) $(x-4)(x-9)$
(8) $x=1\pm\sqrt{5}$　(9) -2　(10) $\frac{1}{3}$　(11) 7　(12) 138

2　(1) $\begin{cases} A-B=\frac{7}{12} \\ 6A+4B=1 \end{cases}$　(2) $A=\frac{1}{3}$　$B=-\frac{1}{4}$　(3) $x=3$　$y=-4$

3　(1) 1　(2) $y=2x+8$　※(3) 90

4　(1) 5　(2) $4:5$　※(3) $\frac{16}{5}$　※(4) $9:1$

※の途中経過は解説を参照してください。

《英　語》

1　(1)エ　(2)イ　(3)ア　(4)ウ　(5)イ　(6)イ　(7)ア　(8)エ　(9)ア　(10)ウ　(11)エ　(12)イ　(13)エ　(14)エ　(15)ウ　(16)ウ

2　(1)イ　(2)エ　(3)イ　(4)エ　(5)イ　(6)ア　(7)ア

3　1．An old man is reading a newspaper.　2．A woman is writing a letter.　3．There are four people in the café.

4　(1) Ⅰ．イ　Ⅱ．エ　Ⅲ．ウ　Ⅳ．ア　(2)イ　(3)ウ　(4)(A)イ　(B)ウ　(5)エ

5　(1)グループA…イ　グループB…オ　グループC…ア　(2)エ　(3)イ　(4)ア

6　(1)注文のお金を払う。　(2)イ　(3)エ　(4)ウ　(5)イ　(6)ア　(7)あ．イ　い．ウ　う．ア

《理　科》

1　ア．3　イ．0　ウ．7　エ．2　オ．2　カ．8　キ．8　ク．0　ケ．9　コ．1
サ．8　シ．1　ス．2

2　問1．ア　問2．C　問3．ア　問4．速さ…ウ　運動エネルギーの大きさ…ウ
問5．力学的エネルギー保存　問6．エ

3　問1．中和　問2．H^+　問3．緑　問4．99.5　問5．イ　問6．名称…硫酸バリウム　色…白

4　問1．セキツイ　問2．胎生　問3．名称…恒温　記号…ア，ウ　問4．D，E　問5．表面積
問6．イ

5　問1．ウ　問2．1年間に進む距離　問3．ア　問4．ウ　問5．15　問6．エ　問7．8

《社　会》

1　設問1．南極　設問2．D　設問3．B　設問4．ユーロ　設問5．イ　設問6．エ
設問7．アマゾン川

2　設問1．ウ　設問2．ア　設問3．ア　設問4．エ　設問5．エ　設問6．ウ　設問7．イ
設問8．イ

3　設問1．①エ　②イ　設問2．①織田信長　②ア　設問3．ア　設問4．千利休　設問5．①ウ　②ウ
③A．銀　B．アヘン

4　設問1．ア　設問2．ルター　設問3．ウ　設問4．イ　設問5．ウ　設問6．①大日本帝国憲法
②エ　③ウ　④ウ　⑤イ

5　設問1．イ　設問2．合計特殊出生率　設問3．エ　設問4．エ　設問5．イ　設問6．エ
設問7．復興庁　設問8．ウ　設問9．ウ　設問10．津田梅子　設問11．A．エ　B．イ　C．ア
設問12．①ワイマール憲法　②ウ

《作　文》

〈作文のポイント〉

・最初に自分の主張、立場を明確に決め、その内容に沿って書いていく。

・わかりやすい表現を心がける。自信のない表現や漢字は使わない。

さらにくわしい作文の書き方・作文例はこちら！→https://kyoei-syuppan.net/mobile/files/sakupo.html

1 (1) 与式$=-6-3=\mathbf{-9}$

(2) 与式$=-36\div 9+9\times 2=-4+18=\mathbf{14}$

(3) 与式$=\dfrac{5(x-y)+2(2x+3y)}{10}=\dfrac{5x-5y+4x+6y}{10}=\mathbf{\dfrac{9x+y}{10}}$

(4) 与式$=10a^2b\times\dfrac{1}{6ab^2}\times(-3ab)=-\dfrac{10a^2b\times 3ab}{6ab^2}=\mathbf{-5a^2}$

(5) 与式$=3-2\sqrt{6}+2=\mathbf{5-2\sqrt{6}}$

(6) 与式より，$4x-6x-2=8$　$-2x=8+2$　$-2x=10$　$\mathbf{x=-5}$

(7) 積が36，和が-13となる2つの整数をさがすと，-4と-9が見つかるから，与式$=\mathbf{(x-4)(x-9)}$

(8) 与式より，$(x-1)^2=5$　$x-1=\pm\sqrt{5}$　$\mathbf{x=1\pm\sqrt{5}}$

(9) $x^2-6x+5=(x-1)(x-5)$に$x=\sqrt{2}+3$を代入すると，

$(\sqrt{2}+3-1)(\sqrt{2}+3-5)=(\sqrt{2}+2)(\sqrt{2}-2)=(\sqrt{2})^2-2^2=2-4=\mathbf{-2}$

(10) **【解き方】樹形図をかいて考える。**

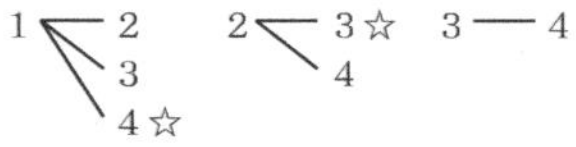

右図のような樹形図がかける。2個の玉に書かれた数の和が5になるのは☆のついた2通りだから，求める確率は，$\dfrac{2}{6}=\mathbf{\dfrac{1}{3}}$である。

(11) $\dfrac{\sqrt{28n}}{7}=\dfrac{\sqrt{28n}}{\sqrt{49}}=\sqrt{\dfrac{28n}{49}}=\sqrt{\dfrac{2^2\times n}{7}}=2\sqrt{\dfrac{n}{7}}$

$\sqrt{\dfrac{n}{7}}$が正の整数となるのは，$n=7\times k^2$（kは自然数）のときである。

このうち最小のnは，$k=1$のときの，$n=7\times 1^2=\mathbf{7}$

(12) **【解き方】右図のように，ℓ，mに平行な線を引いて求める。**

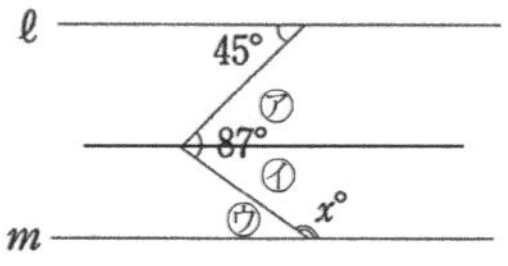

平行線の錯角は等しいので，㋐は45°である。㋑は87°－45°＝42°

㋑と㋒は平行線の錯角で等しいので，㋒は42°　$x=180-42=\mathbf{138}$

2 (1) **【解き方】$\dfrac{1}{x}=$Aとおくと，$\dfrac{6}{x}=\dfrac{1}{x}\times 6=6$Aと表せる。**

$\dfrac{4}{y}=4$Bと表せるから，求める連立方程式は，$\mathbf{A-B=\dfrac{7}{12}}$，$\mathbf{6A+4B=1}$

(2) $A-B=\dfrac{7}{12}$…①，$6A+4B=1$…②とする。

②×2－①×12でAを消去すると，$8B-(-12B)=2-7$　$20B=-5$　$\mathbf{B=-\dfrac{1}{4}}$

②に$B=-\dfrac{1}{4}$を代入すると，$6A+4\times(-\dfrac{1}{4})=1$　$6A-1=1$　$6A=2$　$\mathbf{A=\dfrac{1}{3}}$

(3) $\dfrac{1}{x}=$Aより，$\dfrac{1}{x}=\dfrac{1}{3}$　$\mathbf{x=3}$　$\dfrac{1}{y}=$Bより，$\dfrac{1}{y}=-\dfrac{1}{4}$　$-\dfrac{1}{4}=\dfrac{1}{y}$　両辺に$-4y$をかけて，$\mathbf{y=-4}$

3 (1) $y=ax^2$のグラフはAを通るから，$y=ax^2$に$x=-2$，$y=4$を代入すると，

$4=a\times(-2)^2$より，$\mathbf{a=1}$

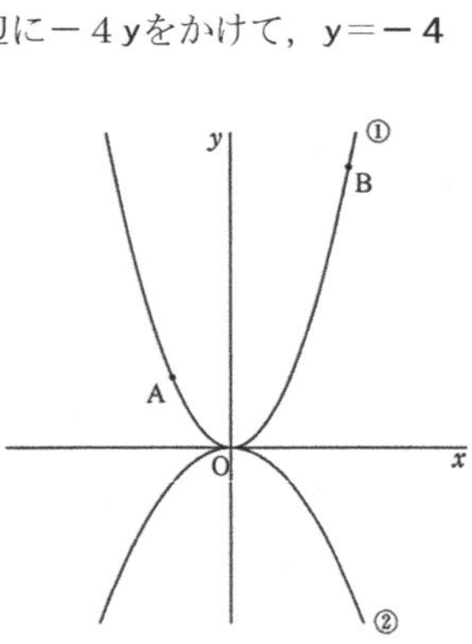

(2) **【解き方】点Bの座標を求め，直線ABの式を$y=mx+n$とし，AとBの座標をそれぞれ代入することで連立方程式を立てる。**

Bの座標は，$y=x^2$に$x=4$を代入して，$y=4^2=16$より，B(4，16)

直線$y=mx+n$がA(－2，4)を通るので，$4=-2m+n$，B(4，16)を通るので，$16=4m+n$が成り立つ。これらを連立方程式として解くと，$m=2$，$n=8$となるから，直線ABの式は，$\mathbf{y=2x+8}$

⑶　**【解き方】C，Dの座標を求め，台形ＡＣＤＢの面積を求める。**

Cのy座標は，$y=-\frac{1}{2}x^2$に$x=-2$を代入して，$y=-\frac{1}{2}\times(-2)^2=-2$　　C$(-2,\ -2)$

Dのy座標は，$y=-\frac{1}{2}x^2$に$x=4$を代入して，$y=-\frac{1}{2}\times4^2=-8$　　D$(4,\ -8)$

ＡＣ＝(Ａのy座標)－(Ｃのy座標)＝$4-(-2)=6$，ＢＤ＝(Ｂのy座標)－(Ｄのy座標)＝$16-(-8)=24$

台形ＡＣＤＢの高さは，(Ｂのx座標)－(Ａのx座標)＝$4-(-2)=6$なので，求める面積は，

$\frac{1}{2}\times(6+24)\times6=$**90**

4　⑴　△ＡＢＣは直角三角形なので，三平方の定理より，

ＢＣ＝$\sqrt{\text{AB}^2+\text{AC}^2}=\sqrt{4^2+3^2}=$**5**

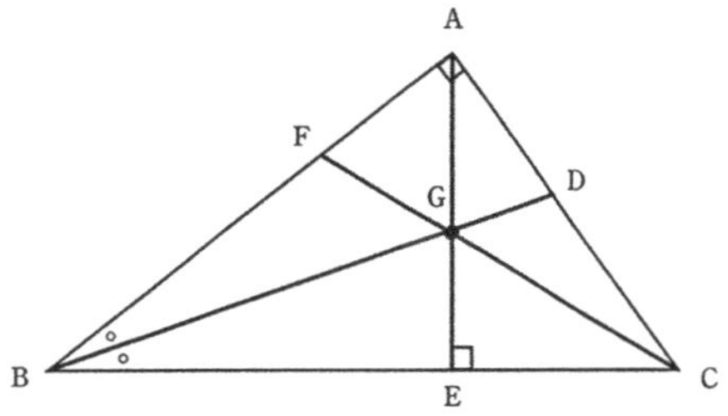

⑵　**【解き方】三角形の内角の二等分線の定理を利用する。**

ＢＤは∠ＡＢＣの二等分線なので，ＡＣをＡＢ：ＢＣ＝4：5に分ける。よって，ＡＤ：ＤＣ＝**4：5**

⑶　**【解き方】△ＡＢＥと△ＣＢＡにおいて，２組の角がそれぞれ等しいので，△ＡＢＥ∽△ＣＢＡである。**

ＢＥ：ＢＡ＝ＡＢ：ＣＢ　　ＢＥ：4＝4：5　　ＢＥ＝$\frac{4\times4}{5}=$**$\frac{16}{5}$**

⑷　**【解き方】△ＡＢＣ＝Ｓとし，△ＡＥＣ→△ＡＧＣ→△ＣＤＧの順に面積をＳの式で表していく。その際，高さが等しい三角形の面積比は底辺の長さの比に等しいことを利用する。**

⑶より，ＥＣ＝$5-\frac{16}{5}=\frac{9}{5}$なので，ＥＣ：ＢＣ＝$\frac{9}{5}$：5＝9：25

△ＡＥＣ：△ＡＢＣ＝ＥＣ：ＢＣ＝9：25だから，△ＡＥＣ＝$\frac{9}{25}$△ＡＢＣ＝$\frac{9}{25}$Ｓ

三角形の内角の二等分線の定理より，ＡＧ：ＧＥ＝ＡＢ：ＢＥ＝4：$\frac{16}{5}$＝5：4

△ＡＧＣ：△ＡＥＣ＝ＡＧ：ＡＥ＝5：(5＋4)＝5：9だから，△ＡＧＣ＝$\frac{5}{9}$△ＡＥＣ＝$\frac{5}{9}\times\frac{9}{25}$Ｓ＝$\frac{1}{5}$Ｓ

△ＣＤＧ：△ＡＧＣ＝ＤＣ：ＡＣ＝5：(4＋5)＝5：9だから，△ＣＤＧ＝$\frac{5}{9}$△ＡＧＣ＝$\frac{5}{9}\times\frac{1}{5}$Ｓ＝$\frac{1}{9}$Ｓ

よって，△ＡＢＣ：△ＣＤＧ＝Ｓ：$\frac{1}{9}$Ｓ＝**9：1**

大阪高等学校

《国　語》

一　問一．①演奏　②温暖　③浴　④導　⑤はけん　⑥めぐ　⑦した　⑧ばんたん
問二．①転　②応　③得　問三．①イ　②ア　③ウ　問四．①ウ　②ア　③カ
問五．［主語／述語］　①［ウ／カ］　②［なし／オ］　③［オ／ア］

二　問一．A．オ　B．エ　C．ウ　問二．ウ　問三．「美しくない物」を氾濫させ
問四．二番目…ア　四番目…イ　問五．エ　問六．(1)A．思い込み　C．結果論　(2)イ

三　問一．A．かたらい　B．うえ　問二．a．イ　b．ウ　問三．ウ　問四．エ　問五．ア　問六．ウ

《数　学》

1　(1) 1　(2) -39　(3) $\frac{13x+11y}{10}$　(4) $2x^4y^3$　(5) 4　(6) $4<3\sqrt{2}<\sqrt{24}$　(7) $(x+6)(x-2)$
(8) $x=2\pm\sqrt{3}$　(9) 23　(10) $\frac{2}{3}$　(11) 172.5　(12) $25°$

2　(1) $20x+10y$　(2) $\begin{cases} x+y=17 \\ 20x+10y=200 \end{cases}$　(3)チョコレート…3　ガム…14　(4)チョコレート…6　ガム…8

3　(1) $\frac{1}{4}$　※(2) $y=\frac{3}{2}x-2$　※(3) $\left(-\frac{1}{2},\ \frac{1}{4}\right)$

4　(1) $\overset{\frown}{BD}$における円周角は等しいので　∠PCB＝∠PAD…①
また，$\overset{\frown}{AC}$における円周角が等しいので　∠PBC＝∠PDA…②
①，②より2組の角がそれぞれ等しいので
(2) $60°$　(3) $\frac{20}{3}$　(4) $\frac{50}{9}$

※の式と計算は解説を参照してください。

《英　語》

1　(1)エ　(2)イ　(3)ウ　(4)イ　(5)ア　(6)ウ　(7)イ　(8)エ　(9)エ　(10)ウ　(11)ア　(12)ウ　(13)イ
(14)エ　(15)エ

2　(1)イ　(2)ア　(3)ア　(4)ウ　(5)イ

3　A boy is running in the park.／There is a woman reading a book.／There are three rabbits in the cage.

4　(1) Ⅰ．ウ　Ⅱ．イ　Ⅲ．ア　Ⅳ．エ　(2)①ウ　②イ　(3)(A) left　(B) bakery　(4)ア　(5)イ

5　(1)イ　(2)エ　(3)ウ

6　(1)ア　(2)イ　(3)ウ　(4) 1．イ　2．イ　3．ア　4．イ　5．イ

《理　科》

1　問1．イ　問2．(1)＋　(2)＋　問3．棒磁石をすばやく動かす。　問4．電磁誘導　問5．①エ　②ウ
問6．イ

2　問1．①イ　②オ　③ア　④○　⑤ウ　問2．イ，ウ　問3．［部分／名称］　①［c／オ］　②［a／エ］
③［d／イ］　問4．染色体　問5．ウ

3　問1．NaOH　問2．酸素　問3．イ　問4．右グラフ
問5．A．陰　B．陽　問6．$CuCl_2 \rightarrow Cu + Cl_2$

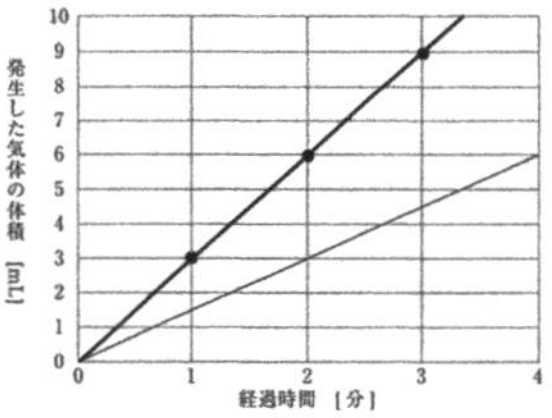

4　問1．オ　問2．活火山　問3．ア，イ　問4．(1)×　(2)○
問5．ア，エ　問6．ウ

5　問1．ア．2　イ．0　問2．ウ．1　エ．7　問3．イ　問4．オ．3　カ．9　キ．6
問5．ク．1　ケ．9　コ．8

《社　会》

1　設問1．エ　設問2．イ　設問3．エ　設問4．ア　設問5．エ　設問6．エ　設問7．ウ
設問8．9　設問9．①イ　②イ　③ウ

2　設問1．イ　設問2．［気候名／説明］　A．［ア／い］　B．［ウ／き］　C．［イ／あ］

3　設問1．②G　⑤E　設問2．①応仁の乱　②イ　設問3．①金剛力士像　②ウ　設問4．①十七条憲法
②隋　設問5．①フビライ・ハン　②ウ　設問6．①足利義満　②勘合　設問7．①ウ　②イ
設問8．①エ　②ア

4　設問1．ア　設問2．エ　設問3．徳川家光　設問4．ア　設問5．ウ　設問6．日朝修好条規
設問7．ウ　設問8．①日英同盟　②ウ　設問9．①エ　②日比谷焼き打ち事件　設問10．①ア　②エ
設問11．米騒動

5　設問1．ウ　設問2．①ウ　②イ　設問3．ア　設問4．①ウ　②エ　③イ　設問5．Ⅰ．ウ　Ⅱ．イ
設問6．エ　設問7．①A．家計　B．政府　②ア　③ウ　④ア

《作　文》

〈作文のポイント〉
・最初に自分の主張、立場を明確に決め、その内容に沿って書いていく。
・わかりやすい表現を心がける。自信のない表現や漢字は使わない。
さらにくわしい作文の書き方・作文例はこちら！→https://kyoei-syuppan.net/mobile/files/sakupo.html

大阪高等学校

1 (1) 与式$=4+3-6=7-6=\mathbf{1}$

(2) 与式$=25\times(-3)-4\times(-9)=-75+36=\mathbf{-39}$

(3) 与式$=\dfrac{5(3x+y)-2(x-3y)}{10}=\dfrac{15x+5y-2x+6y}{10}=\mathbf{\dfrac{13x+11y}{10}}$

(4) 与式$=x^4y^6\div\dfrac{9y^4}{4x^2}\times\dfrac{9y}{2x^2}=x^4y^6\times\dfrac{4x^2}{9y^4}\times\dfrac{9y}{2x^2}=\dfrac{x^4y^6\times4x^2\times9y}{9y^4\times2x^2}=\mathbf{2x^4y^3}$

(5) 与式$=\dfrac{(\sqrt{5}-1)\times\sqrt{2}(\sqrt{5}+1)}{\sqrt{2}}=(\sqrt{5}-1)(\sqrt{5}+1)=(\sqrt{5})^2-1^2=5-1=\mathbf{4}$

(6) $4=\sqrt{16}$，$3\sqrt{2}=\sqrt{3^2\times2}=\sqrt{18}$だから，$\sqrt{16}<\sqrt{18}<\sqrt{24}$となる。よって，$\mathbf{4<3\sqrt{2}<\sqrt{24}}$である。

(7) 与式$=(x+2)^2-4^2=\{(x+2)+4\}\{(x+2)-4\}=\mathbf{(x+6)(x-2)}$

(8) 2次方程式の解の公式より，$x=\dfrac{-(-4)\pm\sqrt{(-4)^2-4\times1\times1}}{2\times1}=\dfrac{4\pm\sqrt{12}}{2}=\dfrac{4\pm2\sqrt{3}}{2}=\mathbf{2\pm\sqrt{3}}$

(9) 与式$=x^2+y^2+2xy+xy=(x+y)^2+xy$となるから，求める値は，

$(\sqrt{5}+\sqrt{2}+\sqrt{5}-\sqrt{2})^2+(\sqrt{5}+\sqrt{2})(\sqrt{5}-\sqrt{2})=(2\sqrt{5})^2+(\sqrt{5})^2-(\sqrt{2})^2=20+5-2=\mathbf{23}$

(10) 2枚のカードの引き方は，右の樹形図より，$3+2+1=6$(通り)

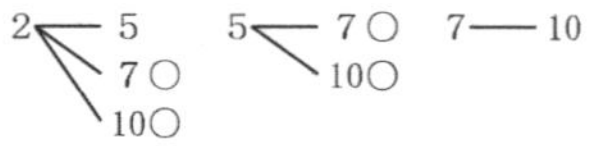

カードの番号の和が3の倍数になるのは，○印の4通りだから，

求める確率は，$\dfrac{4}{6}=\mathbf{\dfrac{2}{3}}$である。

(11) 最頻値は，度数の最も多い階級の階級値だから，170 cm以上 175 cm未満の階級値で，$\dfrac{170+175}{2}=\mathbf{172.5}$(cm)

(12) 円周角の定理より，$\angle BAC=\dfrac{1}{2}\angle BOC=\dfrac{1}{2}\times110°=55°$　点Aと点Oを結ぶと，△OAB，△OACは二等辺三角形で，$\angle OAB=\angle OBA=30°$だから，$\angle x=\angle OAC=55°-30°=\mathbf{25°}$

2 (1) 20円のチョコレートをx個と，10円のガムをy個買った合計代金だから，$\mathbf{20x+10y}$(円)である。

(2) 個数の合計が17個だから，$\mathbf{x+y=17}$　合計代金が200円だから，$\mathbf{20x+10y=200}$

(3) $x+y=17$…①とする。$20x+10y=200$より，両辺を10でわって，$2x+y=20$…②とする。②－①でyを消去すると，$2x-x=20-17$　$x=3$　①に$x=3$を代入すると，$3+y=17$　$y=17-3=14$

よって，求める個数は，チョコレート**3**個，ガム**14**個である。

(4) **【解き方】チョコレート1個分の金額でガムは2個買えるから，ガムを多く買う方が個数の合計が多くなる。個数の差は2個以内だから，$y=x+1$のときと，$y=x+2$のときで考える。**

$y=x+1$で，合計が200円になるとき，$20x+10y=200$に$y=x+1$を代入すると，$20x+10(x+1)=200$

$20x+10x+10=200$　$30x=190$　$x=\dfrac{19}{3}=6\dfrac{1}{3}$だから，合計が200円を超えない買い方は，チョコレートが6個，ガムが$6+1=7$(個)で，合計個数は$6+7=13$(個)である。

$y=x+2$で，合計が200円になるとき，$20x+10(x+2)=200$　$20x+10x+20=200$　$30x=180$　$x=6$だから，合計が200円を超えない買い方は，チョコレートが6個，ガムが$6+2=8$(個)で，合計個数は$6+8=14$(個)である。よって，個数の合計が最も多くなるときの買い方は，チョコレートが**6**個，ガムが**8**個である。

3 (1) $y=ax^2$のグラフは点Aを通るから，$y=ax^2$に$x=-2$，$y=1$を代入すると，$1=a\times(-2)^2$より，$4a=1$　$\mathbf{a=\dfrac{1}{4}}$

(2) 点Bのx座標は$x=2$だから，点Bはy軸について点Aと対称な点であり，B(2，1)である。$y=\dfrac{1}{4}x^2$に点Cのx座標の$x=6$を代入すると，$y=\dfrac{1}{4}\times6^2=9$となるから，C(6，9)で，直線OCの傾きは，$\dfrac{9}{6}=\dfrac{3}{2}$とわかる。平行な直線の傾きは等しいから，点Bを通る直線の式を，$y=\dfrac{3}{2}x+n$とする。B(2，1)を通るので，

$1=\frac{3}{2}\times2+n$より，$1=3+n$　　$n=-2$

よって，求める直線の式は，$\boldsymbol{y=\frac{3}{2}x-2}$である。

(3)　**【解き方】(2)の直線と直線ＯＡの交点をＤとすると，△ＯＢＣと△ＯＤＣは底辺をともにＯＣと見たとき高さが等しいから面積が等しく，四角形ＯＢＣＡの面積は，△ＡＣＤの面積と等しくなる。**

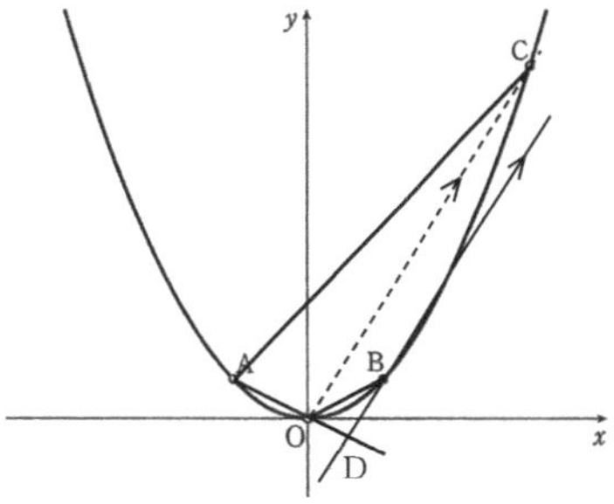

直線ＯＡの式は，$y=-\frac{1}{2}x$　　点Ｄは直線$y=-\frac{1}{2}x$と直線$y=\frac{3}{2}x-2$の交点なので，この２つの式を連立方程式として解くと，$x=1$，$y=-\frac{1}{2}$となるから，Ｄ$(1,\ -\frac{1}{2})$である。ＡＤの中点と点Ｃを通る直線は，△ＡＣＤの面積を２等分する。求める点はＡＤの中点で，x座標は$\frac{-2+1}{2}=-\frac{1}{2}$，$y$座標は$(1-\frac{1}{2})\times\frac{1}{2}=\frac{1}{4}$だから，$\boldsymbol{(-\frac{1}{2},\ \frac{1}{4})}$である。

4　(1)　まず，問題文の仮定を図にかきこんで，証明のために必要な条件を探そう。条件が足りない場合は，問題の内容に応じて，図形の性質，平行線の同位角・錯角，円周角の定理などからわかることもかきこんでみよう。解答例の①，②のどちらかを，「対頂角は等しいので，∠ＣＰＢ＝∠ＡＰＤ」としてもよい。

(2)　ＡＢは円Ｏの直径だから，∠ＡＤＢ＝90°　　∠ＡＤＣ＝∠ＡＤＢ－∠ＣＤＢ＝90°－30°＝60°

$\overset{\frown}{AC}$の円周角だから，∠ＡＢＣ＝∠ＡＤＣ＝**60°**

(3)　(1)より，△ＣＰＢ∽△ＡＰＤだから，ＢＰ：ＤＰ＝ＣＢ：ＡＤが成り立つ。よって，ＢＰ：４＝５：３で，３ＢＰ＝４×５より，ＢＰ＝$\boldsymbol{\frac{20}{3}}$(cm)

(4)　(1)より，△ＣＰＢ∽△ＡＰＤだから，ＰＣ：ＰＡ＝ＣＢ：ＡＤが成り立つ。ＰＡ＝ＢＡ－ＢＰ＝$10-\frac{20}{3}=\frac{10}{3}$(cm)だから，ＰＣ：$\frac{10}{3}$＝５：３　　３ＰＣ＝$\frac{10}{3}\times5$より，ＰＣ＝$\boldsymbol{\frac{50}{9}}$(cm)

2022 解答例 令和4年度 大阪高等学校

《国　語》

一 問一．①値段　②往復　③納　④くや　⑤ぞうに　⑥ちょうほう　　問二．①十／十　②七／八　③一／千
問三．①オ　②ア　③エ　④イ　　問四．［主語／述語］　①［イ／エ］　②［なし／エ］　③［ア／オ］

二 問一．人間の行為を見定めるための一つの指標でしかない　　問二．X．ウ　Y．オ　Z．ア　　問三．ウ
問四．ア　　問五．エ　　問六．選んだ選択肢を正しいものにすることが、正しい選択肢の選び方だと考えているから。　　問七．ア　　問八．イ

三 問一．a．よう　b．たまえ　　問二．A．ウ　B．ア　　問三．常に仰て空を見る　　問四．ア　　問五．イ
問六．エ　　問七．ウ　　問八．ただ今、天には大将犯す星なむ現じたる　　問九．ウ

《数　学》

1 (1) 1　(2) -10　(3) $\frac{5x-11y}{6}$　(4) $\frac{1}{2}x^2y$　(5) $\sqrt{3}$　(6) x^2+x-4　(7) $(x-2)(x+1)$
(8) $x=\frac{5\pm\sqrt{13}}{6}$　(9) 12　(10) $\frac{1}{9}$　(11) 6.5　(12) 67°

2 (1) 5　(2) $\begin{cases} x+y+2=12 \\ 150x+130y+420=1840 \end{cases}$　(3) まぐろ…6　サーモン…4

3 (1) 1　※(2) 3　※(3) $y=-x+6$　※(4) 15

4 (1) ウ　※(2) ① $6\sqrt{2}$　② 1：2　③ 2

※の式と計算は解説を参照してください。

《英　語》

1 (1)ウ　(2)ア　(3)エ　(4)イ　(5)ウ　(6)エ　(7)ア　(8)イ　(9)ウ　(10)ウ　(11)イ　(12)ウ　(13)ア
(14)ウ

2 (1)ウ　(2)エ　(3)ウ　(4)イ　(5)イ　(6)ア

3 (1)ウ　(2)ウ　(3)エ

4 (1)ウ　(2)イ，エ，カ

5 A man is listening to music on the bed.／A dog is sleeping in front of the house.／There is a motorbike in the garage.

6 (1)A．イ　B．ウ　C．エ　(2)エ　(3)エ　(4)ウ　(5)ウ　(6)ウ

《理　科》

1　問1．ウ　問2．⑴前線面　⑵ア．暖気　イ．寒気　ウ．寒冷前線　問3．⑴下がる　⑵水蒸気量を増加させるため。　⑶凝結　問4．エ

2　問1．C，E　問2．A　問3．B，D　問4．エ　問5．CO_2　問6．H_2　問7．Ⅰ．NaCl　Ⅱ．H_2O　問8．中和(反応)

3　問1．感覚器官〔別解〕受容器　問2．イ　問3．①Ⅱ．イ　Ⅲ．オ　②X．感覚神経　Y．運動神経　③ア，エ　問4．記号…C　名称…網膜　問5．①イ　②エ

4　問1．650000　問2．①イ　②ア　③ア　④イ　問3．ウ　問4．右図　問5．6　問6．6

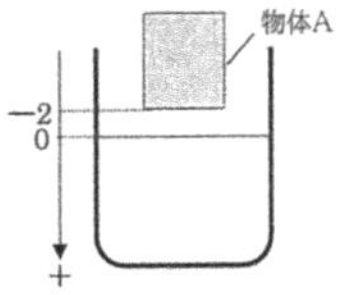

5　ア．13800　イ．138000　ウ．1020x　エ．10200x　オ．13.5　カ．10

《社　会》

1　設問1．Y　設問2．ウ　設問3．①エ　②ア　設問4．イ　設問5．ア　設問6．ウ　設問7．イ　設問8．ウ　設問9．ウ

2　設問1．イ　設問2．エ　設問3．①ア　②エ　設問4．イ

3　設問1．イ　設問2．高床(式)倉庫　設問3．イ　設問4．ウ　設問5．①ア　②エ　設問6．①平清盛　②ア　③ア　設問7．①イエズス会　②ア　設問8．①ウ　②イ　設問9．①エ　②エ　設問10．①ア　②ウ　設問11．ア

4　設問1．エ　設問2．①イ　②エ　設問3．ア　設問4．①ア　②イ　設問5．ウ　設問6．ハザードマップ　設問7．エ　設問8．ウ　設問9．①消費　②ウ　③イ

←解答例は前のページにありますので，そちらをご覧ください。

1 (1) 与式$=7-6=1$

(2) 与式$=-9+8-9=-10$

(3) 与式$=\dfrac{3(5x-y)-2(5x+4y)}{6}=\dfrac{15x-3y-10x-8y}{6}=\dfrac{5x-11y}{6}$

(4) 与式$=\dfrac{5}{8}xy\times\dfrac{6}{5xy^2}\times\dfrac{2}{3}x^2y^2=\dfrac{1}{2}x^2y$

(5) 与式$=4\sqrt{3}-5\sqrt{3}+2\sqrt{3}=\sqrt{3}$

(6) 与式$=2x^2+2x-3x-3-(x^2-2x+1)=2x^2-x-3-x^2+2x-1=x^2+x-4$

(7) 与式$=x^2-4x+4+3x-6=x^2-x-2=(x-2)(x+1)$

(8) ２次方程式の解の公式を利用すると，$x=\dfrac{-(-5)\pm\sqrt{(-5)^2-4\times3\times1}}{2\times3}=\dfrac{5\pm\sqrt{13}}{6}$

(9) 与式$=(x+y)^2-2xy$として，

$x+y=(2+\sqrt{2})+(2-\sqrt{2})=4$，$xy=(2+\sqrt{2})(2-\sqrt{2})=4-2=2$を代入すると，$4^2-2\times2=12$

(10) **【解き方】２個のサイコロの確率の問題は，右のような表で考える。**

大小２個のサイコロの目の出方は全部で$6\times6=36$(通り)ある。

このうち，目の和が５になるサイコロの目の組は，右表で○印をつけた４通りあるから，求める確率は，$\dfrac{4}{36}=\dfrac{1}{9}$

		小					
		1	2	3	4	5	6
大	1				○		
	2			○			
	3		○				
	4	○					
	5						
	6						

(11) **【解き方】８人のデータの中央値は，データを大きさの順に並べたときの４番目と５番目のデータの平均値になる。**

データを大きさの順に並べると，３，４，５，６，７，８，８，10になるから，４番目は６点，５番目は７点である。よって，中央値は，$\dfrac{6+7}{2}=6.5$(点)

(12) **【解き方】平行線の錯角は等しいことを利用する。**

AB//CDより，錯角は等しいので，$\angle ABO=\angle DCO=53°$である。

三角形の外角の性質から，$\angle BOD=\angle BAO+\angle ABO=14°+53°=67°$

2 (1) **【解き方】「サーモン」をz皿食べたとして，１次方程式を立てる。**

$130z+150\times3=1100$が成り立つ。$130z+450=1100$　$13z+45=110$　$13z=110-45$　$13z=65$　$z=5$

よって，「サーモン」は５皿食べた。

(2) **【解き方】食べた枚数についての式と合計金額についての式を立てる。**

食べた枚数について，$x+y+2=12$…①

合計金額について，$150x+130y+210\times2=1840$…②

(3) ①より，$x+y=10$…③　②より，$150x+130y=1840-420$　$150x+130y=1420$　$15x+13y=142$…④

④－③×13でyを消去すると，$15x-13x=142-130$　$2x=12$　$x=6$

③に$x=6$を代入すると，$6+y=10$　$y=10-6=4$

よって，「まぐろ」は６皿，「サーモン」は４皿食べた。

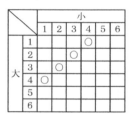

3 (1)　点Aは，x座標が－１で直線$y=x+2$上の点だから，$y=(-1)+2=1$

(2)　【解き方】右の「座標平面上の三角形の面積の求め方」を使って，△ＯＡＢの面積を求める。直線ＡＢとy軸との交点をＤとすると，Ｄ(０，２)より，ＯＤ＝２である。

△ＯＡＢ＝$\frac{1}{2}$×ＯＤ×(ＢとＡのx座標の差)より，

△ＯＡＢ＝$\frac{1}{2}\times 2\times\{2-(-1)\}=3$

座標平面上の三角形の面積の求め方

下図において，△ＯＰＱ＝△ＯＰＲ＋△ＯＱＲ＝△ＯＭＲ＋△ＯＮＲ＝△ＭＮＲだから，

△ＯＰＱの面積は以下の式で求められる。

△ＯＰＱ＝$\frac{1}{2}$×ＯＲ×（ＰとＱのx座標の差）

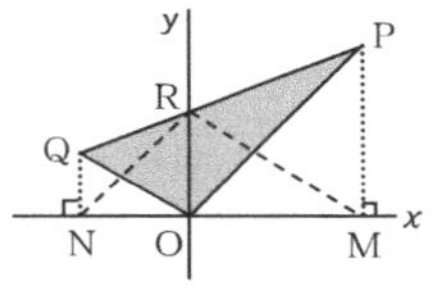

(3)　【解き方】（Ｃのy座標）→（直線ＢＣの式）の順に求める。

点Ｃは，x座標が－３で放物線上にあるから，

y座標は，$y=(-3)^2=9$　　Ｃ(－３，９)

直線ＢＣの式を$y=mx+n$とおく。

点Ｃを通るから，$9=-3m+n$…①　　点Ｂを通るから，$4=2m+n$…②

①と②の連立方程式を解くと，$m=-1$，$n=6$　　よって，求める直線の式は，$y=-x+6$

(4)　【解き方】Ａ(－１，１)より，ＯＡの傾きを調べると，$\frac{0-1}{0-(-1)}=-1$になるから，ＢＣ//ＯＡである。

ＢＣ//ＯＡより，△ＯＢＣ＝△ＡＢＣになるので，△ＯＢＣの面積を求める。

直線ＢＣとy軸との交点をＥとすると，Ｅ(０，６)より，ＯＥ＝６

△ＡＢＣ＝△ＯＢＣ＝$\frac{1}{2}$×ＯＥ×(ＢとＣのx座標の差)より，

△ＡＢＣ＝$\frac{1}{2}\times 6\times\{2-(-3)\}=15$

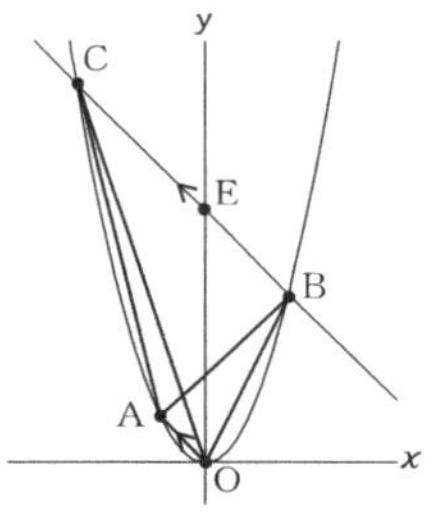

4 (1)　ウの展開図は，組み立てようとすると右側にある２つの面が重なってしまうので，正しくない。

(2)　【解き方】ＢＰ，ＰＨの通る面だけの展開図を考える。

①　右図において，ＢＰ＋ＰＨが最小となるのは，Ｐが線分ＢＨ上にあるときである。

△ＥＢＨにおいて，ＢＥ＝２＋４＝６(cm)，ＥＨ＝６cmより，三平方の定理を使うと，

$BH=\sqrt{BE^2+EH^2}=\sqrt{6^2+6^2}=\sqrt{72}=6\sqrt{2}$(cm)

②　ＡＰ//ＥＨより，ＢＰ：ＰＨ＝ＢＡ：ＡＥ＝２：４＝１：２

③　ＡＰ//ＥＨより，△ＡＢＰ∽△ＥＢＨだから，ＡＰ：ＥＨ＝ＢＡ：ＢＥ　　ＡＰ：６＝２：６

ＡＰ＝２(cm)　　△ＡＢＰ＝$\frac{1}{2}$×ＡＰ×ＡＢ＝$\frac{1}{2}\times 2\times 2=2$(cm²)

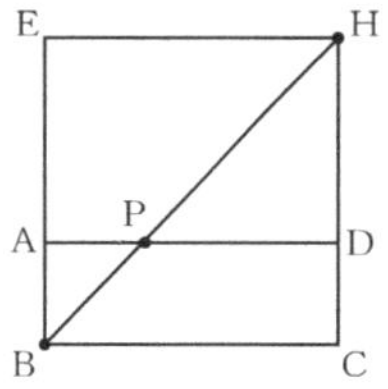

大阪高等学校

《国　語》

一　問一．①加盟　②祖先　③沿　④捕　⑤といき　⑥しょくはつ　⑦きびん　⑧つつし　　問二．①ア　②イ　③イ　　問三．①イ　②ウ　③エ　　問四．［主語／述語］　①［部屋は／寒いですね］　②［ぼくも／行く］　③［なし／する］

二　問一．イ　　問二．(1) i．B　ii．A　iii．A　iv．B　v．B　(2)ウ　　問三．ア　　問四．どちらにも～間」の発想　　問五．Ⅰ．イ　Ⅱ．オ　　問六．それぞれの動きは単純だが、相互に作用することで、全体では思いもよらない高度な秩序が生れたり、途方もない知的な活動を行ったりする　　問七．エ

三　問一．A．いわく　B．よみがえり　　問二．a．ア　b．イ　　問三．ア　　問四．エ　　問五．荷葉　　問六．しかりしよ　　問七．A．ウ　B．イ

《数　学》

1　(1) -12　(2) 1　(3) $\frac{x-7}{6}$　(4) $-8x^3y^6$　(5) $5\sqrt{3}$　(6) $6x^2-x-12$　(7) $(x-6)(x+4)$　(8) $x=-24$　(9) $x=2,\ -1$　(10) $4\sqrt{6}$　(11) 127.5　(12) $\frac{3}{4}\pi$

2　(1) $150x$　(2) $\begin{cases} x+y=76 \\ 150x+250y=15000 \end{cases}$　※(3) 8時40分

3　(1) $0 \leqq y \leqq 9$　(2) 4　(3) -2　※(4) 14

4　(1)①ウ　②オ　③ウ　④ク　⑤シ　※(2) $1+\sqrt{5}$

5　(1) $\frac{1}{9}$　(2) $\frac{13}{36}$

※の途中式は解説を参照してください。

《英　語》

1　(1) 1　(2) 3　(3) 3　(4) 2　(5) 3　(6) 3　(7) 2　(8) 2　(9) 1　(10) 4　(11) 3　(12) 4

2　(1) 1　(2) 4　(3) 3　(4) 3　(5) 3

3　［2番目／4番目］　(1)［3／1］　(2)［3／4］　(3)［5／2］　(4)［2／5］　(5)［2／3］

4　(1)(例文)He played the video game until midnight.　So, he is sleepy.　(2)(例文)He cannot open the door because he lost the key.

5　(1) Ⅰ．3　Ⅱ．2　Ⅲ．1　Ⅳ．4　(2)(a) 3　(b) 2　(3) 2，4

6　(1)(例文)I like e-books better because I can read many kinds of books anywhere.
(2)(例文)I want to go to the U.S. because I want to see the Statue of Liberty.

7　(1) 1　(2) 1　(3) 4　(4)the violets　(5) 1．×　2．×　3．○　4．○　5．×　6．×　7．○　8．○

《理　科》

1　問1．①音源　②鼓膜　　問2．波　　問3．330　　問4．(1)0.004〔別解〕$\frac{1}{250}$
(2)250　(3)右グラフ　　問5．音源の振動を止める

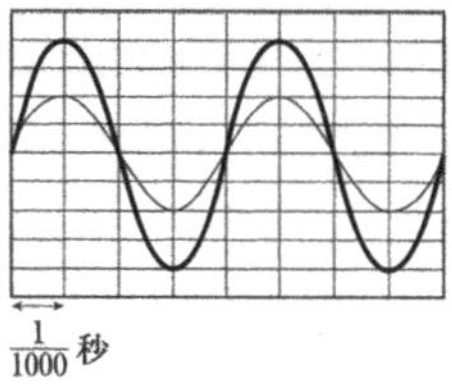

2　問1．①ア　②カ　③エ　④オ　　問2．ウ，オ　　問3．(1)Fe＋S→FeS　(2)162

3　問1．1　　問2．1　　問3．火山灰　　問4．4　　問5．4　　問6．イ
問7．2　　問8．エ

4　問1．(1)小腸　(2)柔毛　　問2．(A)カ　(B)オ　　問3．表面積が広くなるため，養分の吸収をしやすくなる。
問4．アミラーゼ　　問5．①ア，イ　②ア　　問6．エ

5　問1．5.0　　問2．3.1　　問3．113　　問4．水…113　氷…111

《社　会》

1　①乾燥　　②アボリジニ　　③ボーキサイト　　設問1．X．本初子午線　Y．日付変更線　Z．赤道
設問2．南極大陸　　設問3．イ　　設問4．エ　　設問5．国名…カナダ　言語…フランス
設問6．白豪主義　　設問7．7，28，午後3　　設問8．イ

2　設問1．A．カ　B．ウ　C．ア　D．ク　E．イ　　設問2．エ　　設問3．ウ　　設問4．ア　　設問5．イ

3　設問1．吉野ヶ里遺跡　　設問2．魏志倭人伝　　設問3．イ　　設問4．蘇我氏　　設問5．白村江の戦い
設問6．エ　　設問7．菅原道真　　設問8．①イ　②十字軍　　設問9．ウ　　設問10．北条時宗
設問11．日本で貨幣が鋳造されなかったから。〔別解〕流通経済が発達したから。
設問12．しょくゆう状〔別解〕免罪符　　設問13．李舜臣　　設問14．朱印状　　設問15．ア
設問16．南京条約　　設問17．ウ　　設問18．戊辰戦争　　設問19．サラエボ事件
設問20．フランクリン＝ローズベルト　　設問21．中国　　設問22．警察予備隊　　設問23．核兵器を持たず，つくらず，持ちこませず

4　設問1．合意…ウ　効率…ア　公正…イ　　設問2．①エ　②ウ　　設問3．X．政府　Y．家計　Z．企業
設問4．エ　　設問5．①三権分立　②A．エ　B．ア　③ア　　設問6．A．最低限度　B．公衆衛生

←解答例は前のページにありますので，そちらをご覧ください。

1 (1) 与式$=9\times\frac{1}{6}\times(-8)=-12$

(2) 与式$=(\frac{3}{6}+\frac{2}{6}-\frac{1}{6})\times\frac{3}{2}=\frac{4}{6}\times\frac{3}{2}=1$

(3) 与式$=\frac{3x-5-2(x+1)}{6}=\frac{3x-5-2x-2}{6}=\frac{x-7}{6}$

(4) 与式$=x^2y^4\times(-\frac{1}{x^2y})\times8x^3y^3=-8x^3y^6$

(5) 与式$=4\sqrt{3}-(2\sqrt{3}-3\sqrt{3})=4\sqrt{3}-(-\sqrt{3})=4\sqrt{3}+\sqrt{3}=5\sqrt{3}$

(6) 与式$=6x^2+8x-9x-12=6x^2-x-12$

(7) 和が-2，積が-24である2数は-6と4だから，与式$=(x-6)(x+4)$

(8) 両辺を6倍すると，$\frac{1}{2}x\times6-3\times6=\frac{2}{3}x\times6+1\times6$　　$3x-18=4x+6$　　$3x-4x=6+18$

$-x=24$　　$x=-24$

(9) 与式より，$x^2+4x+4=5x+6$　　$x^2+4x+4-5x-6=0$　　$x^2-x-2=0$

$(x-2)(x+1)=0$　　$x=2,\ -1$

(10) 与式$=(x+y)(x-y)$として，$x=\sqrt{2}+\sqrt{3}$，$y=\sqrt{2}-\sqrt{3}$を代入すると，

$\{(\sqrt{2}+\sqrt{3})+(\sqrt{2}-\sqrt{3})\}\{(\sqrt{2}+\sqrt{3})-(\sqrt{2}-\sqrt{3})\}=2\sqrt{2}\times2\sqrt{3}=4\sqrt{6}$

(11) 6つの資料の中央値は，資料を大きさの順に並べた時の3番目と4番目の平均となる。この6人の資料を小さい順に並べると，110，120，<u>125</u>，<u>130</u>，135，140になるから，中央値は，$\frac{125+130}{2}=127.5$(cm)

(12) 半径r，中心角a°のおうぎ形の面積Sは，$S=\pi r^2\times\frac{a°}{360°}$で求めることができるから，

$3^2\pi\times\frac{30°}{360°}=9\pi\times\frac{1}{12}=\frac{3}{4}\pi$ (cm²)

2 (1) **【解き方】A町から峠までは，毎分150mの速さでx分間走っている。**

(道のり)＝(速さ)×(時間)より，$150\times x=150x$(m)

(2) **【解き方】線分図に表すと右図のようになる。道のりについての式と時間についての式を立てる。その際，速さと道のりの単位がそろっていないことに注意する。**

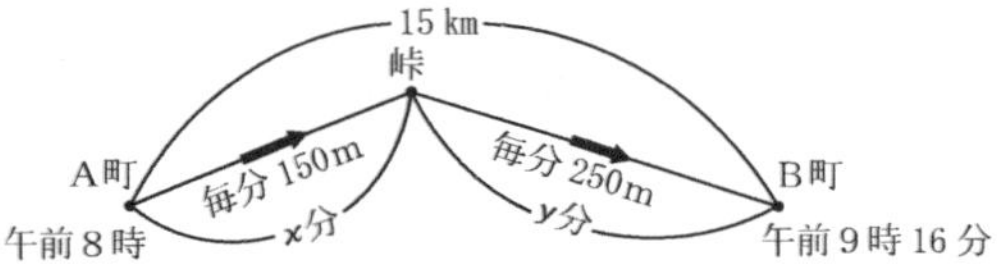

午前8時から午前9時16分までは1時間16分$=(1\times60+16)$分$=76$分だから，時間について，$x+y=76$…①

15 km$=(15\times1000)$m$=15000$mより，道のりについて，$150x+250y=15000$…②

(3) **【解き方】(1)で立てた連立方程式を解く。**

②÷50をすると，$3x+5y=300$…③　　③－①×5でyを消去すると，$3x-5x=300-380$　　$-2x=-80$

$x=40$　　①に$x=40$を代入すると，$40+y=76$　　$y=76-40=36$

よって，峠に到着した時刻は，午前8時+40分＝午前8時40分

3 (1) **【解き方】mは上に開いた放物線だから，xの変域に0を含むときyの最小値は0になる。また，xの絶対値が大きいほどyの値は大きくなる。**

$-2\leqq x\leqq3$でのyの最大値は，$x=3$のときの，$y=3^2=9$　　よって，yの変域は，$0\leqq y\leqq9$

(2) **【解き方】点Bは放物線m上にあり，x座標が-2である。**

$y=x^2$に$x=-2$を代入すると，$y=(-2)^2=4$

⑶　**【解き方】（点Aのx座標）→（点Cのx座標）→（点Cのy座標）の順に求めていく。**

放物線mはy軸について線対称な図形であり，ABとx軸が平行だから，点Aと点Bはy軸について線対称な位置にある。したがって，点Bのx座標が-2なら，点Aのx座標は２である。また，点Cと点Aのx座標は等しいから，点Cのx座標も２である。点Cは放物線n上にあり，x座標が２だから，$y=-\frac{1}{2}x^2$に$x=2$を代入すると，

$y=-\frac{1}{2}\times 2^2=-\frac{1}{2}\times 4=-2$

⑷　**【解き方】AとOを結んで，四角形OBACの面積を△AOBと△AOCに分けて求める。**

点Aのy座標は点Bのy座標と等しく４である。

△AOB$=\frac{1}{2}\times$(ABの長さ)$\times$(２点A，Oのy座標の絶対値の差)$=\frac{1}{2}\times\{2-(-2)\}\times(4-0)=8$

△AOC$=\frac{1}{2}\times$(ACの長さ)$\times$(２点A，Oのx座標の絶対値の差)$=\frac{1}{2}\times\{4-(-2)\}\times(2-0)=6$

よって，求める面積は，△AOB＋△AOC＝８＋６＝14

4　⑴　**【解き方】相似の証明では，「２組の角がそれぞれ等しい」ことを使った問題が多い。②，④はともに二等辺三角形の底角の大きさは等しいことを考える。**

⑵　**【解き方】で証明した△ABC∽△CDBを利用する。**

△ABC∽△CDBだから，AB：CD＝BC：DBが成り立つ。AB＝xとおくと，DB＝$x-2$と表せるので，

$x:2=2:(x-2)$　　$x(x-2)=2\times 2$　　$x^2-2x=4$　　$x^2-2x-4=0$　　２次方程式の解の公式を利用すると，$x=\frac{-(-2)\pm\sqrt{(-2)^2-4\times 1\times(-4)}}{2\times 1}=\frac{2\pm\sqrt{20}}{2}=\frac{2\pm 2\sqrt{5}}{2}=1\pm\sqrt{5}$

ABの長さはADより長いので$x>2$であり，$1-\sqrt{5}$は条件に合わない。

よって，ABの長さは，$x=1+\sqrt{5}$

5　⑴　**【解き方】さいころ２個を使った確率の問題は，６×６のマス目を利用する。長方形の面積は（縦）×（横）で求めるから，目の数の積が長方形の面積になる。**

大小２つのさいころを振るときの目は全部で６×６＝36（通り）ある。

そのうち積が12になるものは，右表で○をつけた４通りあるから，

求める確率は，$\frac{4}{36}=\frac{1}{9}$

２個のさいころの目の積

		小					
		1	2	3	4	5	6
大	1	1	2	3	4	5	6
	2	2	4	6	8	10	⑫
	3	3	6	9	⑫	15	18
	4	4	8	⑫	16	20	24
	5	5	10	15	20	25	30
	6	6	⑫	18	24	30	36

⑵　**【解き方】⑴と同じように考える。**

目の積が15以上になる場合を考えればよい。

目の積が15以上になるものは，右表で○をつけた13通りあるから，

求める確率は，$\frac{13}{36}$

２個のさいころの目の積

		小					
		1	2	3	4	5	6
大	1	1	2	3	4	5	6
	2	2	4	6	8	10	**12**
	3	3	6	9	**12**	⑮	⑱
	4	4	8	**12**	⑯	⑳	㉔
	5	5	10	⑮	⑳	㉕	㉚
	6	6	**12**	⑱	㉔	㉚	㊱

■ ご使用にあたってのお願い・ご注意

（1）問題文等の非掲載

著作権上の都合により，問題文や図表などの一部を掲載できない場合があります。

誠に申し訳ございませんが，ご了承くださいますようお願いいたします。

（2）過去問における時事性

過去問題集は，学習指導要領の改訂や社会状況の変化，新たな発見などにより，現在とは異なる表記や解説になっている場合があります。過去問の特性上，出題当時のままで出版していますので，あらかじめご了承ください。

（3）配点

学校等から配点が公表されている場合は，記載しています。公表されていない場合は，記載していません。

独自の予想配点は，出題者の意図と異なる場合があり，お客様が学習するうえで誤った判断をしてしまう恐れがあるため記載していません。

（4）無断複製等の禁止

購入された個人のお客様が，ご家庭でご自身またはご家族の学習のためにコピーをすることは可能ですが，それ以外の目的でコピー，スキャン，転載（ブログ，ＳＮＳなどでの公開を含みます）などをすることは法律により禁止されています。学校や学習塾などで，児童生徒のためにコピーをして使用することも法律により禁止されています。

ご不明な点や，違法な疑いのある行為を確認された場合は，弊社までご連絡ください。

（5）けがに注意

この問題集は針を外して使用します。針を外すときは，けがをしないように注意してください。また，表紙カバーや問題用紙の端で手指を傷つけないように十分注意してください。

（6）正誤

制作には万全を期しておりますが，万が一誤りなどがございましたら，弊社までご連絡ください。

なお，誤りが判明した場合は，弊社ウェブサイトの「ご購入者様のページ」に掲載しておりますので，そちらもご確認ください。

■ お問い合わせ

解答例，解説，印刷，製本など，問題集発行におけるすべての責任は弊社にあります。

ご不明な点がございましたら，弊社ウェブサイトの「お問い合わせ」フォームよりご連絡ください。迅速に対応いたしますが，営業日の都合で回答に数日を要する場合があります。

ご入力いただいたメールアドレス宛に自動返信メールをお送りしています。自動返信メールが届かない場合は，「よくある質問」の「メールの問い合わせに対し返信がありません。」の項目をご確認ください。

また弊社営業日（平日）は，午前９時から午後５時まで，電話でのお問い合わせも受け付けています。

2025 春

株式会社教英出版

〒422-8054　静岡県静岡市駿河区南安倍３丁目 12-28

TEL　054-288-2131　　FAX　054-288-2133

URL　https://kyoei-syuppan.net/

MAIL siteform@kyoei-syuppan.net

教英出版 2025年春受験用 高校入試問題集

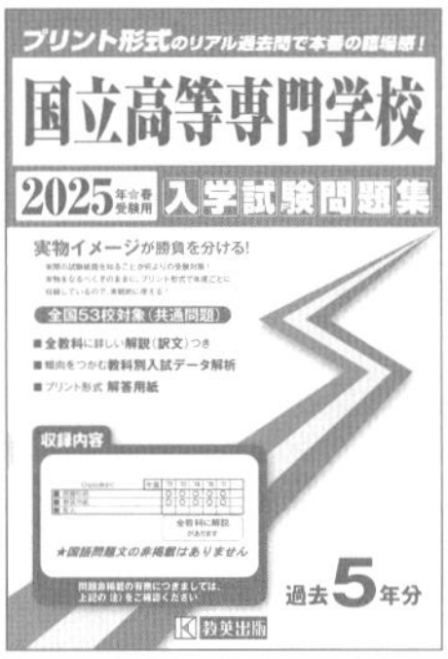

公立高等学校問題集

北海道公立高等学校
青森県公立高等学校
宮城県公立高等学校
秋田県公立高等学校
山形県公立高等学校
福島県公立高等学校
茨城県公立高等学校
埼玉県公立高等学校
千葉県公立高等学校
東京都立高等学校
神奈川県公立高等学校
新潟県公立高等学校
富山県公立高等学校
石川県公立高等学校
長野県公立高等学校
岐阜県公立高等学校
静岡県公立高等学校
愛知県公立高等学校
三重県公立高等学校(前期選抜)
三重県公立高等学校(後期選抜)
京都府公立高等学校(前期選抜)
京都府公立高等学校(中期選抜)
大阪府公立高等学校
兵庫県公立高等学校
島根県公立高等学校
岡山県公立高等学校
広島県公立高等学校
山口県公立高等学校
香川県公立高等学校
愛媛県公立高等学校
福岡県公立高等学校
佐賀県公立高等学校
長崎県公立高等学校
熊本県公立高等学校
大分県公立高等学校
宮崎県公立高等学校
鹿児島県公立高等学校
沖縄県公立高等学校

公立高 教科別8年分問題集

(2024年～2017年)

北海道(国·社·数·理·英)
宮城県(国·社·数·理·英)
山形県(国·社·数·理·英)
新潟県(国·社·数·理·英)
富山県(国·社·数·理·英)
長野県(国·社·数·理·英)
岐阜県(国·社·数·理·英)
静岡県(国·社·数·理·英)
愛知県(国·社·数·理·英)
兵庫県(国·社·数·理·英)
岡山県(国·社·数·理·英)
広島県(国·社·数·理·英)
山口県(国·社·数·理·英)
福岡県(国·社·数·理·英)

国立高等専門学校 最新5年分問題集

(2024年～2020年·全国共通)

対象の高等専門学校

釧路工業·旭川工業·
苫小牧工業·函館工業·
八戸工業·一関工業·仙台·
秋田工業·鶴岡工業·福島工業·
茨城工業·小山工業·群馬工業·
木更津工業·東京工業·
長岡工業·富山·石川工業·
福井工業·長野工業·岐阜工業·
沼津工業·豊田工業·鈴鹿工業·
鳥羽商船·舞鶴工業·
大阪府立大学工業·明石工業·
神戸市立工業·奈良工業·
和歌山工業·米子工業·
松江工業·津山工業·呉工業·
広島商船·徳山工業·宇部工業·
大島商船·阿南工業·香川·
新居浜工業·弓削商船·
高知工業·北九州工業·
久留米工業·有明工業·
佐世保工業·熊本·大分工業·
都城工業·鹿児島工業·
沖縄工業

高専 教科別10年分問題集

もっと過去問シリーズ

教科別

数学·理科·英語

(2019年～2010年)

学校別問題集

北海道

①札幌北斗高等学校
②北星学園大学附属高等学校
③東海大学付属札幌高等学校
④立命館慶祥高等学校
⑤北海高等学校
⑥北見藤高等学校
⑦札幌光星高等学校
⑧函館ラ・サール高等学校
⑨札幌大谷高等学校
⑩北海道科学大学高等学校
⑪遺愛女子高等学校
⑫札幌龍谷学園高等学校
⑬札幌日本大学高等学校
⑭札幌第一高等学校
⑮旭川実業高等学校
⑯北海学園札幌高等学校

青森県

①八戸工業大学第二高等学校

宮城県

①聖和学園高等学校(A日程)
②聖和学園高等学校(B日程)
③東北学院高等学校(A日程)
④東北学院高等学校(B日程)
⑤仙台大学附属明成高等学校
⑥仙台城南高等学校
⑦東北学院榴ケ岡高等学校
⑧古川学園高等学校
⑨仙台育英学園高等学校(A日程)
⑩仙台育英学園高等学校(B日程)
⑪聖ウルスラ学院英智高等学校
⑫宮城学院高等学校
⑬東北生活文化大学高等学校
⑭東北高等学校
⑮常盤木学園高等学校
⑯仙台白百合学園高等学校
⑰尚絅学院高等学校(A日程)
⑱尚絅学院高等学校(B日程)

山形県

①日本大学山形高等学校
②惺山高等学校
③東北文教大学山形城北高等学校
④東海大学山形高等学校
⑤山形学院高等学校

福島県

①日本大学東北高等学校

新潟県

①中越高等学校
②新潟第一高等学校
③東京学館新潟高等学校
④日本文理高等学校
⑤新潟青陵高等学校
⑥帝京長岡高等学校
⑦北越高等学校
⑧新潟明訓高等学校

富山県

①高岡第一高等学校
②富山第一高等学校

石川県

①金沢高等学校
②金沢学院大学附属高等学校
③遊学館高等学校
④星稜高等学校
⑤鵬学園高等学校

山梨県

①駿台甲府高等学校
②山梨学院高等学校(特進)
③山梨学院高等学校(進学)
④山梨英和高等学校

岐阜県

①鶯谷高等学校
②富田高等学校
③岐阜東高等学校
④岐阜聖徳学園高等学校
⑤大垣日本大学高等学校
⑥美濃加茂高等学校
⑦済美高等学校

静岡県

①御殿場西高等学校
②知徳高等学校
③日本大学三島高等学校
④沼津中央高等学校
⑤飛龍高等学校
⑥桐陽高等学校
⑦加藤学園高等学校
⑧加藤学園暁秀高等学校
⑨誠恵高等学校
⑩星陵高等学校
⑪静岡県富士見高等学校
⑫清水国際高等学校
⑬静岡サレジオ高等学校
⑭東海大学付属静岡翔洋高等学校
⑮静岡大成高等学校
⑯静岡英和女学院高等学校
⑰城南静岡高等学校
⑱静岡女子高等学校
⑲常葉大学附属常葉高等学校
　常葉大学附属橘高等学校
　常葉大学附属菊川高等学校
⑳静岡北高等学校
㉑静岡学園高等学校
㉒焼津高等学校
㉓藤枝明誠高等学校
㉔静清高等学校
㉕磐田東高等学校
㉖浜松学院高等学校
㉗浜松修学舎高等学校
㉘浜松開誠館高等学校
㉙浜松学芸高等学校
㉚浜松聖星高等学校
㉛浜松日体高等学校
㉜聖隷クリストファー高等学校
㉝浜松啓陽高等学校
㉞オイスカ浜松国際高等学校

愛知県

①[国立]愛知教育大学附属高等学校
②愛知高等学校
③名古屋経済大学市邨高等学校
④名古屋経済大学高蔵高等学校
⑤名古屋大谷高等学校
⑥享栄高等学校
⑦椙山女学園高等学校
⑧大同大学大同高等学校
⑨日本福祉大学付属高等学校
⑩中京大学附属中京高等学校
⑪至学館高等学校
⑫東海高等学校
⑬名古屋たちばな高等学校
⑭東邦高等学校
⑮名古屋高等学校
⑯名古屋工業高等学校
⑰名古屋葵大学高等学校
(名古屋女子大学高等学校)
⑱中部大学第一高等学校
⑲桜花学園高等学校
⑳愛知工業大学名電高等学校
㉑愛知みずほ大学瑞穂高等学校
㉒名城大学附属高等学校
㉓修文学院高等学校
㉔愛知啓成高等学校
㉕聖カピタニオ女子高等学校
㉖滝高等学校
㉗中部大学春日丘高等学校
㉘清林館高等学校
㉙愛知黎明高等学校
㉚岡崎城西高等学校
㉛人間環境大学附属岡崎高等学校
㉜桜丘高等学校

㉝光ヶ丘女子高等学校
㉞藤ノ花女子高等学校
㉟栄徳高等学校
㊱同朋高等学校
㊲星城高等学校
㊳安城学園高等学校
㊴愛知産業大学三河高等学校
㊵大成高等学校
㊶豊田大谷高等学校
㊷東海学園高等学校
㊸名古屋国際高等学校
㊹啓明学館高等学校
㊺聖霊高等学校
㊻誠信高等学校
㊼誉高等学校
㊽杜若高等学校
㊾菊華高等学校
㊿豊川高等学校

三重県

①暁高等学校(3年制)
②暁高等学校(6年制)
③海星高等学校
④四日市メリノール学院高等学校
⑤鈴鹿高等学校
⑥高田高等学校
⑦三重高等学校
⑧皇學館高等学校
⑨伊勢学園高等学校
⑩津田学園高等学校

滋賀県

①近江高等学校

大阪府

①上宮高等学校
②大阪高等学校
③興國高等学校
④清風高等学校
⑤早稲田大阪高等学校
(早稲田摂陵高等学校)
⑥大商学園高等学校
⑦浪速高等学校
⑧大阪夕陽丘学園高等学校
⑨大阪成蹊女子高等学校
⑩四天王寺高等学校
⑪梅花高等学校
⑫追手門学院高等学校
⑬大阪学院大学高等学校
⑭大阪学芸高等学校
⑮常翔学園高等学校
⑯大阪桐蔭高等学校
⑰関西大倉高等学校
⑱近畿大学附属高等学校
⑲金光大阪高等学校
⑳星翔高等学校
㉑阪南大学高等学校
㉒箕面自由学園高等学校
㉓桃山学院高等学校
㉔関西大学北陽高等学校

兵庫県

①雲雀丘学園高等学校
②園田学園高等学校
③関西学院高等部
④灘高等学校
⑤神戸龍谷高等学校
⑥神戸第一高等学校
⑦神港学園高等学校
⑧神戸学院大学附属高等学校
⑨神戸弘陵学園高等学校
⑩彩星工科高等学校
⑪神戸野田高等学校
⑫滝川高等学校
⑬須磨学園高等学校
⑭神戸星城高等学校
⑮啓明学院高等学校
⑯神戸国際大学附属高等学校
⑰滝川第二高等学校
⑱三田松聖高等学校
⑲姫路女学院高等学校
⑳東洋大学附属姫路高等学校
㉑日ノ本学園高等学校
㉒市川高等学校
㉓近畿大学附属豊岡高等学校
㉔夙川高等学校
㉕仁川学院高等学校
㉖育英高等学校

奈良県

①西大和学園高等学校

岡山県

①[県立]岡山朝日高等学校
②清心女子高等学校
③就実高等学校
(特別進学コース〈ハイグレード・アドバンス〉)
④就実高等学校
(特別進学チャレンジコース・総合進学コース)
⑤岡山白陵高等学校
⑥山陽学園高等学校
⑦関西高等学校
⑧おかやま山陽高等学校
⑨岡山商科大学附属高等学校
⑩倉敷高等学校
⑪岡山学芸館高等学校(1期1日目)
⑫岡山学芸館高等学校(1期2日目)
⑬倉敷翠松高等学校
⑭岡山理科大学附属高等学校
⑮創志学園高等学校
⑯明誠学院高等学校
⑰岡山龍谷高等学校

広島県

①[国立]広島大学附属高等学校
②[国立]広島大学附属福山高等学校
③修道高等学校
④崇徳高等学校
⑤広島修道大学ひろしま協創高等学校
⑥比治山女子高等学校
⑦呉港高等学校
⑧清水ヶ丘高等学校
⑨盈進高等学校
⑩尾道高等学校
⑪如水館高等学校
⑫広島新庄高等学校
⑬広島文教大学附属高等学校
⑭銀河学院高等学校
⑮安田女子高等学校
⑯山陽高等学校
⑰広島工業大学高等学校
⑱広陵高等学校
⑲近畿大学附属広島高等学校福山校
⑳武田高等学校
㉑広島県瀬戸内高等学校(特別進学)
㉒広島県瀬戸内高等学校(一般)
㉓広島国際学院高等学校
㉔近畿大学附属広島高等学校東広島校
㉕広島桜が丘高等学校

山口県

①高水高等学校
②野田学園高等学校
③宇部フロンティア大学付属香川高等学校
(普通科〈特進・進学コース〉)
④宇部フロンティア大学付属香川高等学校
(生活デザイン・食物調理・保育科)
⑤宇部鴻城高等学校

徳島県

①徳島文理高等学校

香川県

①香川誠陵高等学校
②大手前高松高等学校

愛媛県

①愛光高等学校
②済美高等学校
③FC今治高等学校
④新田高等学校
⑤聖カタリナ学園高等学校

福岡県

①福岡大学附属若葉高等学校
②精華女子高等学校(専願試験)
③精華女子高等学校(前期試験)
④西南学院高等学校
⑤筑紫女学園高等学校
⑥中村学園女子高等学校(専願入試)
⑦中村学園女子高等学校(前期入試)
⑧博多女子高等学校
⑨博多高等学校
⑩東福岡高等学校
⑪福岡大学附属大濠高等学校
⑫自由ケ丘高等学校
⑬常磐高等学校
⑭東筑紫学園高等学校
⑮敬愛高等学校
⑯久留米大学附設高等学校
⑰久留米信愛高等学校
⑱福岡海星女子学院高等学校
⑲誠修高等学校
⑳筑陽学園高等学校(専願入試)
㉑筑陽学園高等学校(前期入試)
㉒真颯館高等学校
㉓筑紫台高等学校
㉔純真高等学校
㉕福岡舞鶴高等学校
㉖折尾愛真高等学校
㉗九州国際大学付属高等学校
㉘祐誠高等学校
㉙西日本短期大学附属高等学校
㉚東海大学付属福岡高等学校
㉛慶成高等学校
㉜高稜高等学校
㉝中村学園三陽高等学校
㉞柳川高等学校
㉟沖学園高等学校
㊱福岡常葉高等学校
㊲九州産業大学付属九州高等学校
㊳近畿大学附属福岡高等学校
㊴大牟田高等学校
㊵久留米学園高等学校
㊶福岡工業大学附属城東高等学校
(専願入試)
㊷福岡工業大学附属城東高等学校
(前期入試)
㊸八女学院高等学校
㊹星琳高等学校
㊺九州産業大学付属九州産業高等学校
㊻福岡雙葉高等学校

佐賀県

①龍谷高等学校
②佐賀学園高等学校
③佐賀女子短期大学付属佐賀女子高等学校
④弘学館高等学校
⑤東明館高等学校
⑥佐賀清和高等学校
⑦早稲田佐賀高等学校

長崎県

①海星高等学校(奨学生試験)
②海星高等学校(一般入試)
③活水高等学校
④純心女子高等学校
⑤長崎南山高等学校
⑥長崎日本大学高等学校(特別入試)
⑦長崎日本大学高等学校(一次入試)
⑧青雲高等学校
⑨向陽高等学校
⑩創成館高等学校
⑪鎮西学院高等学校

熊本県

①真和高等学校
②九州学院高等学校
(奨学生・専願生)
③九州学院高等学校
(一般生)
④ルーテル学院高等学校
(専願入試・奨学入試)
⑤ルーテル学院高等学校
(一般入試)
⑥熊本信愛女学院高等学校
⑦熊本学園大学付属高等学校
(奨学生試験・専願生試験)
⑧熊本学園大学付属高等学校
(一般生試験)
⑨熊本中央高等学校
⑩尚絅高等学校
⑪文徳高等学校
⑫熊本マリスト学園高等学校
⑬慶誠高等学校

大分県

①大分高等学校

宮崎県

①鵬翔高等学校
②宮崎日本大学高等学校
③宮崎学園高等学校
④日向学院高等学校
⑤宮崎第一高等学校
(文理科)
⑥宮崎第一高等学校
(普通科·国際マルチメディア科·電気科)

鹿児島県

①鹿児島高等学校
②鹿児島実業高等学校
③樟南高等学校
④れいめい高等学校
⑤ラ・サール高等学校

新刊
もっと過去問シリーズ

愛知県

愛知高等学校
7年分(数学・英語)
中京大学附属中京高等学校
7年分(数学・英語)
東海高等学校
7年分(数学・英語)
名古屋高等学校
7年分(数学・英語)
愛知工業大学名電高等学校
7年分(数学・英語)
名城大学附属高等学校
7年分(数学・英語)
滝高等学校
7年分(数学・英語)

※もっと過去問シリーズは入学試験の実施教科に関わらず、数学と英語のみの収録となります。

教英出版
〒422-8054
静岡県静岡市駿河区南安倍3丁目12−28
TEL 054-288-2131
FAX 054-288-2133
詳しくは教英出版で検索
教英出版 検索
URL https://kyoei-syuppan.net/

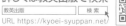

二〇二四（令和六）年度　大阪高等学校

入学試験問題

国語

（40分）

受験にあたっての注意

1. 監督者から試験開始の合図があるまで、問題冊子を開けないこと。
2. 試験開始の合図があったら、問題冊子と解答用紙に受験番号と名前を忘れずに記入すること。
3. 落丁、乱丁、印刷不鮮明の箇所があれば、すぐに監督者に申し出ること。
4. 試験終了の合図があったら、問題冊子を閉じ、解答用紙を机の上に置いて、監督者の指示があるまで静かに待機すること。
5. 問題冊子と解答用紙はすべて回収されます。
6. 試験終了後は監督者の指示があるまで待機すること。

・設問は、別紙（色紙）でこの中にはさんであります。

受験番号		名前	

一　設問用紙に問題があります。

二　次の文章を読んで、別紙の問いに答えなさい。

情報社会と言うと、絶えず情報が新しくなっていく、変化の激しい社会をイメージする人が多いかもしれません。しかし、私の捉え方はまったく逆です。[X]。これを理解するために、私がよくもち出すのがビデオ映画の例です。たとえば同じビデオ映画を、二日間で十回見ることを強制されたとしましょう。一種類の映画を二日間にわたって、一日五回、続けて十回見る。そうすると、どんなことが起こるでしょうか。

一回目では画面はどんどん変わって、音楽もドラマティックに流れていく。映像は動いていると思うでしょう。二回目、三回目あたりは、一度目で見逃した、新しい発見がいろいろあるかもしれません。そして「もっと、こういうふうにしたら」と、見方も玄人《くろうと》っぽくなってきます。

（ Ⅰ ）四回目、五回目になると、だんだん退屈になるシーンが増えてくる。六、七回目ではもう見続けるのが耐えがたい。「なぜ同じものを何度も見なきゃいけないんだ」と、怒る人も出てくるでしょう。

ここに至ってわかるはずです。映画はまったく変わらない。一回目から七回目まで、ずっと同じです。では、何が変わったのか。見ている本人です。人間は一回目、二回目から七回目まで、同じ状態で見ることはできません。

ここまで書けば、もうおわかりでしょう。情報と現実の人間との根本的な違いは、情報はいっさい変わらないけれど、人間はどんどん変わっていくということです。

しかし、人間がそうやって毎日、毎日変わっていくことに対して、現代人はあまり実感がもてません。①今日は昨日の続きで、明日は今日の続きだと思っている。そういう感覚がどんどん強くなってくるのが、いわゆる情報社会なのです。

どうしてか。現代社会は、「a＝b」という「同じ」が世界を埋め尽くしている社会だからです。記号や情報は作った瞬間に止まってしまうのです。

テレビだろうが動画だろうが、映された時点で変わらないものになる。それを見ている人間は、本当は変わり続けています。でも、「自分が変わっていくという実感」をなかなかもつことができない。それは、私たちを取り囲む事物が、情報や記号で埋め尽くされているからです。

困ったことに、情報や記号は一見動いているように見えて、実際は動いていない。だから余計に、人間は自分の変化を感じ取りにくくなるのです。

私は「a＝b」が埋め尽くす情報社会がゆきすぎると、人間が本来もっていたはずの一種の倫理観や美的な感覚が崩れてしまうのではないかと危惧しています。

文明社会では、本来、まったく価値の違うものでも同じとみなします。たとえば、学校の教室で子どもたちはほとんどの場合「同じもの」として扱われています。

世界で咲いている花は本来、どれもそこにあるたった一つの花なのに、『世界に一つだけの花』という歌が流行したのは、自分たちが社会でたった一つとして扱われていないことへの不満があるからではないでしょうか。

数学者の新井紀子さんが著書『AI vs. 教科書が読めない子どもたち』（東洋経済新報社）の中で、中学生に問題を解かせて読解力が落ちていることを取り上げていますが、その問題を見ていたら、子どもたちは答えることを拒否しているのではないかと感じました。

中学生は「a＝b」は嫌だという感覚の延長線上で、提示された四つの選択肢から正解を選びたくなかったのではないでしょうか。私は、中学生が情報にうんざりして、感覚を取り戻そうとしているように思える。新井さんとは逆に、②そこに希望を感じています。

ところが実際の世の中には、わけのわからないものが存在します。名前さえない、得体の知れない病気が突如として流行し始めます。③やがて「新型コロナウイルス感染症」などと、とりあえず命名されたりするのです。

問五　――②「それが家」とは誰の家のことを指しているか、最も適当なものを後のア～エから選び、記号で答えなさい。

ア　檜垣の御　　イ　野大弐　　ウ　ともなる人　　エ　ある人

問六　――③「たづねてしかな」について説明したものとして最も適当なものを後のア～エから選び、記号で答えなさい。

ア　純友の乱で殺し損ねた檜垣の御を見つけようと、討手の使いである野大弐が必死になっている。
イ　純友の乱で檜垣の御がどうなってしまったのかを気にして、野大弐が彼女を訪ねたいと思っている。
ウ　野大弐が自分を探していると知った檜垣の御は、かつての夫である彼の居場所を尋ね回っている。
エ　野大弐に家を焼かれ物を盗まれたことを恨んでいる檜垣の御が、復讐《ふくしゅう》のため彼を探し出そうとしている。

問七　――④「これ」の指す内容を、本文中から八字で抜き出しなさい。

問八　和歌「むばたまの……」の内容として最も適当なものを後のア～エから選び、記号で答えなさい。

ア　長い黒髪をきれいに結う暇もないほど水くみで忙しい生活に、不満を募らせている。
イ　美しい黒髪を川で洗い流し、久しぶりに夫と会えることに気持ちが高まっている。
ウ　黒かった髪の毛は白くなり、水くみをするまで落ちぶれた自身の様子を嘆いている。
エ　偶然たどり着いた川辺で、黒髪が評判だった憧れの女性に出会えたことを喜んでいる。

国語　設問用紙

（解答はすべて解答用紙に記入しなさい。字数制限のある問題はすべて句読点等も字数に含みます。）

一　次の各問いに答えなさい。

問一　次の①～④ ―― 部のカタカナを漢字に、⑤～⑧ ―― 部の漢字をひらがなに書き改めなさい。

① 荷車をオしながら坂道を上る。　② 名将がヒキいるチームに入る。

③ 災害後のフッコウ支援をする。　④ レイゾウ庫をしっかり閉める。

⑤ 予想を上回る観衆が集まった。　⑥ 夏の合宿で自分の限界に挑む。

⑦ 久しぶりに故郷へ戻ってきた。　⑧ 彼の書道作品は秀逸であった。

問二　次の①～③の意味に当てはまる最も適当な慣用句を、後のア～ウから選び、記号で答えなさい。

① きわめて危険なことのたとえ。

ア 虎の尾を踏む　イ 虎の威を借る狐《きつね》　ウ 虎に翼

② 感服させられる。尊敬の気持ちが起こる。

ア 頭が上がらない　イ 頭にくる　ウ 頭が下がる

③ いやな臭いが鼻を刺激する。また、飽きて嫌気が起こる。

ア 鼻であしらう　イ 鼻につく　ウ 鼻にかける

問三　次の四字熟語①～③の空欄には同じ漢数字が入る。それぞれ正しい漢字を一字で答えなさい。

① □朝□夕…その期間が短くて速いこと。わずかの時間。ほんの少しの間。

② □者□様…やり方や考え方が、人それぞれであること。

③ 海□山□…世の中の経験を十分に積み、物事の裏面にまで通じてずる賢いこと。

問四　次の文章の①～③ ―― 部にあてはまる品詞を、後のア～クから選び、記号で答えなさい。

冬の眠りから目覚めた大きな①熊は、ゆっくりと巣穴を出て、人里に②近い川で魚を探し始めた。そこで一人の③奇妙な人間と出会ったのだった。

ア 名詞（代名詞）	イ 動詞	ウ 形容動詞	エ 形容詞	オ 連体詞
カ 副詞	キ 感動詞	ク 接続詞		

問五　次の①～③の主語と述語として適当なものを抜き出し、それぞれ記号で答えなさい。ただし、省略されているときは「なし」と

名前がつくことで、なんとなく安心してしまう。これも言葉の効果ですが、反面、危険なことでもあります。

たとえば、デジタルトランスフォーメーション（DX：ITによる変革）とかSDGs（持続可能な開発目標）とか言われて、実際は何も知らないのに、なんとなくわかったような気になってしまう。あるいは「それは※1フェイクニュースだ」と言うことで議論に勝った気になり、その先は何も考えない。考える道具として役立つ言葉が、思考停止の道具になってしまっています。

特に、近年は※2SNSなどによって、軽々しい言葉があふれかえるようになりました。言葉が豊かなほど、考える道具は多くなりますが、言葉だけに捉われていると、言葉で表されない大切なものを見逃してしまうことになりかねません。

私自身、言葉で伝えられない世界で学び、仕事をしていました。大学で携わっていた解剖学では何よりも実習が重要でした。死体と直面する。しかも自分の手で触る。いまと違って、当時は手袋もしていません。素手で死体をいじるという行ないから得られる知見は、（　Ⅱ　）言葉ではすべては伝えられません。

（中略）

私が大学に入学する頃、世間には大学に入るとバカになるという「常識」がありました。こうしたことを言うのは、世間で身体を使って働いている人たちでした。そうした発言の真の意味は、いまではまったくわからなくなってしまったと思います。座って本を読んでいると、生きた世間で働くのが下手になってしまう。これはそういう意味だったはずです。こうした記憶があるから、私はいまでも身体を多少でも動かすのです。

座って机の前で学べることもたしかにあります。しかし応用が利くことは「身についた」ことでしかあり得ません。日本の教養教育がダメになったのも「身につく」ことをしなくなったからでしょう。

私が東京大学出版会の理事長をしていた時、一番売れたのが『知の技法』という本です。知を得るのに（　Ⅲ　）一定のマニュアルがあるかのようなものが、東大の教養学部の教科書で出て、ベストセラーになりました。

この本はなぜ売れたのか。④知が技法に変わったからです。技法というのはノウハウです。どういうふうに知識を手に入れるか、それをどう利用するかというノウハウに、知というものは変わってしまった。

しかし、教養はまさに身につくもので、技法を勉強しても教養にはなりません。ただ勉強家になるだけです。それを昔は「畳が腐るほど勉強する」と言いました。それでは運動をコントロールするモデルは脳の中にできあがりません。

知識が増えても、行動に影響がなければ、それは現実にはならないのです。江戸時代には陽明学《ようめいがく》というのがありました。当時の※3官学は朱子学で、湯島聖堂がその本拠地です。

林大学頭《はやしだいがくのかみ》という東京大学総長のような先生がいて、畳の上に座って、先生の講釈を聞く。朱子学《しゅしがく》にはそんなイメージがあります。

陽明学はそれとは違います。知行合一《ちこうごういつ》を主張する。知ることと、行なうことは一つだ、一つでなければいけない。ここで言う知は文であり、行は武のことですから、文武両道と知行合一は同じことを言っています。

一般に、知ることは知識を増やすことだと考えられています。だから「武」や「行」、つまり運動が忘れられてしまう。

⑤知ることの本質について、私はよく学生に、「自分ががんの告知をされたときのことを考えてみなさい」と言っていました。「あなたがんですよ」と言われるのも、本人にしてみれば知ることです。「あなた、がんですよ。せいぜい保《も》って半年です」と言われたら、どうなるか。

宣告され、それを納得した瞬間から、自分が変わります。世界がそれまでとは違って見えます。でも世界が変わったのではなく、見ている自分が変わったんです。つまり、知るとは、自分が変わることなのです。

（養老孟司『ものがわかるということ』）

※1　フェイクニュース……何らかの利益を得ることや意図的にだますことを目的とした、うその情報。デマ。

※2　SNS……ソーシャルネットワーキングサービス（Social Networking Service）の略。

※3　官学……政府が認めた学問。

三　次の文章を読んで、別紙の問いに答えなさい。

※1筑紫《つくし》にありける※2檜垣《ひがき》の御《ご》とAいひけるは、いと※3らうあり、Bをかしくて世を経《へ》たる者になむあり X 。年月かくてありわたりけるを、※4純友《すみとも》がさわぎにあひて、家も焼けほろび、物の具もみなとられはてて、①いみじうなりにけり。かかりとも※5知らで、※6野大弐《やだいに》、※7討手《うて》の使《つかひ》に下りたまひて、②それが家のありしわたりを aたづねて、「檜垣の御といひけむ人に、いかであはむ。いづくにかすむらむ」と※8のたまへば、「このわたりになむすみはべりし」など、ともなる人もいひけり。「あはれ、かかるさわぎに、いかになりにけむ。③たづねてしかな」とのたまひけるほどに、かしら白きおうなの、水くめるなむ、前よりあやしきやうなる家に入り X 。ある人ありて、「④これなむ檜垣の御」と bいひけり。いみじうあはれがりたまひて、よばすれど、恥ぢて来で、かくなむいへり X 。

※9むばたまのわが黒髪は白川のみづはくむまでなりにけるかな

とよみたりければ、あはれがりて、着たりける※10袙《あこめ》ひとかさねぬぎてなむやり X 。

（『大和物語』）

※1　筑紫 …… 現在の九州地方。
※2　檜垣の御 …… 風流で名を知られ、かつて評判だった女性。
※3　らうあり …… さまざまな経験をつみ
※4　純友がさわぎ …… 平安時代中期に藤原純友が起こした反乱のこと（藤原純友の乱）。任期を終えても京都に戻らず朝廷に反乱を起こした純友に対し、朝廷の命令を受けた小野好古《おののよしふる》らが鎮圧した。
※5　知らで …… 知らないで
※6　野大弐 …… 小野好古のこと。男性。
※7　討手の使に …… 朝廷から派遣される使いとして
※8　のたまへば …… おっしゃると
※9　むばたまの …… 「黒」を導き出すための枕詞。
※10　袙 …… 衣服の一部。

2024(令和６)年度　大阪高等学校

入学試験問題

数　学

（40分）

受験にあたっての注意

1．監督者から試験開始の合図があるまで、問題冊子を開けないこと。

2．試験開始の合図があったら、問題冊子と解答用紙に受験番号と名前を忘れずに記入すること。

3．落丁、乱丁、印刷不鮮明の箇所があれば、すぐに監督者に申し出ること。

4．試験終了の合図があったら、問題冊子を閉じて、解答用紙を机の上に置いて、監督者の指示があるまで静かに待機すること。

5．問題冊子と解答用紙はすべて回収されます。

6．試験終了後は監督者の指示があるまで待機すること。

受験番号		名 前	

1 次の問いに答えなさい。

(1) $2\times(-3)+6\div(-2)$ を計算しなさい。

(2) $-6^2\div9+(-3)^2\times2$ を計算しなさい。

(3) $\dfrac{x-y}{2}+\dfrac{2x+3y}{5}$ を計算しなさい。

(4) $10a^2b\div6ab^2\times(-3ab)$ を計算しなさい。

(5) $(\sqrt{3}-\sqrt{2})^2$ を計算しなさい。

(6) 1次方程式 $4x-2(3x+1)=8$ を解きなさい。

(7) $x^2-13x+36$ を因数分解しなさい。

(8) 2次方程式 $(x-1)^2-5=0$ を解きなさい。

(9) $x=\sqrt{2}+3$ のとき，x^2-6x+5 の値を求めなさい。

(10) 1から4までの数字を1つずつ書いた4個の玉が入っている袋の中から，同時に玉を2個取り出すとき，2個の玉に書かれた数の和が5になる確率を求めなさい。

(11) $\dfrac{\sqrt{28n}}{7}$ の値が整数となるような正の整数 n のうち，最も小さい数を求めなさい。

(12) 下の図において，$\ell /\!/ m$ のとき，x の値を求めなさい。

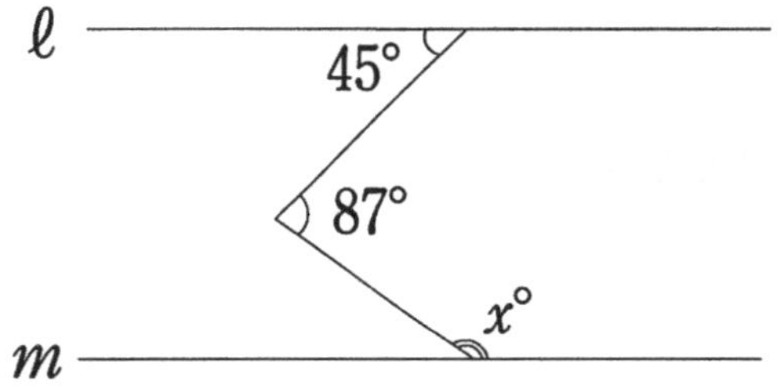

2 連立方程式 $\begin{cases} \dfrac{1}{x} - \dfrac{1}{y} = \dfrac{7}{12} \\ \dfrac{6}{x} + \dfrac{4}{y} = 1 \end{cases}$ について考える。ただし，$x \neq 0$，$y \neq 0$ とする。

このとき，次の問いに答えなさい。

(1) $\dfrac{1}{x} = A$，$\dfrac{1}{y} = B$ とおいて，A と B についての連立方程式を作りなさい。

(2) (1) の連立方程式を解いて，A および B の値を求めなさい。

(3) x および y の値を求めなさい。

3　図のように，2つの放物線 $y = ax^2$ ……①，$y = -\frac{1}{2}x^2$ ……② があり，放物線①上に点 A (−2，4)，x 座標が 4 である点 B がある。

このとき，次の問いに答えなさい。

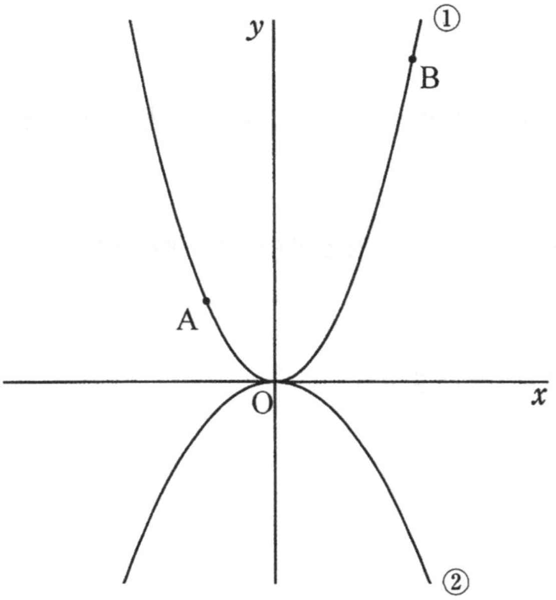

(1)　a の値を求めなさい。

(2)　2点 A，B を通る直線の式を求めなさい。

(3)　点 A と同じ x 座標をもつ放物線②上の点を C，点 B と同じ x 座標をもつ放物線②上の点を D とするとき，四角形 ABDC の面積を求めなさい。

4 下の△ABC は，AB＝4，AC＝3, ∠BAC＝90° の直角三角形である。
∠ABC の二等分線と辺 AC との交点を D，点 A から辺 BC に下ろした垂線と辺 BC との交点を E とし，線分 AE と線分 BD の交点を G とする。
さらに，2 点 C，G を通る直線と辺 AB の交点を F とする。
このとき，次の問いに答えなさい。

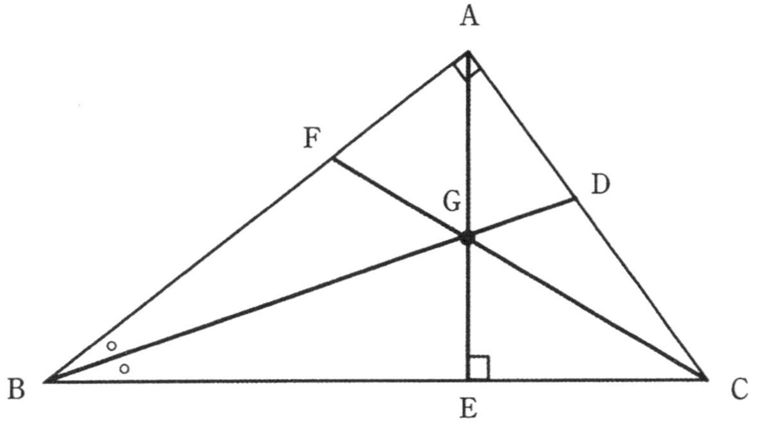

(1) 辺 BC の長さを求めなさい。

(2) AD：DC の長さの比を求めなさい。ただし，最も簡単な整数比で表すこと。

(3) 線分 BE の長さを求めなさい。

(4) △ABC と △CDG の面積の比を求めなさい。ただし，最も簡単な整数比で表すこと。

問五　――③「やがて『新型コロナウイルス感染症』などと、とりあえず命名されたりする」とありますが、未知のものに「命名」することに関して、筆者は良い面と悪い面の両方を述べています。それは、どのようなことですか。「一方で」という言葉を必ず用いて、次の空欄に入るように、五十字以内で説明しなさい。

言葉は人々に［　五十字以内　］ということ。

問六　――④「知が技法に変わった」とはどういうことですか。その説明として最も適当なものを後のア～エから選び、記号で答えなさい。

ア　知が、効果的に教養を得るために、どのように常識を学んでいくかというノウハウに変化したということ。

イ　知が、世間で身体を使わずに、机の前に座って本を読むだけで得られるノウハウに変化したということ。

ウ　知が、「身につく」ものではなく、知識の手に入れ方やその利用方法というノウハウに変化したということ。

エ　知が、実際に生きていく世間で利用できない、ただ勉強家になるためのノウハウに変化したということ。

問七　――⑤「知ることの本質」とありますが、筆者が述べる「知ることの本質」を説明した次の文章の空欄［A］・［B］に当てはまる言葉を、（　）内のそれぞれの字数にしたがって本文中から抜き出しなさい。

ここでいう「知ることの本質」とは、単に［A（六字）］ことではなく、知行合一によってはじめて「身につく」ことである。
これが「知ることの本質」であり、「身につく」とは［B（六字）］ということである。

三

別紙の文章を読んで、次の問いに答えなさい。

問一　＝＝A「いひ」・B「をかしく」を現代仮名づかいに直し、すべてひらがなで答えなさい。

問二　〰〰a「たづねて」・b「いひけり」の主語として最も適当なものを後のア～オから選び、それぞれ記号で答えなさい。

ア　檜垣の御　イ　純友　ウ　野大弐　エ　ともなる人　オ　ある人

問三　空欄［X］にはすべて同じ語が入る。係り結びの法則に従って［X］に当てはまるものとして最も適当なものを後のア～エから選び、記号で答えなさい。

ア　けら　イ　けり　ウ　ける　エ　けれ

問四　――①「いみじうなりにけり」の現代語訳として最も適当なものを後のア～エから選び、記号で答えなさい。

② アスファルトの　地面に　流れ落ちたのは　汗ではなく　大粒の　涙だ。

③ ア かわいい　イ 犬と　ウ その　エ 飼い主が　オ 通り過ぎるのを　カ 目撃した。

二

別紙の文章を読んで、次の問いに答えなさい。

問一　空欄（Ⅰ）～（Ⅲ）に入る言葉として最も適当なものを後のア～カから選び、それぞれ記号で答えなさい。

ア　なぜなら　イ　決して　ウ　つまり　エ　あたかも　オ　しかし　カ　どうして

問二　空欄 X に入る一文として最も適当なものを後のア～エから選び、記号で答えなさい。

ア　常識は動かないけれど、時代は変化する。
イ　情報は動かないけれど、人間は変化する。
ウ　社会は動かないけれど、価値は変化する。
エ　記号は動かないけれど、言葉は変化する。

問三　――①「今日は昨日の続きで、明日は今日の続きだと思っている」とありますが、現代人がそのように「思っている」のはなぜですか。次の空欄に入る言葉を、本文中から十五字で抜き出しなさい。

現代社会は　　（十五字）　　ため、変化を感じ取りにくくなっているから。

問四　――②「そこに希望を感じています」とありますが、筆者が「希望を感じてい」るのはなぜですか。その理由として最も適当なものを後のア～エから選び、記号で答えなさい。

ア　変化することがない大量の「同じ」が埋め尽くす情報社会の中で、子どもたちが自分だけの感覚を取り戻そうとしているように思えるから。
イ　まったく同じ価値のものを違うものとして扱う情報社会の中で、子どもたちが一種の美的な感覚を取り戻そうとしているように思えるから。
ウ　人間が本来もっている良心や正義感を否定する情報社会の中で、子どもたちが失ってきた感覚を取り戻そうとしているように思えるから。
エ　毎日変わっていくことに対して実感を持てない情報社会の中で、子どもたちが情報を疑う感覚を取り戻そうとしているように思えるから。

2024（令和６）年度　大阪高等学校

入 学 試 験 問 題

英　　語

（40分）

受験にあたっての注意

1．監督者から試験開始の合図があるまで、問題冊子を開けないこと。
2．試験開始の合図があったら、問題冊子と解答用紙に受験番号と名前を忘れずに記入すること。
3．落丁、乱丁、印刷不鮮明の箇所があれば、すぐに監督者に申し出ること。
4．試験終了の合図があったら、問題冊子を閉じて、解答用紙を机の上に置いて、監督者の指示があるまで静かに待機すること。
5．問題冊子と解答用紙はすべて回収されます。
6．試験終了後は監督者の指示があるまで待機すること。

受験番号		名 前	

1 次の(　　)に入る最も適切な語句をア～エの中から1つ選び、記号で答えなさい。

(1) (　　) Kate and Tommy going to go to the gym together tomorrow?

ア Will　　イ Do　　ウ Is　　エ Are

(2) (　　) fruit is good for your health.

ア Eat　　イ Eating　　ウ Eats　　エ Ate

(3) Tatsuya goes fishing (　　) Sundays.

ア on　　イ in　　ウ at　　エ for

(4) (　　) is your umbrella, this one or that one?

ア When　　イ What　　ウ Which　　エ Why

(5) He has a picture (　　) was painted by Picasso.

ア who　　イ which　　ウ what　　エ whose

(6) Who is the (　　) player in the baseball club?

ア well　　イ best　　ウ most　　エ more

(7) She has two children. (　　) are twins.

ア They　　イ Them　　ウ Their　　エ Theirs

(8) He went to the pool near his house (　　).

ア swam　　イ swimming　　ウ swims　　エ to swim

(9) She can speak English very (　　).

ア well　　イ high　　ウ long　　エ good

(10) A : Aren't you our English teacher?

B : Yes, I (　　).

ア are　　イ aren't　　ウ am　　エ do

(11) (　　) well Megumi can speak French!

ア What　　イ When　　ウ Where　　エ How

(12) She showed (　　) the pictures of her family.

ア we　　イ us　　ウ they　　エ theirs

(13) My father (　　) been busy since last month.

ア is　　イ was　　ウ have　　エ has

(14) The boy (　　) over there is my brother.

ア run　　イ runs　　ウ is running　　エ running

(15) (　　) it is rainy tomorrow, I will stay at home.

ア And　　イ But　　ウ If　　エ Or

(16) This T-shirt (　　) made in China.

ア be　　イ are　　ウ isn't　　エ aren't

2 次の対話文を読み、(　　)に入る最も適切なものをア～エの中から1つ選び、記号で答えなさい。

(1) Grandson　　: This pancake is tasty! Can I have some more?

Grandmother : I'm glad you like it, Shogo. (　　) I made a lot for you.

ア I have no more pancakes.　　イ Help yourself.

ウ Yes, I know you don't like pancakes.　　エ No, thanks. I'm full.

(2) A : Oh! I forgot to bring the umbrella I borrowed last time!

B : No worries. (　　)

ア It's in my house.　　イ My mother has it.

ウ It's raining heavily now.　　エ It won't rain today.

(3) Father　　: (Knocking) Hey, Kayo, are you there?

Daughter : Yes, Dad.

Father　　: The music is so loud that I can't sleep. (　　)

Daughter : All right. Sorry about that.

ア Will you listen to the music with me?

イ Can you turn it down?

ウ What kind of music are you listening to?

エ Can you hear the music?

(4) Cafe Clerk : Hello, what can I get for you?

Customer　: Can I have a small coffee?

Cafe Clerk : (　　)

Customer　: Well... and a slice of chocolate cake please.

ア No, thank you.　　イ For here or to go?

ウ Sure. Which size?　　エ Anything else?

(5) A : Which do you like better, summer vacation or winter vacation?

B : I prefer summer vacation. It's longer than winter vacation.

A : Hmm... I like winter vacation better!

B : Really? Why?

A : Because (　　)

ア　I want my birthday presents! My birthday is July 1st.

イ　I can get Christmas gifts!

ウ　it's too cold. I don't like cold weather.

エ　I don't want to do my homework!

(6) Mother　: Ai, why is the toy broken? This is your birthday present from your Grandma.

Daughter : Well... I don't know. Maybe my sister broke it....

Mother　: No. That's not true. You did it, right?

Daughter : ...I'm sorry.

Mother　: Ai, (　　) Be honest.

ア　don't lie to me.　　　イ　don't break your toy.

ウ　I'm sorry too.　　　エ　your sister is a bad girl!

(7) Student 1 : Hey, Yudai, do you hear the news?

Student 2 : What news?

Student 1 : (　　)

Student 2 : Wow! That's exciting! How did you know that?

Student 1 : Kasumi saw the girl in the teachers' room.

ア　There's going to be a new student in our class.

イ　I have no idea.

ウ　Our teacher is absent today. She is sick!

エ　Today is our teacher's birthday!

3 例にならい次のイラストに関して3カ所英語で説明しなさい。

ただし1文につき6語以上使用すること。

＜例＞

There are two butterflies near the tree.（7語）

4 以下の文はカナダ在住のLeoとJacksonが、2025万博に関して話している対話文である。(1)～(5)の問に答えなさい。

Leo : Hey, have you heard about the 2025 Expo?

Jackson : Yeah, it sounds like it's going to be a huge event. The previous Expo was held in Dubai in 2021-2022. It was amazing.

Leo : (Ⅰ)

Jackson : Well, it's a world expo. It means countries from all around the world will come together to show their innovations, cultures, and ideas.

Leo : Which countries will ①participate in it?

Jackson : Many countries will join! Maybe Malaysia will, too. You must be happy.

Leo : Really!? I love Malaysia. Do you know ②the national flag of Malaysia?

Jackson : (Ⅱ) I can explain that. The flag has stripes. In the upper-left corner, there is a *rectangle with the sun and the moon. The flag is a symbol of unity and pride for the country.

Leo : (Ⅲ) It looks like the sun, but it is a star. It has fourteen points which shows the number of states and the capital, Kuala Lumpur.

Jackson : Oh, I see. I didn't know that.

Leo : By the way, you said you joined the Dubai Expo two years ago. What were people able to (A) at the Expo?

Jackson : There were various displays and performances. Also, there was delicious food.

Leo : That sounds fun. When is the 2025 Expo happening?

Jackson : The Expo will (B) from April 13th to October 13th, 2025.

Leo : I'll mark my calendar for that. Thanks for sharing all this!

Jackson : (Ⅳ) It's going to be an event to remember. We should try to make a trip there.

［注］ *rectangle 長方形

(1) 空欄（Ⅰ）～（Ⅳ）に入る最も適切なものをア～エの中からそれぞれ１つ選び、記号で答えなさい。

ア　You're welcome.　　　イ　What's so special?

ウ　Almost right!　　　エ　Of course.

(2) 下線部①の日本語の意味として最も適切なものをア～エの中から１つ選び、記号で答えなさい。

ア　発展する　　イ　参加する　　ウ　記録する　　エ　切り取る

(3) 対話文を読み、下線部②の表すものとして最も適切なものをア～エの中から１つ選び、記号で答えなさい。

ア

イ

ウ

エ

(4) 空欄（　A　）（　B　）に入る最も適切なものをア～エの中からそれぞれ１つ選び、記号で答えなさい。

ア　walk　　イ　enjoy　　ウ　run　　エ　join

(5) 対話文の内容に合っているものをア～エの中から１つ選び、記号で答えなさい。

ア　Leo は万博についての詳細を知っている。

イ　2025 万博では、各国が「新技術」、「文化」、「国旗」などを紹介している。

ウ　Leo と Jackson の会話が行われているのは 2022 年である。

エ　Jackson は Leo に 2025 万博に参加した方が良いと提案している。

5 次の広告を見て、(1)~(4)の問に答えなさい。

Discover the Amazing Eco-Wonders of Indonesia

Let's find Beautiful Forests, Clear Waters and Friendly Locals in a Sustainable Way!

Activities:

① Guided Forest Walks	② Snorkeling and Underwater Adventure
Schedule: Daily, morning and afternoon Price: $25 per person	Schedule: Twice a week, morning Price: $30 per person (*gear included) Discounts: Groups of 4 or more — 10% off
③ Local Cultural Workshops	**④ Wildlife Safari Tour**
Schedule: Once a week, afternoon Price: $20 per person Discounts: Seniors (over 60 years old) — 20% off	Schedule: Every other day, full day Price: $48 per person (lunch included) Free for children (under 5 years old)

Reviews:

Guided Forest Walks: Rating: ★★☆☆☆ by unhappytourist

I was excited about the forest walk, but it wasn't great. The group was too big to see many animals.

Snorkeling and Underwater Adventure: Rating: ★★★★★ by Winwin

Snorkeling was amazing! The water was clear, and we saw many fish. The gear was good, and the local guides were friendly. I want to join again.

Local Cultural Workshops: Rating: ★★★★☆ by funfunman

I enjoyed the cultural workshop. Local instructors were friendly. The cooking class was fun, and it's a nice way to experience the culture.

Wildlife Safari Tour: Rating: ★★★☆☆ by TT

I had mixed feelings about the safari. We saw many animals, but we didn't have enough time to watch them.

How to Book:

Go to [https://www.special.osakashs.tour/adventure/] and click "BOOK NOW".
You can join us to have an adventure in Indonesia.
Let's take care of nature and have fun!

［注］ *gear 装備

(1) 以下のグループがそれぞれのアクティビティに申し込んだ場合、参加費はいくらになるか、ア～オの中から1つ選び、記号で答えなさい。(　)内の数字は年齢を表している。

【グループA・Guided Forest Walks】 父(46)、母(38)、娘(8)、娘(6)

【グループB・Wildlife Safari Tour】 祖母(65)、父(45)、母(43)、娘(4)、息子(3)

【グループC・Local Cultural Workshops】 父(62)、母(58)、息子(27)、娘(26)、息子(24)

ア　$96　　イ　$100　　ウ　$108　　エ　$120　　オ　$144

(2) この広告の内容と異なるものをア～エの中から1つ選び、記号で答えなさい。

ア　Local Cultural Workshops は午後に開催される。

イ　Snorkeling and Underwater Adventure は週2回午前中に開催される。

ウ　Guided Forest Walks は1日2回開催される。

エ　Wildlife Safari Tour は毎日開催される。

(3) この広告の内容と合っているものをア～エの中から1つ選び、記号で答えなさい。

ア　Guided Forest Walks と Wildlife Safari Tour の参加者は動物を見ることができなかった。

イ　Snorkeling and Underwater Adventure と Local Cultural Workshops の参加者は地元の人々と交流した。

ウ　Wildlife Safari Tour の参加者はグループの人数が多いことに不満を抱いた。

エ　Local Cultural Workshops の参加者は地元の料理と伝統的なダンスを体験した。

(4) これらのアクティビティに参加する場合、どのように予約するかをア～エの中から1つ選び、記号で答えなさい。

ア　インターネットのホームページから予約する。

イ　電話して予約する。

ウ　郵送で申し込み用紙を送り予約する。

エ　E-mail で予約する。

6 次の英文を読み、(1)〜(7)の問に答えなさい。

Have you heard about a Drive-Through service? At a Drive-Through service, you do not have to get out of the car to buy what you want. You just have to follow these three steps. First, you drive to the big menu display, choose the food, and say your order to the microphone. Then, you drive to the first window to pay for your order. Finally, you drive to the next window to receive the food.

This is an interesting story that happened at a Drive-Through service in London.

One day, there was an old man who was waiting in line to get his lunch at a hamburger shop Drive-Through service. On this day, he took a little long to decide what he wanted to eat. Behind him, a young lady in her car got angry from waiting so long and *honked her car horn. She shouted at the man, "What is taking so long? I don't have time! How long should I wait? JUST HURRY UP!!!"

However, the old man didn't say anything to her. He *stuck his head out of his car window, looked back, and *stared at her for a few seconds. Then he *calmly ordered his lunch menu.

When the young lady drove up to the first window, the shop clerk at the window said to her, "The man has paid for your order." He not only paid for his own lunch but also paid for the young lady's food. [A] She was surprised at that. She felt very sorry for her actions. She said "Thank you" to the old man and waved at him to show [B] her feelings.

After the man left from the hamburger shop, she finally arrived at the last window. She tried to receive her lunch, but she couldn't. The shop clerk told her, "Your lunch has already gone with the man. He showed me two receipts." She wanted to get angry but ...

Later, the following comments are posted in social media.

I had the worst experience of my life today!
I had to go without lunch today because of a CRAZY old man!
From now on, if I see an old man, I have to be careful.

I was working at a drive-through today and
there was an interesting scene.
A young lady was *yelling at an old man to hurry up.
In response, the man paid for her order, and left with it.
She had to wait in line again. lol
Both *are to blame! It's so funny!

A woman rushed me and honked at the drive-through
because I was taking too long to order.
So I paid for her food...
Then when I got to the food window, I showed them both
receipts and took her food.
I paid for it. It's mine.

［注］ *honked a horn (車の) クラクションを鳴らした　*stuck his head 頭を突き出した　*stared じっと見た
*calmly 穏やかに　*receipt レシート　*yell 人を怒鳴りつける　*be to blame 責任がある

(1) 第1段落の説明によると、ハンバーガー店のドライブスルーのthe first windowでは何をするのかを日本語で答えなさい。

(2) 若い女性が年配の男性に対してまずどのような行動をしたのかを次のア～エの中から1つ選び、記号で答えなさい。

ア　男性に対して手を振った。　イ　叫んでクラクションを鳴らした。

ウ　男性に急ぐように穏やかにお願いをした。　エ　男性に何も言わなかった。

(3) 年配の男性が問題(2)の女性の行動に対してどのような行動をしたのかを次のア～エの中から1つ選び、記号で答えなさい。

ア　慌てて注文をした。　イ　女性にクラクションを鳴らした。

ウ　女性に言い返した。　エ　女性に何も言わなかった。

(4) 年配の男性が自分の注文の料金を支払った後に何をしたのかを次のア～エの中から1つ選び、記号で答えなさい。

ア　食べ物を受け取らずに去っていった。

イ　若い女性が感謝するのを待っていた。

ウ　若い女性の食べ物の料金を払った。

エ　ハンバーガーショップの店員に文句を言った。

(5) 下線部[A]She was surprised at that.とありますが、なぜそう思ったのかをア～エの中から1つ選び、記号で答えなさい。

ア　年配の男性がドライブスルーの順番を譲ってくれたから。

イ　若い女性が無礼な行いをしたのに年配の男性が親切にしてくれたから。

ウ　年配の男性が申し訳なさそうにしていたから。

エ　年配の男性が店員に女性に関しての文句を言っていたから。

(6) 下線部[B]her feelingsについて、この時点での女性の感情がどのようなものかを次のア～エの中から1つ選び、記号で答えなさい。

ア　感謝と申し訳なさ　イ　いらだちと腹立たしさ

ウ　感謝と親切心　エ　いらだちと悲しみ

(7) SNSのコメントに関して、「あ」、「い」、「う」がどの人物かを次のア～ウの中から選び、それぞれ記号で答えなさい。

ア　the old man　イ　the young lady　ウ　the shop clerk

2024(令和６)年度　大阪高等学校

入 学 試 験 問 題

理　科

（40分）

受験にあたっての注意

1．監督者から試験開始の合図があるまで、問題冊子を開けないこと。
2．試験開始の合図があったら、問題冊子と解答用紙に受験番号と名前を忘れずに記入すること。
3．落丁、乱丁、印刷不鮮明の箇所があれば、すぐに監督者に申し出ること。
4．試験終了の合図があったら、問題冊子を閉じて、解答用紙を机の上に置いて、監督者の指示があるまで静かに待機すること。
5．問題冊子と解答用紙はすべて回収されます。
6．試験終了後は監督者の指示があるまで待機すること。

受験番号		名 前	

[1] 次の公式を参考に、各問いに答えなさい。**ただし、問１～６の□には、それぞれ１ケタの数字を入れなさい。**

例：答えが ３．１４で、解答欄が[ア].[イ][ウ]の場合　→　[ア]は３、[イ]は１、[ウ]は４

$$\text{密度}\ [\mathrm{g/cm^3}] = \frac{\text{質量}\ [\mathrm{g}]}{\text{体積}\ [\mathrm{cm^3}]}$$

［Ｉ］直方体（縦 4.0 cm、横 2.5 cm、高さ 3.0 cm）で質量 216 g の金属があります。

問１．体積は[ア][イ] cm^3 です。

問２．密度は[ウ].[エ] g/cm^3 です。

問３．体積 40 cm^3 のこの金属の質量は[オ][カ][キ] g です。

［Ⅱ］密度が 2.0 g/L で体積が 900 mL の気体があります。気体の密度は、１Ｌ当たりの質量を表すので単位は g/L です。ただし、1 L は 1000 mL、1 mL は 1 cm^3 です。

問４．900 mL は[ク].[ケ] L です。

問５．900 mL のこの気体の質量は[コ].[サ] g です。

問６．900 mL のこの気体を冷却すると、すべて固体に状態変化しました。
この固体の密度を測定すると、1.5 g/cm^3 でした。このとき固体の体積は[シ].[ス] cm^3 です。

2 Ｉさんは、ジェットコースターのような連続した斜面での物体の運動について考えるために、ジェットコースターに見立てた箱型の物体とレールを使って、次のような実験を行いました。空気の抵抗や、物体とレールとのまさつは無視できるものとします。次の文章を読み、各問いに答えなさい。

〔実験〕

はじめ、物体をＡ地点に置き、静かに手を離しました。すると物体はレールを離れることなくＥ地点までたどり着きました。Ｃ地点を高さの基準としました。

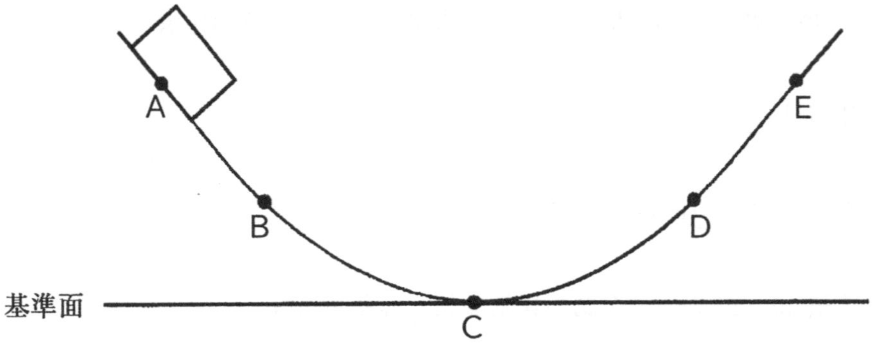

図１

問１．Ａ地点で物体にはたらいている力を示したものとして、最も適切なものはどれですか。次のア～ウから１つ選び、記号で答えなさい。

ア．

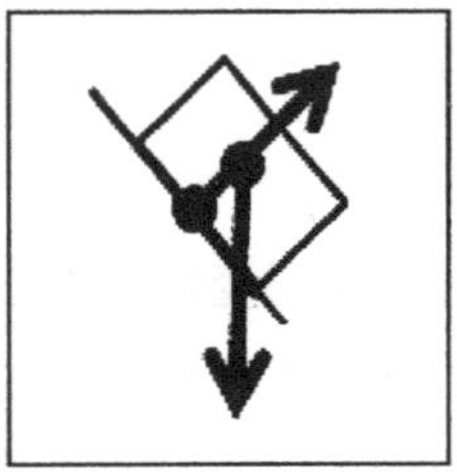

イ．

ウ．

問２．〔実験〕において物体の速さが最も大きくなるのはどの地点ですか。Ａ～Ｅから１つ選び、記号で答えなさい。

問３．質量が２倍の物体をＡ地点に置き、静かに手を離しました。このとき、Ｃ地点での物体の運動エネルギーの大きさは、〔実験〕に比べてどうなりますか。次のア～ウから１つ選び、記号で答えなさい。

ア．大きくなる　　　イ．変わらない　　　ウ．小さくなる問4．〔実験〕と同じ質量の物体をB地点に置き、静かに手を離しました。このとき、C地点での物体の速さと運動エネルギーの大きさは〔実験〕に比べてどうなりますか。それぞれ、次のア～ウから1つ選び、記号で答えなさい。

ア．大きくなる　　　イ．変わらない　　　ウ．小さくなる

問5．〔実験〕のように、物体への空気の抵抗や、まさつがない場合において運動エネルギーと位置エネルギーの和が常に一定に保たれる法則を何といいますか。答えなさい。

問6．〔実験〕における物体の運動エネルギーと位置エネルギーの変化を示したグラフとして適切なものはどれですか。次のア～エから1つ選び、記号で答えなさい。なお、実線を運動エネルギー、点線を位置エネルギーとします。

ア．

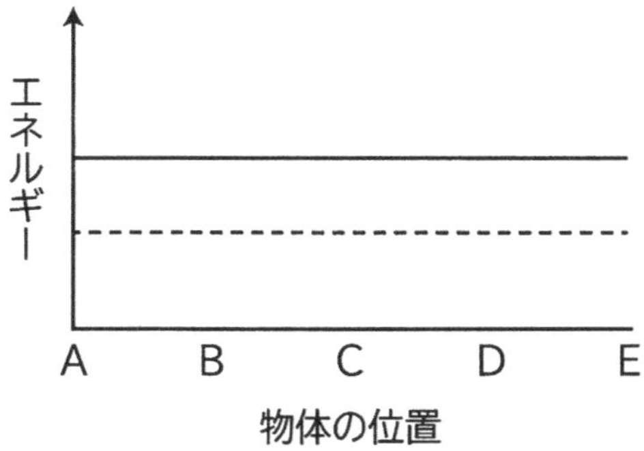

イ．

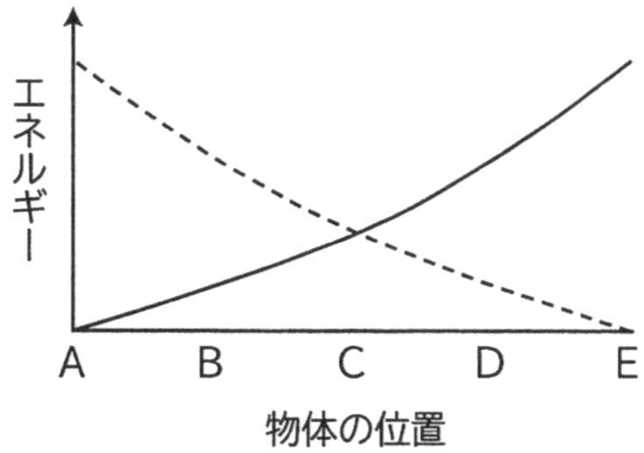

ウ．

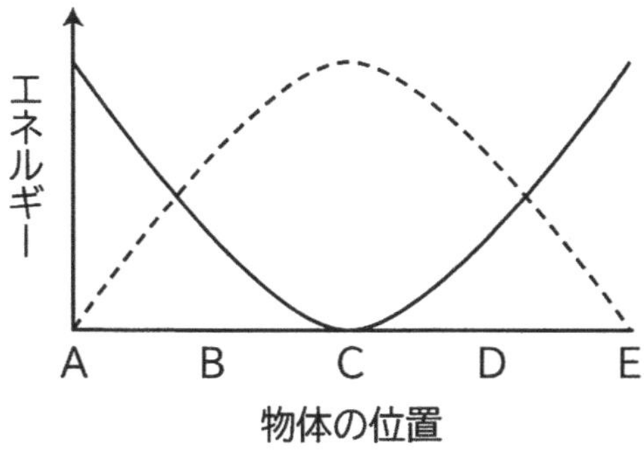

エ．

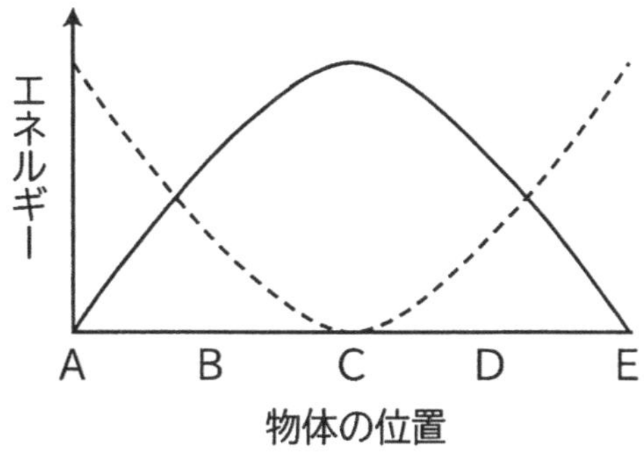

3 AさんとBさんが、水溶液の性質について話し合っていました。次の２人の会話を読み、各問いに答えなさい。ただし、うすい塩酸とうすい水酸化ナトリウム水溶液は同じ濃度とします。

Aさん：「酸性の水溶液は青色リトマス紙を赤色に変えて、アルカリ性の水溶液は赤色リトマス紙を青色に変える性質があったね。」

Bさん：「そうだね。」

Aさん：「①酸性の水溶液とアルカリ性の水溶液を混ぜたらどうなるんだろうね。」

Bさん：「じゃあやってみよう。」

Bさん：「ビーカーに②うすい塩酸を入れたものをここに用意してあるから、上からこまごめピペットでうすい水酸化ナトリウム水溶液を少しずつ加えてみよう。」

Aさん：「その方法で実験を行ってみよう。実験を行う前に、それぞれの液体が酸性・中性・アルカリ性のいずれかを調べるために、何か指示薬を入れないといけないかな。」

Bさん：「あ、本当だ。今回は指示薬をどれにしたらいいかな。」

Bさん：「じゃあ今回の指示薬はＢＴＢ溶液にしてみよう。」

Aさん：「ＢＴＢ溶液を数滴入れるね。あ、色が変わった。」

Aさん：「今から１滴ずつうすい水酸化ナトリウム水溶液を滴下していくね。」

Bさん：「わかった。ゆっくり滴下してみて。③色が水にＢＴＢ溶液を加えた時と同じ色に変わったよ。これを続けて色の変化をみてみよう。」

Aさん：「色の変化で液体が何性に変わったのかが分かるけど、実際に水溶液中にあるイオンの数はどのように変化しているのか気になるね。」

Bさん：「酸性の水溶液とアルカリ性の水溶液を混ぜ合わると互いの性質が打ち消し合うよ。」

Aさん：「あー、なるほど。そういうことか。」

Bさん：「そうだよ。あ、Cさん。そこにいたの。」

Cさん：「少し前にここに来たの。二人の話が聞こえてきたけれど、違う物質で同じ実験を私もしたい。」

Bさん：「じゃあ、④うすい硫酸にうすい水酸化バリウム水溶液を加える実験をするのはどうかな。」

Cさん：「ありがとう。また、明日やってみるね。」

問１．下線部①のような、酸性の水溶液とアルカリ性の水溶液を混ぜて、互いの性質を打ち消し合う反応のことを何といいますか。適切な語句を答えなさい。

問２．下線部②のうすい塩酸のような、酸が電離して発生する陽イオンは何ですか。イオン式で答えなさい。

問３．下線部③の色は何色になりますか。答えなさい。

問４．今回使用したうすい水酸化ナトリウム水溶液の濃度は0.5 ％でした。水酸化ナトリウムの固体0.5 g を水に溶かしたのは覚えていましたが、溶かした水の質量が分からなくなりました。水の質量は何 g ですか。小数第１位まで求めなさい。

問５．塩酸と反応を起こすことで、滴下した水酸化ナトリウム水溶液に含まれる水酸化物イオンの数は変化します。水酸化物イオンの数の変化について表しているグラフとして適切なものはどれですか。次のア～エから１つ選び、記号で答えなさい。

ア．
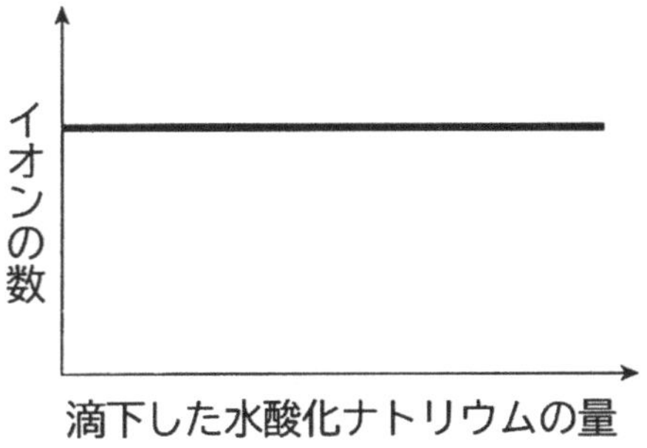

イ．
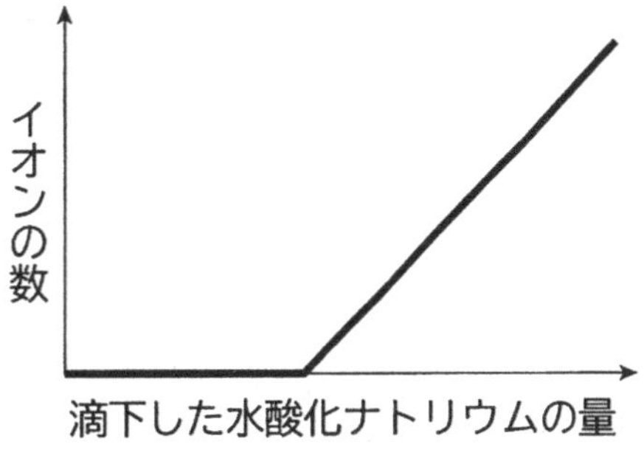

ウ．
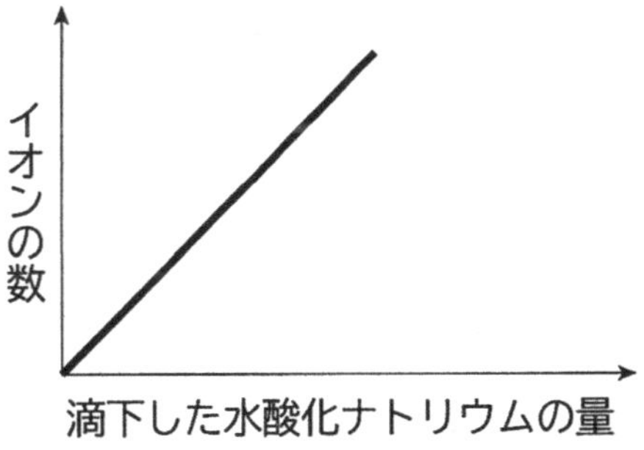

エ．
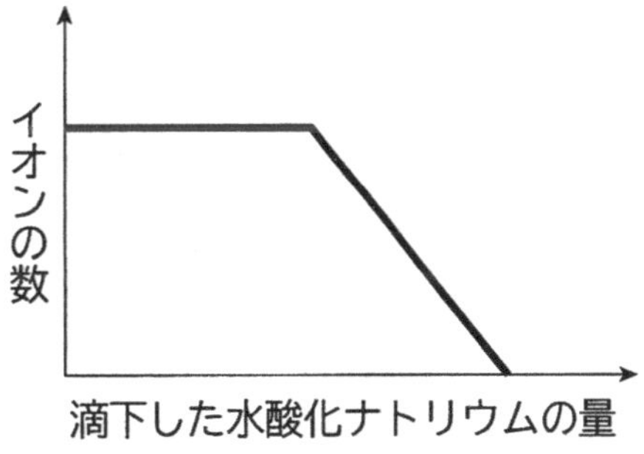

問６．下線部④の反応でできる沈殿物の名称を答えなさい。また、その物質の色は何色になりますか。答えなさい。

4 動物は、体のつくりの特徴や生活のしかたのちがいから、なかま分けすることができます。

ここに、カードA～Eを用意しました。この５枚のカードには裏面に、「ニワトリ」「カエル」「ウサギ」「イカ」「メダカ」「ヤモリ」いずれかの名称が書かれています（１つだけカードに書かれていない動物を含みます)。次の２人の会話を読み、各問いに答えなさい。

A	B	C	D	E

ユ　メ：「これらの動物は背骨をもっていますか。」

カケル：「はい。すべてのカードは、①背骨をもつ動物です。」

ユ　メ：「なるほど。子が水中で生活するのはどのカードでしょうか。」

カケル：「ＢとＤです。」

ユ　メ：「卵で産まれる動物が書かれているのはどのカードでしょうか。」

カケル：「Ｂ、Ｃ、Ｄ、Ｅです。②Ａだけが異なります。」

ユ　メ：「少しずつ分かってきました。では、体温調節にはどのような特徴があるでしょうか。」

カケル：「ＡとＣは③外界の温度によらず体温をほぼ一定に保つのに対し、Ｂ、Ｄ、Ｅは外界の温度によって体温が変わります。」

ユ　メ：「あとは・・・。肺についてはどのような特徴があるでしょうか。」

カケル：「Ａのなかまの肺には、肺胞と呼ばれる小さな袋があります。たくさんの肺胞があることで、空気にふれる［　Ｘ　］が大きくなるため、効率よく酸素と二酸化炭素の交換を行うことができます。なお、Ｂのなかまは皮ふでも呼吸を行っています。」

ユ　メ：「なるほど。これでＡ～Ｅの動物が分かりました。ちなみに、他にどのような特徴の違いがあるでしょうか。」

カケル：「他には、④からだの表面のようすなどがありますね。」

問１．下線部①の動物を何といいますか。カタカナで答えなさい。

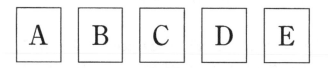

問2．下線部②について、Aに書かれている動物の生まれ方を何といいますか。
漢字で答えなさい。

問3．下線部③のようなしくみをもつ動物を何といいますか。漢字で答えなさい。
また、同じしくみをもつ動物はどれですか。次のア～オから2つ選び、記号で答えなさい。

ア．コウモリ　　イ．イモリ　　ウ．スズメ
エ．サケ　　オ．ワニ

問4．下線部④について、からだの表面がうろこでおおわれている動物が書かれているカードとして、適切なものをA～Eから2つ選び、記号で答えなさい。

問5．会話文中の X にあてはまる適切な語句を答えなさい。

問6．B、Eに書かれている動物と同じなかまに分類される動物の組み合わせとして、適切なものはどれですか。次のア～カから1つ選び、記号で答えなさい。

	B	E
ア	ネズミ	ワシ
イ	サンショウウオ	カメ
ウ	ペンギン	ヘビ
エ	カメ	ネズミ
オ	ワシ	サンショウウオ
カ	ヘビ	ペンギン

5 次の文章を読み、各問いに答えなさい。

図1は、2023年の冬に、ある場所の24時の北の夜空のカシオペア座付近を観察した結果です。

かつて人々は、夜空に輝く①恒星をいくつかまとめて人や動物などに見立てて、星座を作りました。星座の位置は、時刻や季節によって変わりますが、星と星の位置関係は変わりません。また、星座の星同士は地球から見た方向が近いだけであり、実際に近くにあるわけではありません。例えば、カシオペア座の α 星は地球から約228②光年、β 星は地球から約55光年の距離にあります。

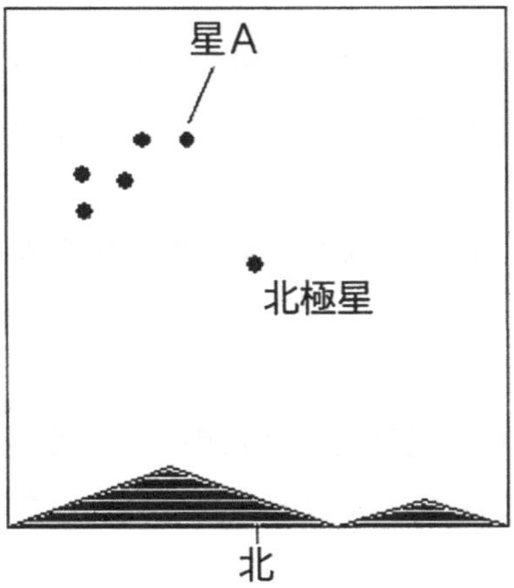

図1

問1．下線部①について、恒星とはどのような天体ですか。次のア〜エから1つ選び、記号で答えなさい。

ア．太陽の周りを公転している天体
イ．地球の周りを公転している天体
ウ．みずから光をはなつ天体
エ．他の天体の光を反射している天体

問2．下線部②について、1光年とはどのような距離ですか。「光が」という書き出しで答えなさい。

問３．夜空に見える星座の位置が、時刻とともに動くのはなぜですか。その理由として適切なものを次のア～エから１つ選び、記号で答えなさい。

ア．地球が自転しているから。
イ．地球が太陽の周りを公転しているから。
ウ．星座の星が太陽の周りを公転しているから。
エ．星座の星が地球の周りを公転しているから。

問４．北極星は時刻、季節に関わらずほとんど同じ位置に見えます。その理由として適切なものはどれですか。次のア～エから１つ選び、記号で答えなさい。

ア．天球上では、北極星は天の赤道上にあるから。
イ．天球上では、北極星は黄道上にあるから。
ウ．天球上では、北極星は天の北極あたりにあるから。
エ．天球上では、北極星は天の南極あたりにあるから。

問５．図１の星Ａは、北極星を中心に１時間で何度回転しますか。答えなさい。

問６．図１の３時間後に同じ北の夜空を観察すると、星はどのように見えますか。次のア～エから１つ選び、記号で答えなさい。

ア．
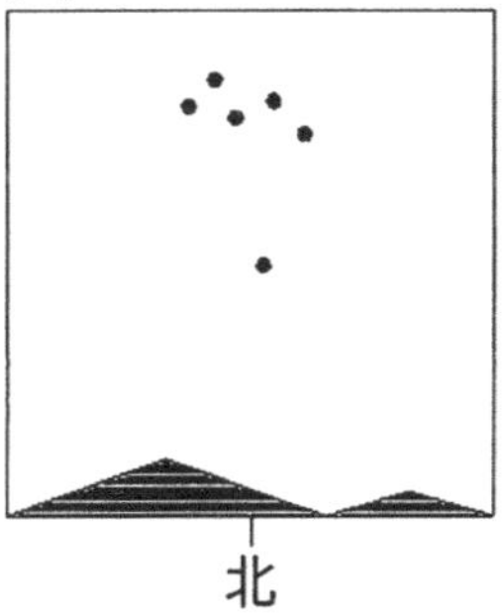

イ．
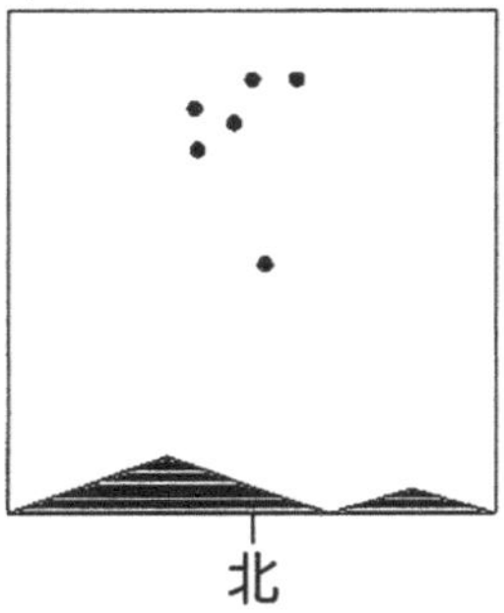

ウ．
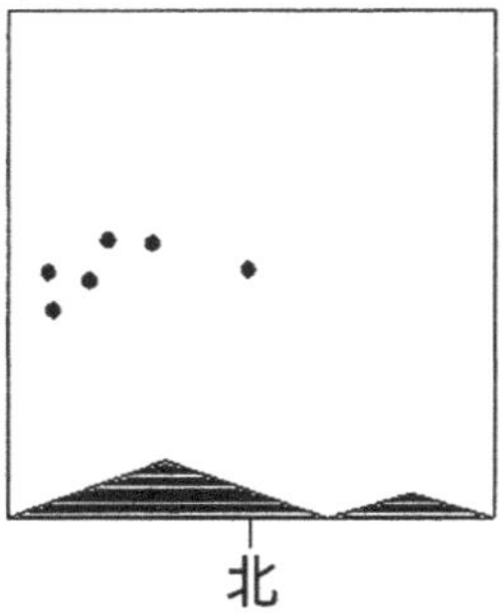

エ．
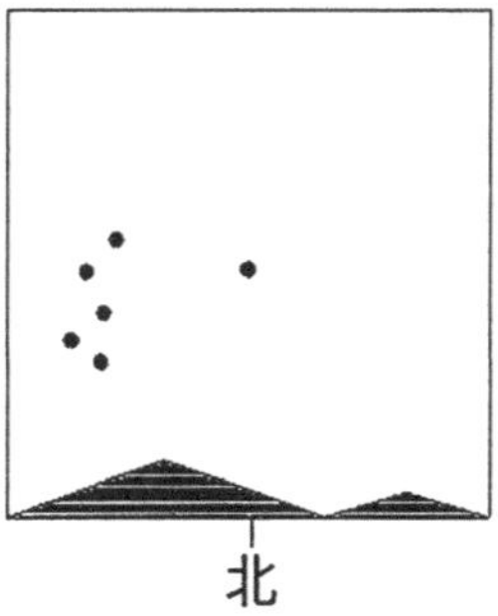

問７．２か月後に北の夜空を観察するとき、星が図１と同じ位置に見えるのは午後何時ですか。答えなさい。

2024(令和６)年度　大阪高等学校

社　会

(40分)

受験にあたっての注意

1．監督者から試験開始の合図があるまで，問題冊子を開けないこと。
2．試験開始の合図があったら，問題冊子と解答用紙に受験番号と名前を忘れずに記入すること。
3．落丁，乱丁，印刷不鮮明の箇所があれば，すぐに監督者に申し出ること。
4．試験終了の合図があったら，問題冊子を閉じて，解答用紙を机の上に置いて，監督者の指示があるまで静かに待機すること。
5．問題冊子と解答用紙はすべて回収されます。
6．試験終了後は監督者の指示があるまで待機すること。

受験番号		名　前	

1 次の世界地図を見て，後の設問に答えなさい。なお，A～Dは地域を示したものとする。

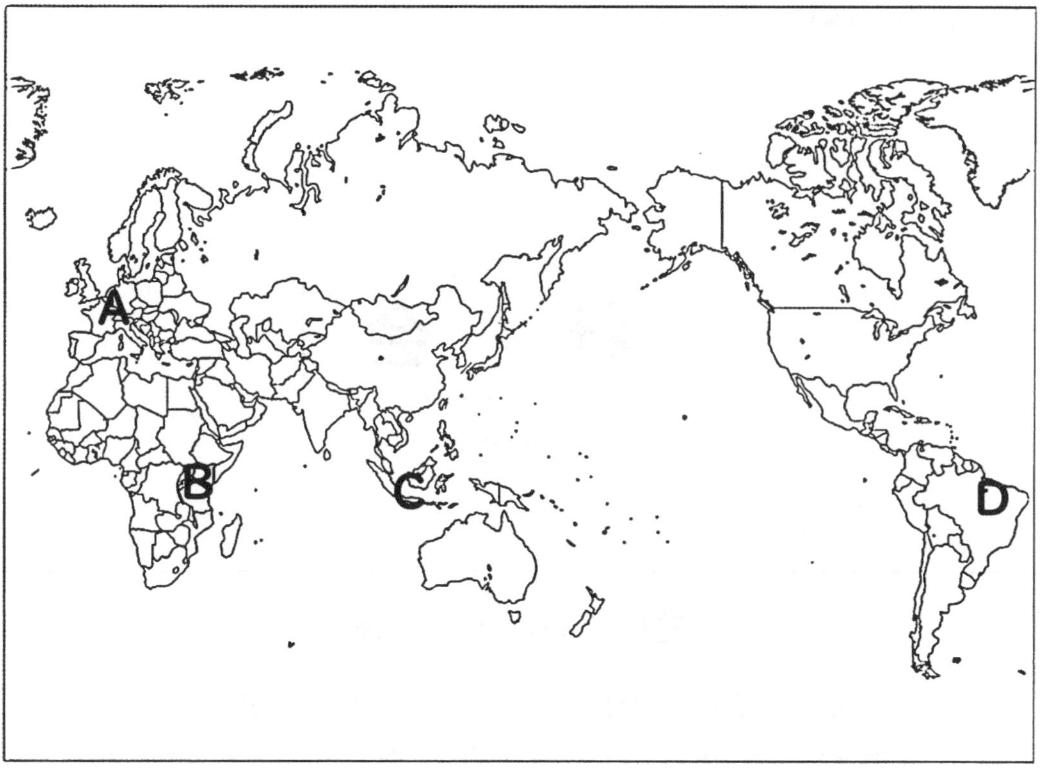

〔設問1〕地図中に描かれていない大陸は何か，答えなさい。

〔設問2〕東京が1月1日午前9時の時に，12月31日午後9時頃であるのはどの地域だと考えられるか，もっとも適当なものを地図中のA～Dから1つ選び，記号で答えなさい。ただし，サマータイムは考えないものとする。

〔設問3〕以下の写真は，どの地域で撮られたものと考えられるか，適当なものを地図中のA～Dから1つ選び，記号で答えなさい。

〔設問4〕地図中のAについて，多くの国で以下の写真のような通貨が使われている。この通貨を何というか，答えなさい。

〔設問5〕地図中のBについて，コートジボワールやガーナが世界の総生産量の半分以上を占めている農作物としてもっとも適当なものを次のア～エから1つ選び，記号で答えなさい。

（ア）コーヒー　（イ）カカオ豆　（ウ）バナナ　（エ）茶

〔設問6〕地図中のCについて，インドネシアの伝統的家屋として適当なものを次のア～エから1つ選び，記号で答えなさい。

（ア）

（イ）

（ウ）

（エ）

〔設問7〕地図中のDについて，この地域に流れている流域面積世界最大の川を何というか，以下の写真を参考にして，答えなさい。

2 次の地形図を見て，後の設問に答えなさい。

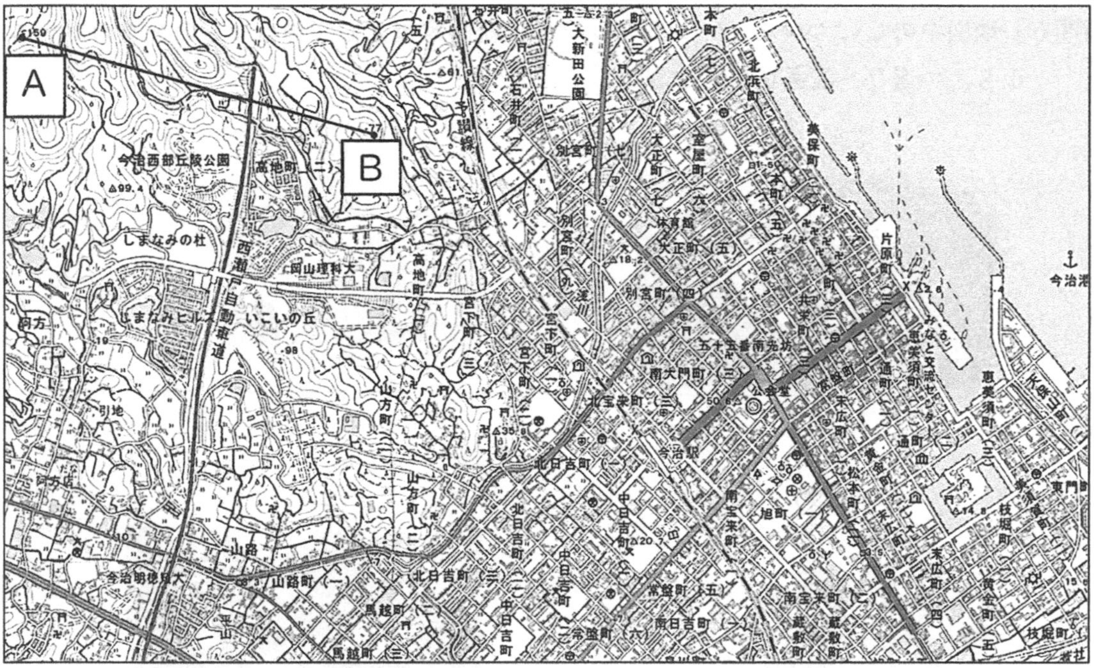

電子地形図 25000（国土地理院）を加工して作成

〔設問１〕今治駅の東側には税務署がある。その周りにあるものとしてもっとも適当なものを次のア～エから１つ選び，記号で答えなさい。

（ア）果樹園　　（イ）交番　　（ウ）保健所　　（エ）針葉樹林

〔設問２〕今治駅と城の直線距離は地図中では約５ｃｍである。実際の距離として適当なものを次のア～エから１つ選び，記号で答えなさい。

（ア）約１．２㎞　　（イ）約１２．２㎞　　（ウ）約２．４㎞　　（エ）約２４．４㎞

〔設問３〕地図中のＡ地点からＢ地点までの断面図として適当なものを次のア～エから１つ選び，記号で答えなさい。

（ア）

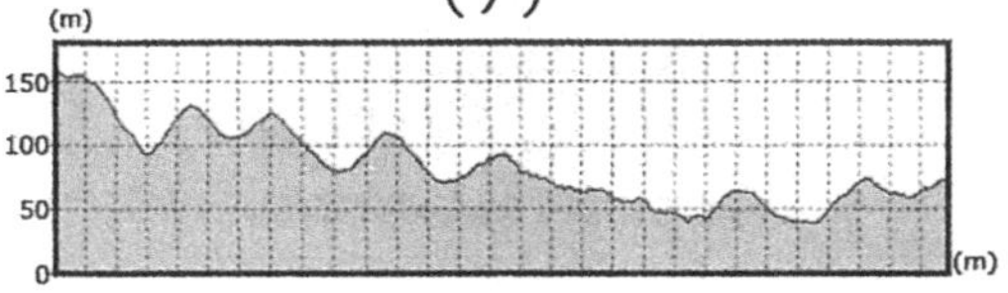

（イ）

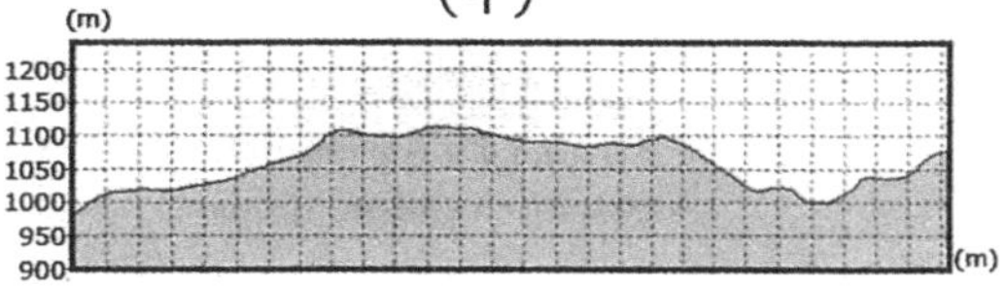

（ウ）

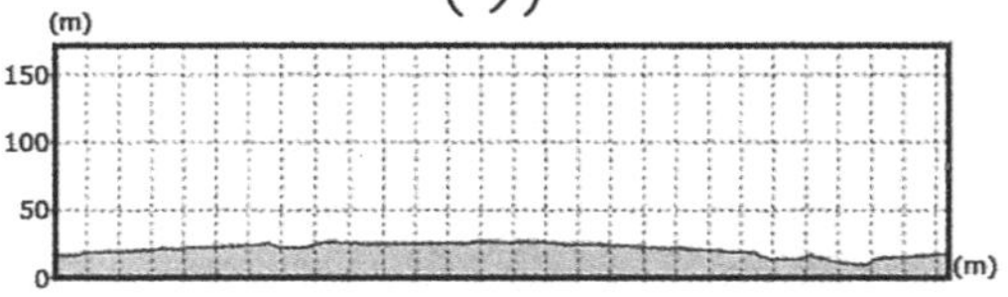

（エ）

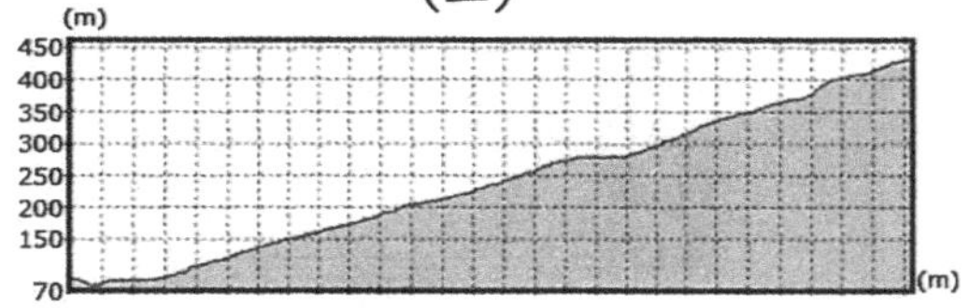

〔設問４〕地図の地域では，タオルの生産が盛んである。この地域が含まれる都道府県として適当なものを次のア～エから１つ選び，記号で答えなさい。

（ア）香川県　　（イ）徳島県　　（ウ）高知県　　（エ）愛媛県

〔設問５〕この地域が含まれる都道府県の雨温図としてもっとも適当なものを次のア～エから１つ選び，記号で答えなさい。

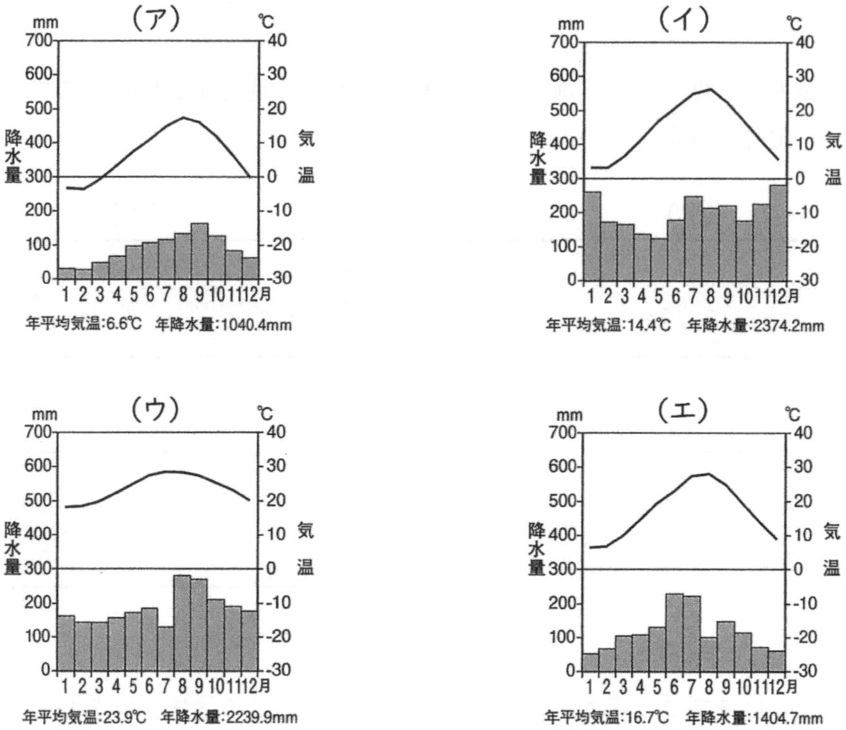

〔設問６〕この地域が含まれる都道府県で盛んに製造されている輸送機械としてもっとも適当なものを次のア～エから１つ選び，記号で答えなさい。

（ア）航空機　（イ）自動車　（ウ）船舶　（エ）鉄道車両

〔設問７〕この地域が含まれる都道府県はしまなみ海道で本州と結ばれている。本州側の都道府県の説明としてもっとも適当なものを次のア～エから１つ選び，記号で答えなさい。

（ア）世界初の海底トンネルである関門トンネルがある。

（イ）平安時代に平清盛によって整備された厳島神社がある。

（ウ）江戸時代の町家や土蔵が残った倉敷美観地区がある。

（エ）日本初の世界歴史遺産である姫路城がある。

〔設問８〕この地域が含まれる都道府県の特徴が表現されているご当地キャラクターとして，もっとも適当なものを次のア～エから１つ選び，記号で答えなさい。

（ア）

うどん脳

（イ）

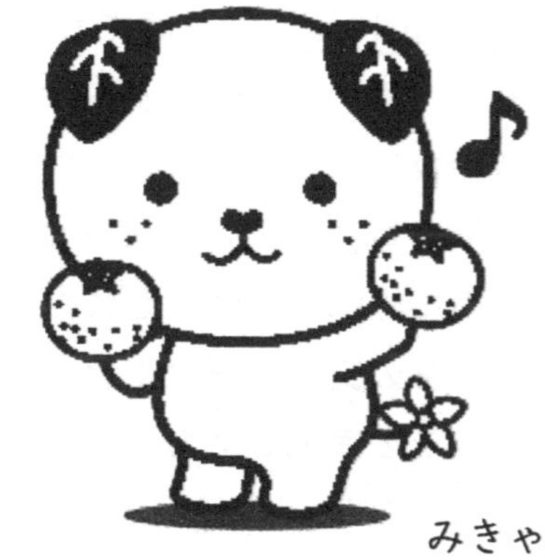

みきゃん

（ウ）

トクシィ

（エ）

とさけんぴ

3 次の文章はりょうへいさんが夏休みの宿題として，茶の歴史についてまとめたものである。後の設問に答えなさい。

> 日本の茶の始まりは平安時代であり，遣唐使や留学僧によってもたらされたとされている。A.最澄は遣唐使とともに中国で学び，仏教の新しい教えを日本に伝え，B.比叡山に延暦寺を建てた。その際に中国から茶の種子を持ち帰り，比叡山のふもとで茶の栽培を始めたとされている。当時の茶は非常に貴重であったため，貴族階級など身分が高い人だけが口にすることができた。C.12世紀後半からは茶を飲む習慣が根付くようになり，鎌倉幕府3代将軍の源実朝が病気の際には，療養のために茶が献上されたと言われている。戦国時代では，茶の湯が大名や大商人たちの交流の場として流行した。豊臣秀吉に仕えた［　　　　］は質素なわび茶の作法を完成させた。江戸時代では，茶の湯は儀礼に正式に取り入れられた。イギリスでは茶が流行し始めると，中国から多くの茶が輸入された。やがてD.両国の間に貿易上の問題が発生し，戦争が起きた。

〔設問1〕下線部Aについて，

①この人物のひらいた宗派として正しいものを，次のア～エから1つ選び，記号で答えなさい。

（ア）真言宗　　（イ）浄土真宗　　（ウ）時宗　　（エ）天台宗

②この人物を派遣し，平安京に都を移した天皇は誰か，次のア～エから1つ選び，記号で答えなさい。

（ア）聖武天皇　　（イ）桓武天皇　　（ウ）後醍醐天皇　　（エ）推古天皇

〔設問2〕下線部Bについて，

①16世紀に延暦寺を焼き討ちした人物は誰か，答えなさい。

②延暦寺がある都道府県の説明文として正しいものを，次のア～エから1つ選び，記号で答えなさい。

（ア）湖の面積が全国1位であり，流域に暮らす人々の生活を支えている。

（イ）水産物の漁獲量が全国1位であり，海域にはプランクトンを含む海流が流れている。

（ウ）ピアノの生産が全国1位であり，木材を加工する工業地域が広がっている。

（エ）さくらんぼの生産が全国1位であり，全国各地にトラックや航空機で輸送されている。

〔設問3〕下線部Cについて，１２世紀の出来事として正しいものを，次のア～エから１つ選び，記号で答えなさい。

（ア）天皇と上皇の対立が激しくなり，京都で保元の乱が起こった。

（イ）有力な守護大名の細川氏と山名氏が対立し，応仁の乱が起こった。

（ウ）天智天皇の没後，壬申の乱が起こり，天武天皇が即位した。

（エ）東軍の徳川家康と西軍の石田三成が関ヶ原で戦い，東軍が勝利した。

〔設問4〕文章中の空欄［　　　　］に当てはまる人物を答えなさい。

〔設問5〕下線部Dについて，

①その戦争を描いたものを，次のア～エから１つ選び，記号で答えなさい。

（ア）

（イ）

（ウ）

（エ）

②下の資料はアジアとイギリスの綿織物の輸出額の変化を示したものである。この資料の説明文として正しいものを，次のア～エから１つ選び，記号で答えなさい。

（ア）アジアからヨーロッパへの輸出は，１８００年頃には３００万ポンドを超え，その後も増加し続けている。

（イ）アジアからヨーロッパへの輸出は，１８１０年頃では，イギリスからアジアへの輸出よりも２００万ポンド以上高かった。

（ウ）イギリスからアジアへの輸出は，おおむね増加しており，１８３０年からの１０年間で約２倍の額となっている。

（エ）イギリスからアジアへの輸出は，１８００年頃から増加しているが，この戦争以降は減少し続けている。

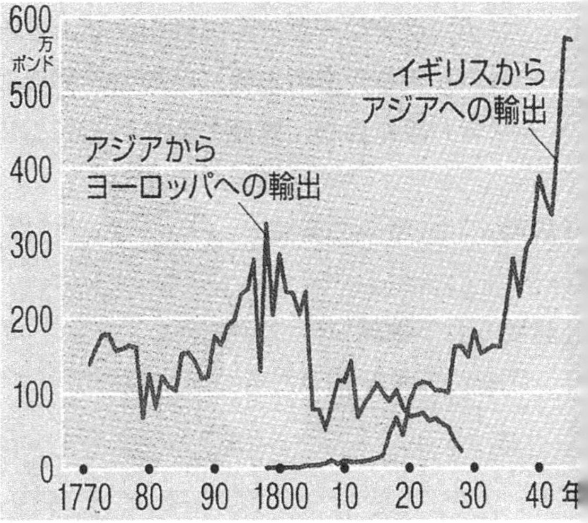

③イギリスは清とインドとの間で行われていた三角貿易で利益を得ていた。その三角貿易についてあらわした以下の図の［ A ］と［ B ］に当てはまる品目をそれぞれ答えなさい。

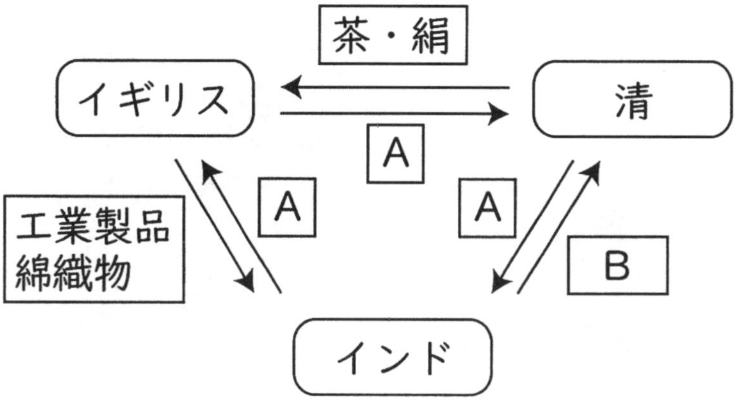

2024 国語

解答用紙

受験番号

名前

一

問一
① ＿＿し
② ＿＿いる
③
④
⑤
⑥ ＿＿む
⑦ ＿＿っ
⑧

問二
①
②
③

問三
①
②
③

問四
①
②
③

問五
① 主語 述語
② 主語 述語
③ 主語 述語

問一. ①〜④２点×４
⑤〜⑧１点×４
問二. １点×３
問三. １点×３
問四. ２点×３
問五. 完答２点×３

得点

※100点満点

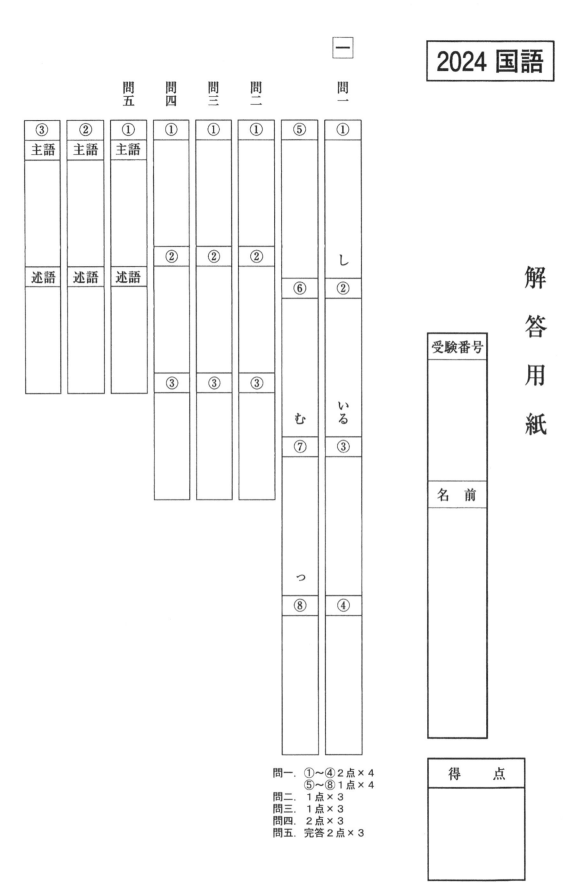

(3)	

4 ((1), (2)は答えのみでよいものとする。(3), (4)は途中経過も記入すること。)

5点×4

(1)		(2)	
(3)		(4)	

4

(1)２点×４　(2)１点　(3)２点　(4)１点×２　(5)２点

(1)	Ⅰ		Ⅱ		Ⅲ		Ⅳ	
(2)		(3)		(4)	(A)		(B)	
(5)								

5

２点×６

(1)	グループA		グループB		グループC	
(2)		(3)		(4)		

6

２点×９

(1)									
(2)		(3)		(4)		(5)			
(6)		(7)	あ		い		う		

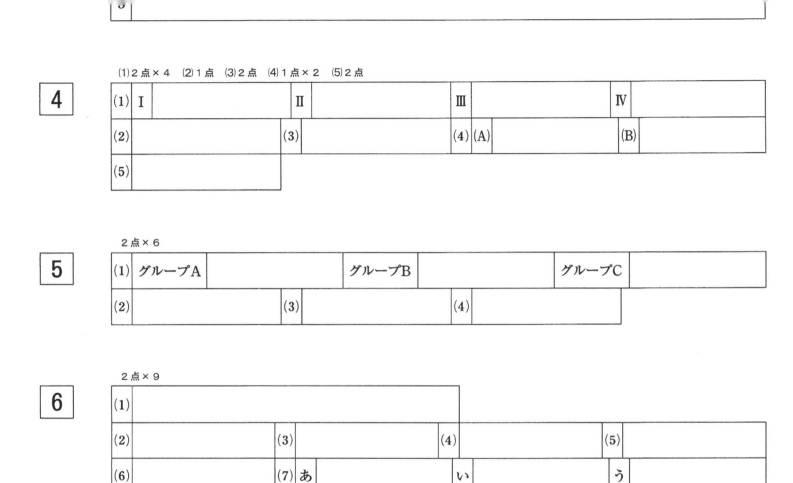

問3	色	問4	g	問5	
問6	名称		色	色	

4

問1．３点　問2．３点　問3．名称…３点　記号…２点　問4．２点　問5．３点　問6．３点

問1	動物	問2					
問3	名称	動物	記号			問4		
問5		問6					

5

３点×７

問1		問2	光が				
問3		問4		問5	度	問6	
問7	午後　時						

設問３		設問４		設問５	①		
②		③	A		B		

4

設問１		設問２		設問３			
設問４		設問５		設問６	①		
②		③		④		⑤	

5

設問１		設問２		設問３			
設問４		設問５		設問６		設問７	
設問８		設問９		設問１０			
設問１１	A		B		C		
設問１２	①		②				

作文

次の①、②、③から一つの題を選択し、選んだ番号に○をしなさい。

① 中学校生活で印象にのこっていること

② 大阪高校でチャレンジしたいこと

③ 探究したいこと

※原稿用紙は縦書きで使用すること。

受験番号		名前	

100

200

（評価基準非公表）

受験番号

名前

作文

字数は、500 ～ 600字

20×30

600　500　400　300

2024 社会

解　答　用　紙

受験番号		名前	

2点×50

得　　点

※100点満点

1

設問1	大陸	設問2			
設問3		設問4			
設問5		設問6		設問7	

2

設問1		設問2			
設問3		設問4		設問5	
設問6		設問7		設問8	

【解答

3

2024 理科

解答用紙

受験番号		名前	

得点

※100点満点

1

3点×6

ア	イ	ウ	エ	オ	カ	キ	ク	ケ	コ	サ	シ	ス

2

3点×7

問1		問2		問3	
問4	速さ		運動エネルギーの大きさ		
問5	の法則	問6			

3点×7

【解答

2024 英語

解答用紙

受験番号		名前	

得点

※100点満点

1

２点×16

(1)		(2)		(3)		(4)	
(5)		(6)		(7)		(8)	
(9)		(10)		(11)		(12)	
(13)		(14)		(15)		(16)	

2

２点×７

(1)		(2)		(3)		(4)	
(5)		(6)		(7)			

3

３点×３

1	

【解答

2024 数学

解 答 用 紙

受験番号		名前	

得 点

※100点満点

1 (答えのみでよいものとする。)

(1)		(2)		(3)		(4)	
(5)		(6)		(7)		(8)	
(9)		(10)		(11)		(12)	

4点×12

2 (答えのみでよいものとする。)

(1)	{	(2)	$A=$	(3)	$x=$
			$B=$		$y=$

(1)4点
(2)6点
(3)6点

【解答

3 ((1), (2)は答えのみでよいものとする。(3)は途中経過も記入すること。)

問二

問三

問四

問五

40

問六

問七

A

B

問一
問二
問三
問四
問五
問六
問七

三

問一

A

B

問二

a

b

問三

問四

問五

問六

問七

問八

問一．　２点×２
問二．　２点×２
問三．　３点
問四．　４点
問五．　３点
問六．　４点
問七．　４点
問八．　４点

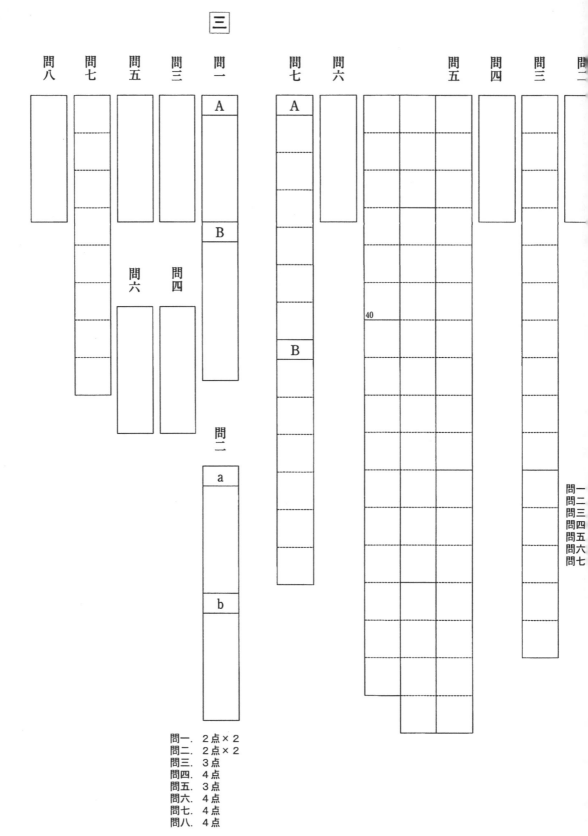

4 だいすけさんは様々な球技に関するレポートを作成した。次のレポートを読み，後の設問に答えなさい。

ボウリングについて

●ボウリングは倒すピンを災いや悪魔に見立てて，たくさん倒すことができれば，災いから逃れることができるという一種の宗教儀式であった。A.古代エジプトの遺跡から，木でできたボールとピンが発掘されている。
●中世ドイツで宗教革命を始めた［　　　］がピンを９本にし，並べ方もひし形にして，ボウリングの基本的なルールを統一した。

ゴルフについて

●起源については，スコットランドやオランダ，B.中国など世界各地に発祥説がある。スコットランドが起源であるという説では，羊飼いたちが暇つぶしに羊を追う棒で石ころを打って，野うさぎやモグラの巣穴に入れて遊んでいたのが始まりとされている。
●１８８０年頃からイングランドでゴルフブームが起きると，C.アメリカでも流行が始まり世界的なスポーツとして根付いた。

ラグビーについて

●ラグビーは中世イングランドに起源をさかのぼる。当初は数千人の大人が手と足を使って村と村の対抗戦を行っていた。試合は祝祭として開催され，死者がでるほど激しかった。
●日本にラグビーが伝わったのは，イギリスの船員によってD．横浜〔神奈川県〕でラグビーが行われたのがきっかけであり，日本でも１９２０代から発展していく。アジア最古のクラブは，横浜フットボールクラブであり，イギリスの世界ラグビー博物館に認定を受けた。

野球について

●E.明治時代に来日したアメリカ人ホーレス・ウィルソンが生徒に「ベースボール」を伝え，全国的に広まった。
●１９４３年，日本野球連盟は敵性語禁止により，ストライクが「正球」でボールが「悪球」，セーフが「良し」でアウトが「ダメ」となった。

〔設問１〕下線部Ａについて，関連する写真を次のア～エから１つ選び，記号で答えなさい。

（ア）

（イ）

（ウ）

（エ）

〔設問２〕空欄［　　　］に入る人物は，ドイツで免罪符を売り出す教会を批判し宗教改革を始めた人物である。［　　　］に当てはまる人物名を３字で答えなさい。

〔設問３〕下線部Ｂについて，中国と日本の関わりについての説明文として誤っているものを次のア～エから１つ選び，記号で答えなさい。

（ア）倭の奴国の王が，後漢に使いを送り，皇帝から金印を授けられた。
（イ）聖徳太子は，６０７年に小野妹子らを遣隋使として派遣した。
（ウ）１８７１年，日本は日清修好条規で不平等条約を結ばされた。
（エ）１９１５年，日本は中国に対して二十一か条の要求を示し，強引に認めさせた。

〔設問４〕下線部Ｃに関連する説明文として正しいものを次のア～エから１つ選び，記号で答えなさい。

（ア）軍人ナポレオンは，徴兵制による大量の兵力を動員することで政権を握り，国民投票によって皇帝となった。

（イ）保護貿易を望む北部と自由貿易を望む南部で対立が起こり，リンカン大統領が奴隷解放宣言を出した。

（ウ）鉄血宰相と呼ばれたビスマルクの下で軍事力と経済力の強化を進め，重化学工業を中心に世界進出を目指した。

（エ）産業が急速に発達しはじめ，世界初の蒸気機関車を造り，１９世紀には「世界の工場」と呼ばれるようになった。

〔設問５〕下線部Ｄの県で起こったできごととして誤っているものを次のア～エから１つ選び，記号で答えなさい。

（ア）１８５３年，４隻の軍艦を率いて東インド艦隊司令長官ペリーが浦賀に来航した。

（イ）大老になった井伊直弼が日米修好通商条約を結び，５港を開港した。

（ウ）日本の輸出の中心であった生糸の増産や品質の向上を図るため，富岡製糸場などの官営模範工場が造られた。

（エ）１８７２年に鉄道が開通した結果，多くの人や物資を運ぶことができるようになった。

〔設問６〕下線部Ｅについて，この時代は日本では明治政府が誕生し，次々と改革を行うことで近代国家への歩みを強めていった時代であった。以下の問いに答えなさい。

①１８８９年２月１１日に発布された日本で初めての憲法は何か，漢字７字で答えなさい。

②伊藤博文についての説明文として誤っているものを次のア～エから１つ選び，記号で答えなさい。

（ア）岩倉使節団としてアメリカ，イギリスなどの欧米１２カ国を訪問した。

（イ）初代内閣総理大臣（首相）に就任した。

（ウ）韓国統監府の初代統監に就任した。

（エ）イギリスのような議会政治を目指して立憲改進党を作った。

③下の史料は，明治政府が新しい政治の方針を定めた五箇条の誓文である。この史料の説明文として正しいものを次のア～エから１つ選び，記号で答えなさい。

五箇条の誓文

一　広ク会議ヲ興《おこ》シ万機《ばんき》❶公論ニ決スベシ

一　上下《しょうか》心ヲ一ニシテ盛《さかん》ニ経綸《けいりん》❷ヲ行フベシ

一　官武一途《かんぶいっと》庶民ニ至ル迄各《おのおの》其《その》志《こころざし》ヲ遂ゲ人心ヲシテ倦《うま》ザラシメン事ヲ要ス

一　旧来ノ陋習《ろうしゅう》❸ヲ破リ天地ノ公道ニ基クベシ

一　智識ヲ世界ニ求メ大ニ皇基《こうき》❹ヲ振起スベシ

我国未曽有《みぞう》ノ改革ヲ為《なさ》ントシ、朕躬《ちんみ》ヲ以テ衆ニ先ンジ、天地神明《てんちしんめい》ニ誓ヒ、大ニ斯国是《このこくぜ》ヲ定メ、万民保全ノ道ヲ立ントス。衆亦此《またこの》旨趣《ししゅ》ニ基キ、協心努力セヨ。

（『法令全書』）

❶すべての重要な政務。❷国家をおさめる施策。❸悪習。❹皇国の基。

（ア）上の者が，下の者を支配することで人々の生活を安定させるべきである。
（イ）古くからの習慣を継続し，世界の正しい道理を基盤とするべきである。
（ウ）身分に関係なく会議を開催し，すべて公の議論で決定するべきである。
（エ）知識を世界に求め，国民が国を治める基盤を作り出すべきである。

④明治政府の政策として誤っているものを次のア～エから１つ選び，記号で答えなさい。
（ア）土地の所有者と価格を定めて，地券を発行するなどの地租改正を行った。
（イ）版籍奉還では藩の政治を元の藩主がそのまま担当したため，廃藩置県を行った。
（ウ）近衛文麿《このえふみまろ》内閣は国家総動員法を制定した。
（エ）国民を兵とする統一的な軍隊を創ろうとして徴兵令を出した。

⑤下の文章Ｘ～Ｚは明治時代に起こった出来事である。起こった順に並んでいるものを次のア～エから１つ選び，記号で答えなさい。
Ｘ：朝鮮半島の利権をめぐり，清との間で争いが起こった。
Ｙ：南下政策を行うロシアとの間で争いが起こった。
Ｚ：フランス・ロシア・ドイツが日本に対して勧告を行った。

（ア）Ｘ⇒Ｙ⇒Ｚ　　（イ）Ｘ⇒Ｚ⇒Ｙ　　（ウ）Ｙ⇒Ｘ⇒Ｚ　　（エ）Ｙ⇒Ｚ⇒Ｘ

5 次の表を参考にして，後の設問に答えなさい。

月	２０２３年の主な出来事
１月	・日本のA.岸田首相がB.アメリカ大統領と首脳会談を行った。 ・C.通常国会が召集され，経済政策や少子化対策を中心とした施策の方向性が示された。
２月	・トルコで大震災が発生し， D.自衛隊が緊急援助物資の輸送活動を行った。
３月	・岸田首相がウクライナのゼレンスキー大統領との会談のためにキーウを訪問した。 ・E.中央省庁の１つである文化庁が東京から京都へ移った。
４月	・F.子どもの貧困対策や児童虐待防止策を推進する子ども家庭庁が発足した。 ・G.統一地方選挙が行われ、女性の当選者が過去最多となった。
５月	・新型コロナウイルスが正式に５類へと移行した。 ・広島にて，首脳国による［ X ］サミットが開催された。
６月	・日本銀行よりH.新紙幣の発行時期が来年７月であると正式に表明された。 ・昨年の国内の出生数が８０万人を下回り，［ Y ］も１.２６と２００５年と並び過去最低の水準となることが発表された。
７月	・国のI.一般会計に占める税収額が過去最高額を更新したと発表された。
８月	・ハワイのマウイ島で大規模な森林火災が発生した。 ・株式会社そごう・西武で大規模なJ.ストライキが決行された。

〔設問１〕空欄 X に入るもっとも適当な語句を次のア～エの中から１つ選び，記号で答えなさい。

(ア)ＮＡＴＯ　(イ)Ｇ７　(ウ)Ｇ２０　(エ)ＧＨＱ

〔設問２〕空欄 Y に入るもっとも適当な語句を漢字７字で答えなさい。

〔設問３〕下線部Ａに関連して，内閣の主な働きとして適当なものを次のア～オの中から１つ選び，記号で答えなさい。

（ア）弾劾裁判所の設置

（イ）条約の承認

（ウ）法律の制定

（エ）天皇の国事行為に対する助言と承認

（オ）内閣総理大臣の指名

〔設問４〕下線部Ｂに関して，この時のアメリカ大統領としてもっとも適当な人物を次のア～エの中から１つ選び，記号で答えなさい。

（ア）オバマ　（イ）トランプ　（ウ）ブッシュ　（エ）バイデン

〔設問５〕下線部Ｃに関して，国会について述べた以下の文章ａとｂの正誤の組み合わせとして正しいものを次のア～エの中から１つ選び，記号で答えなさい。

ａ　衆議院の定数は４６５人であり，被選挙権は２５歳以上である。

ｂ　予算の先議権は参議院にあり，衆議院と参議院で異なる議決をした場合は，両院協議会が開催される。

(ア)ａ―正　ｂ―正

(イ)ａ―正　ｂ―誤

(ウ)ａ―誤　ｂ―正

(エ)ａ―誤　ｂ―誤

〔設問６〕下線部Ｄに関して，日本の防衛政策の歩みについて，年代の古いものから順に並んでいるものを次のア～エの中から１つ選び，記号で答えなさい。

（ア）日米安全保障条約調印　→　防衛省設置　→　PKO協力法成立　→　自衛隊発足
（イ）日米安全保障条約調印　→　PKO協力法成立　→　自衛隊発足　→　防衛省設置
（ウ）日米安全保障条約調印　→　自衛隊発足　→　防衛省設置　→　PKO協力法成立
（エ）日米安全保障条約調印　→　自衛隊発足　→　PKO協力法成立　→　防衛省設置

〔設問７〕下線部Ｅに関して，東日本大震災からの再興を目的に２０１２年に設立された省庁を答えなさい。

〔設問８〕下線部Ｆに関連して，以下は日本国憲法の第２５条及び第２６条を抜粋したものである。
空欄（Ⅰ）～（Ⅲ）に入る語句の組み合わせとして正しいものを次のア～エから１つ選び，記号で答えなさい。

第２５条　すべて国民は、健康で（　Ⅰ　）な最低限度の生活を営む権利を有する。
国は、すべての生活部面について、社会福祉、社会保障、（　Ⅱ　）の向上及び増進に努めなければならない。
第２６条　すべて国民は、法律の定めるところにより、その保護する子女に（　Ⅲ　）を受けさせる義務を負う。義務教育は、これを保障する。

	（　Ⅰ　）	（　Ⅱ　）	（　Ⅲ　）
（ア）	文化的	公衆衛生	高等教育
（イ）	経済的	公的扶助	普通教育
（ウ）	文化的	公衆衛生	普通教育
（エ）	経済的	公的扶助	高等教育

〔設問９〕下線部Ｇに関して，以下の図から読み取れることとして適当なものを次のア～エから１つ選び，記号で答えなさい。

【図１】衆議院選挙による投票率の推移

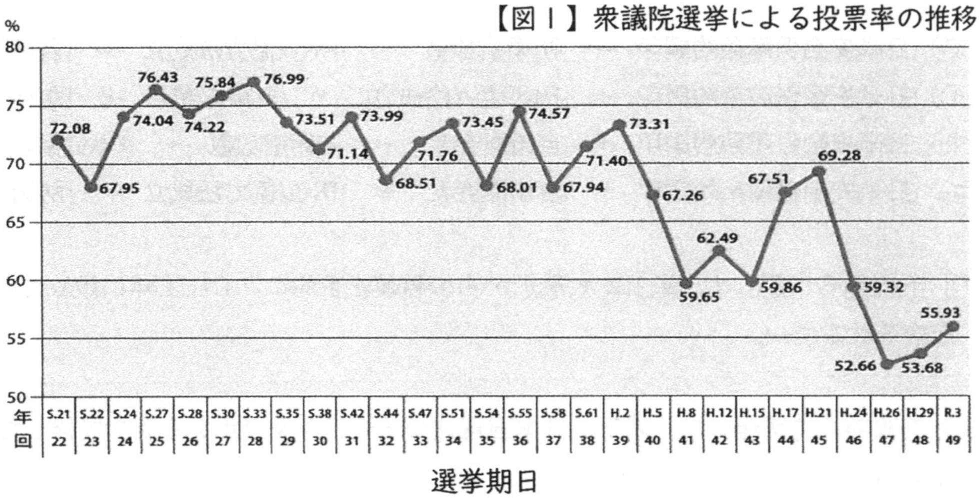

【図２】参議院選挙による投票率の推移

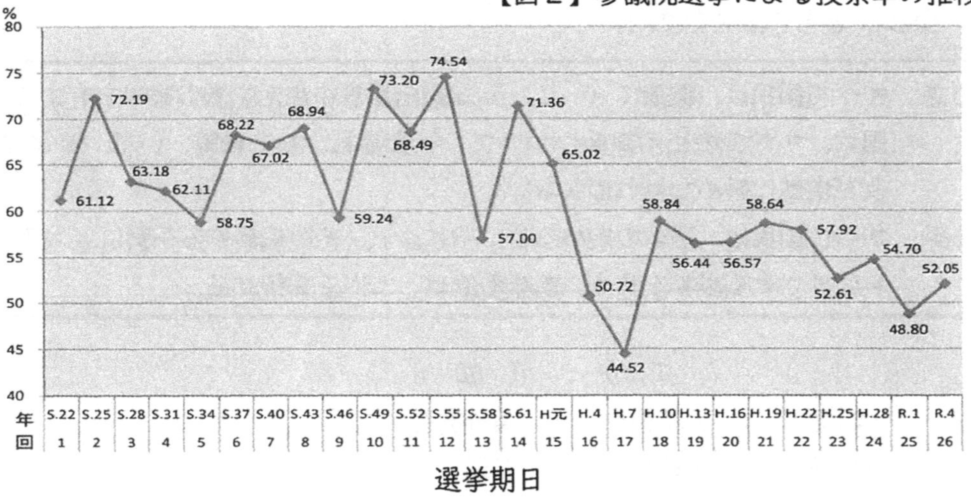

出典：私たちが拓く未来（総務省 HP より）

（ア）衆議院と参議院の投票率の最低数値は共に５０％を下回っている。

（イ）平成に入ってから衆院選と参院選の投票率は下がり続けており，一度も上昇したことはない。

（ウ）衆議院の投票率が最も高い年と最も低い年の差は，２０％を超える数値になる。

（エ）直近過去５回の参院選の投票率は，５０％を常に超える数値になる。

〔設問１０〕下線部Ｈに関して，日本最初の女子留学生であり，女子英学塾を創設した資料の人物を答えなさい。

〔設問１１〕下線部Ｉに関して，以下の図の空欄［Ａ］・［Ｂ］・［Ｃ］に入る最も適当な語句を次のア～エから選び，それぞれ記号で答えなさい。

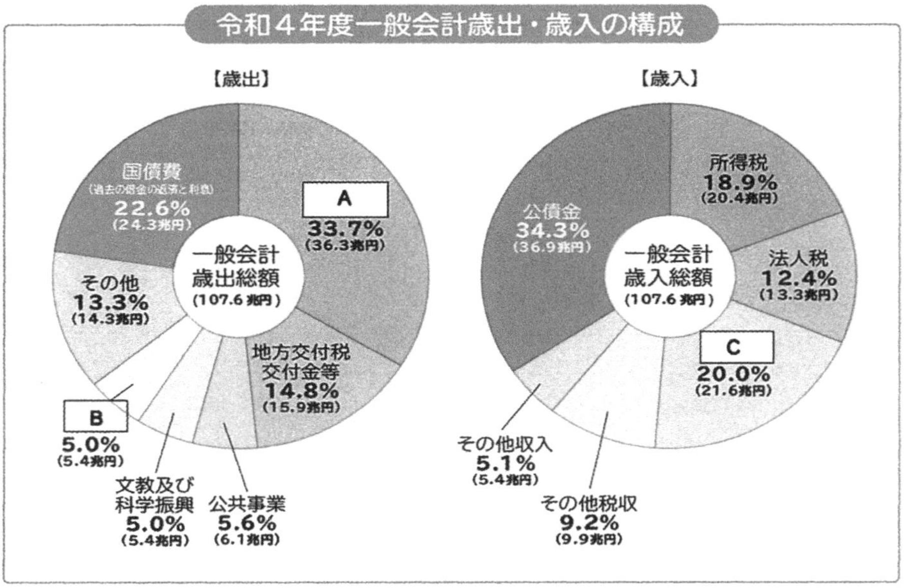

出典：もっと知りたい税のこと（財務省 HP より）

（ア）消費税　（イ）防衛費　（ウ）相続税　（エ）社会保障費　（オ）エネルギー対策費

〔設問１２〕下線部Ｊに関連して，

①世界で最初に社会権を規定した１９１９年に制定された憲法を何というか。

②社会権に含まれる権利として適当なものを次のア～エの中から１つ選び，記号で答えなさい。

（ア）裁判を受ける権利　　　（イ）自己決定権

（ウ）教育を受ける権利　　　（エ）プライバシーの権利

二〇二三（令和五）年度　大阪高等学校

入学試験問題

国語

（40分）

受験にあたっての注意

1. 監督者から試験開始の合図があるまで、問題冊子を開けないこと。
2. 試験開始の合図があったら、問題冊子と解答用紙に受験番号と名前を忘れずに記入すること。
3. 落丁、乱丁、印刷不鮮明の箇所があれば、すぐに監督者に申し出ること。
4. 試験終了の合図があったら、問題冊子を閉じ、解答用紙を机の上に置いて、監督者の指示があるまで静かに待機すること。
5. 問題冊子と解答用紙はすべて回収されます。
6. 試験終了後は監督者の指示があるまで待機すること。

・設問は、別紙（色紙）でこの中にはさんであります。

受験番号		名前	

一　設問用紙に問題があります。

二　次の文章を読んで、別紙の問いに答えなさい。

人間は「技術」というものを我が身に備えます。その「技術」は、ただ備えただけでは意味を持ちません。人間には、「技術を適用する」ということが必要とされます。「技術」の獲得には時間がかかって、「技術の適用」には、ためらいと挫折がつきものです。それは当然のことで、だからこそ、人間の「ものを作る」には時間がかかります。「いいもの」というのは、その、時間とためらいと模索の結晶で、【　A　】、昔に作られたものには「いいもの」が多いのです。

簡単な真理とは、「いいものは簡単に作れない」で、「時間をかけて作られたものは、それなりに〝いいもの〟になる」です。時間をかけても、「作ることに失敗したもの」は、「もの」になりません。「ものになった」ということは、それ自体で既に「いいこと」で、そのためには、それなりの時間がかかります。ものを作る人間は、時間というものを編み込んで、「作れた＝出来た」というゴールへ至るのです。

昔には「簡単に作れる」という質の技術がありませんでした。だから、ものを作る人間は、時間をかけるしかありませんでした。そして、①「ちゃんと作る」をしないと、「作る」がまっとう出来ません。「ちゃんと作る」はまた、「失敗の可能性」を不可避的に浮上させて、「試行錯誤」を当然とさせます。「ためらい」と「挫折」があって、そのいたるところに口を開けた「失敗への枝道」を回避しながら、「出来た」の待つゴールへ至らなければなりません。「作る」という行為は、葛藤の中を進むことなのです。「ものを作る」という作業は葛藤を不可避として、葛藤とはまた、「時間」の別名でもあります。「時間をかける」とは【　B　】、「自分の都合」だけで生きてしまう人間の、「思い込み」という美しからぬ異物を取り去るための行為なのです。「葛藤は、完成のための研磨材」かもしれません。

ところが人間はある時、この「時間がかかる」を、「人間の欠点」と思うようになりました。「欠点だから克服しなければならない」と思ったのです。それで、「時間がかかる」を必須とする「人間の技術」を、機械に移し換えようとしたのです。
産業革命以降の「産業の機械化」とは、この事態です。

機械化による大量生産は、ものを作る人間から、「ためらい」という時間を奪いました。ものを作りながら、「ためらい」という研磨材でろくでもない「思い込み」を削り落とし、「完成＝美しい」というゴールへ近づけるプロセスを排除してしまいました。つまり、②ためらいぬきで、「観念」が現実化してしまうということです。

そうなった時、「ためらい」は、「観念」を現実化する前の段階でだけ起こります。「試作」というためらいの期間が終わったら、「観念」はそのまま、ためらうことなく現実化されるのです。その一直線のプロセスに、もう「ためらい」は存在しません――それが存在することは、ただ「生産ラインの故障」なのです。

ものを作る人間も「試作」をします。そして、「試作」の後の段階になっても、相変わらず「ためらい」を実践します。ためらいながら、その「ためらい」を克服しつつ、「作る」の道を進むのが人間です。【　C　】、機械に「作る」をまかせてしまった人間は、そのことがよく分からなくなってしまいました。だから、人の住む町は、「これは美しいはず」「合理的であるはず」「機能的であるはず」という、「観念がそのまま形になってしまった物」に侵され、それを修正することも出来ぬまま、「美しくない物」を氾濫させているのです。

【Ⅰ】「産業がどうだ、経済がどうだ」と言われても、これは、人間のあり方、自然のあり方に対しての間違いです。「美しいを分かる」を回避した結果の時間的短絡が、この間違いを生みます。間違いは間違いなので、私はこの本を書いているのです。

残念ながら、「美しい」という事態は、人間の利害からはずれています。利害からはずれていることが「美しい」で、利害の中に「美しさ」を見る人は、ただ「利害」だけを問題にしているのです。自然は、人の利害からはずれていて、だからこそ、自然界のありとあるものは美しいのです。そしてそうなって、「自然のままに生きろ」という声が生まれます。ところがむ

連体詞　副詞　感動詞　接続詞

問五　次の①～③の主語と述語として最も適当なものを抜き出し、それぞれ記号で答えなさい。ただし、省略されているときは「なし」と答えなさい。

(例)　ア犬が　イ猫に　ウむかって　エほえる。　→　主語　ア　述語　エ

①　ア羽を　イ広げた　ウ鳥が　エ私たちの　オ頭上を　カ飛んだ。

②　ア優しい　イ祖母の　ウ手料理が　エ何よりも　オ好きだった。

③　ア鳴っているよ　イ今日も　ウ遠くで　エ船の　オ汽笛が。

二　別紙の文章を読んで、次の問いに答えなさい。

問一【　A　】【　B　】【　C　】に当てはまる語として最も適当なものを後の語群から選び、それぞれ記号で答えなさい。ただし、同じ記号は二度使えません。

ア　あるいは　　イ　さて　　ウ　しかし　　エ　すなわち　　オ　だからこそ

問二　――①「『ちゃんと作る』」とはどのような行為ですか。最も適当なものを後のア～エから選び、記号で答えなさい。

ア　「技術」を適切に用いて、作業効率を上げる行為。

イ　人間の「思い込み」を発見し、原因を究明する行為。

ウ　「ためらい」の時間を惜しまず、完成を目指す行為。

エ　あらゆる「失敗の可能性」を想定し、回避する行為。

問三　――②「ためらいぬきで、『観念』が現実化してしまう」とありますが、そうなると筆者は何が起きると述べていますか。次の文の空欄に当てはまるように、本文中から十三字で抜き出しなさい。

町に［　　　　　　］てしまう。

問四【　X　】は、次のア～オの文で構成された段落です。意味が通るように並べ替えた場合の、二番目と四番目にくる文を選び、それぞれ記号で答えなさい。

ア　そんなことはありません。

イ　俗に言う「まぐれ」です。

ウ　それでは、人間に「自然」を宿らせることは不可能なのでしょうか？

エ　ゴルフの方では「ビギナーズ・ラック」という言葉を使うみたいです。

オ　人間はごくたまに、「なんにも考えていないゆえに到来してしまった合理的」という事態を実現させてしまうからです。

問五　――③「『自然体になる』は困難なことです」とありますが、それはなぜですか。その理由を説明したものとして最も適当なものを後のア～エから選び、記号で答えなさい。

ア　人間が時間をかけてきた試行錯誤の過程そのものが無駄で、合理性に欠けているから。

イ　冷静になって考えれば考えるほど、「自然体」でいることの意味や価値を見失うから。

ウ　田舎の人口減少とともに「自然の中で自然のままに生きる」を知る人間が減ったから。

エ　意識してなろうとしても、「自然体」は訪れるもので意識して作るものではないから。

問六　次の会話文は、本文を読み「美しい」について先生と生徒が会話をしている場面です。後の問い(1)・(2)に答えなさい。

生徒：先生、筆者のいう「美しい」って、結局どういう状態なんでしょうか？

先生：本文【Ⅱ～～～】を見ると、「合理的」な状態について人間は「美しい」と感じると考えているみたいだね。

生徒：う～ん、それはそうなんですけど、私は矛盾を感じるんです。

先生：なぜそう思うの？

生徒：「合理的」の意味を辞書で調べてみたら「目的に合っていて無駄のないさま」とあるんです。「無駄のないさま」が「美しい」なら、「産業の機械化」も「美しい」に当てはまるんじゃないかと思って。だって、そうすれば時間の「無駄」がなくなるじゃないですか。

先生：なるほど、だから矛盾を感じるんだね。でも、筆者は本文【Ⅰ～～～】でそれを「間違いだ」と述べているよ。人間が「無駄」だと思って削った時間は、実は「美しい」を磨くために必要な時間なんだ。削るべきは、「美しいはず」「合理的であるはず」という人間の［A（四字）］なんだよ。それを排するために時間をかける必要はあるんだ。

生徒：なるほど、それなら「産業の機械化」が「間違いだ」という意味がわかりました。

先生：だから筆者は「［　B　］」と言っているんだよ。じゃあ、筆者のいう「美しい」がどういう状態か、理解できそうかな。そのためには【Ⅱ～～～】の「いとも自然な状態」を理解する必要もありそうだよ。

生徒：えっと……。「まぐれ」の例を挙げながら、筆者は「自然体」のことを、人間が意図して生み出すものではないとも言っていますね。

先生：そうだね。確かに「美しい」の中に「合理的」であることは含まれているけれど、それはあくまでも［C（三字）］だと言っている。筆者にとって「無駄のないさま」とは、そういった「人の自然状態」によって生み出されたものなんだね。

(1)　［A（四字）］・［C（三字）］に当てはまる語句として最も適当なものを本文中からそれぞれ抜き出して答えなさい。ただし、それぞれ指定された字数で抜き出すこと。

(2)　［　B　］に当てはまるものとして最も適当なものを後のア～エから一つ選び、記号で答えなさい。

ウ　『産業の機械化』は人間の『技術』の獲得を容易なものにして『美しい』という観念までも簡単に実現できるようになってしまった
エ　『産業の機械化』は、『美しい』の追究に必要な人間の『葛藤』を奪い取るだけでなく、『自然』の美しさまでも奪い取ってしまった

三

別紙の文章を読んで、次の問いに答えなさい。

問一　――A「かたらひ」・B「植ゑ」を現代仮名づかいに直し、すべてひらがなで答えなさい。

問二　〰〰a「行き合ひたり」・b「立ち隠れたり」の主語として最も適当なものを後のア～オから選び、記号で答えなさい。
ア　往来の人　　イ　篠田村のなにがし　　ウ　美しき女　　エ　子　　オ　作者

問三　――①「それ」の指す内容として最も適当なものを後のア～エから選び、記号で答えなさい。
ア　妻が狐であると知った夫は、子どもから隠すために妻を杜に戻したということ。
イ　子どもが狐であることを知ってしまった妻は、驚いて杜に逃げてしまったということ。
ウ　狐であることを子どもに知られてしまった妻は、恥ずかしくて杜に戻ったということ。
エ　狐であると夫に知られてしまった妻は、杜でしか生活できなくなってしまったということ。

問四　和歌「子を思ふ闇の夜ごとに……」を詠んだ夫の気持ちとして最も適当なものを後のア～エから選び、記号で答えなさい。
ア　篠田の杜に住んでいるので、子どもに会おうとしてもとても無理だろうと哀れむ気持ち。
イ　篠田の杜に住んでいるので、暗闇の中で家族のことも忘れているだろうと悲しむ気持ち。
ウ　篠田の杜に住んでいるとしても、できれば子どもが狐だったことは忘れてほしいと望む気持ち。
エ　篠田の杜に住んでいるとしても、子どものことを思って夜には帰ってきてほしいと願う気持ち。

問五　――②「啼くなり」とありますが、その理由を説明したものとして最も適当なものを後のア～エから選び、記号で答えなさい。
ア　夫から受けた愛情が忘れられないから。
イ　夫に責められたことが気にかかるから。
ウ　子どもから家に帰るようにとせがまれたから。
エ　子どもがどのように過ごしているか心配だから。

問六　本文の結末を説明したものとして最も適当なものを後のア～エから選び、記号で答えなさい。
ア　夫婦は和歌を詠み合うことによって通じ合い、家族で幸せに過ごした。
イ　夫婦は和歌を詠み合いながらも、別の世界でそれぞれ幸せに過ごした。
ウ　夫が作った田を妻である狐が整備したことで、年々豊作となり家は裕福になった。
エ　妻は狐として生きていこうと決心したが、夫との約束通り田を耕す手伝いをした。

国語　設問用紙

（解答はすべて解答用紙に記入しなさい。字数制限のある問題はすべて句読点等も字数に含みます。）

一　次の各問いに答えなさい。

問一　次の――①～④のカタカナを漢字に、――⑤～⑧の漢字をひらがなに書き直しなさい。

①　野外エンソウ会を実施する。　②　気候がオンダンな地域で生活する。

③　真夏の太陽の光をアびる。　④　チームを優勝にミチビいた。

⑤　親善大使を他国へ派遣する。　⑥　映画の舞台になった観光地を巡る。

⑦　幼いころから兄を慕ってきた。　⑧　準備万端で運動会の当日を迎える。

問二　次の四字熟語①～③の空欄に入る漢字を答えなさい。

①　起承□結…文章のまとまった組み立てのこと。

②　臨機□変…その時その場の変化に合わせて適切な処置・処理をすること。

③　自業自□…自分でしたことの報いが、自分にふりかかってくること。

問三　次のことわざ①～③の意味として最も適当なものを後のア～ウから選び、それぞれ記号で答えなさい。

①　棚からぼたもち

ア　努力すれば欲しいものが手に入るということ。

イ　思いがけない幸運に恵まれるということ。

ウ　ただで手に入るものほど気をつけるべきだということ。

②　背に腹は代えられない

ア　大きな災難から逃れるためには、小さな苦しみはがまんしなければならないということ。

イ　目標達成のためには、自分の意見を変えず最後まで一貫して通す必要があるということ。

ウ　失敗をしないためには、目の前のことに手いっぱいになるのではなく余裕をもつということ。

③　情けは人のためならず

ア　誠意をもってねばり強く接していれば、いずれ相手に気持ちが伝わるということ。

イ　相手のことを思って優しく接しても、実際はその人のためにはならないということ。

ウ　人に親切にしておけば、それが回り回って自分によい報いがあるということ。

問四　次の――①～③の品詞として正しいものを後のア～クから選び、それぞれ記号で答えなさい。

①　彼はクラスの誰よりも走るのが速い。

ずかしいのは、「人間にとっての自然」です。

人間は、「自分の都合」という利害を前提にして生きています。その時点で、既に「自然に生きる」からはずれています。だから、正当な食欲と消化器官の健全から生まれる「見事な一本グソ」は常のものではなく、「おーい、来てごらんよ！」の対象になるのです。

人間は、「自分の都合」と「自然状態」の中でぶれていて、「自分にとっての自然」がどういうものだかがよく分からなくなります。だからこそ、「自然の中で自然のままに生きるという不自然」という事態さえも招来させてしまうのです。

【　X　】

なにをどう考えていたわけでもなく、なにをどうするつもりもなかったにもかかわらず、野球のバットやテニスのラケットがボールの真芯をとらえ、「見事なホームラン」や「最高のスマッシュヒット」を実現させてしまうことがあります。もう一度それをやろうとしても無理です。なぜかと言えば、それが「まぐれ」だからです。

「まぐれ」を再現しようとして、利害に憑《つ》かれた人間は、あれこれと無駄なあがき方をします。そういう時に飛んで来るのが、「冷静になれ、自然体になれ」という言葉です。「冷静になる」は、まァ簡単ですが、③「自然体になる」は困難なことです。自分にとっての「自然体」が、どんなことかは分からないからです。

果して人間は「自然体」が分からないのかというと、そんなことはありません。「まぐれ」を経験した人なら、そのことが分かります。「まぐれ」こそが、意識せずに達成されてしまった「自然体」状態だからです。

「まぐれ」というのは、とても不思議です。それが「見事なホームラン」や「最高のスマッシュヒット」となる前に、「微妙な予感」があるからです。

その予感は、「あれ……」という程度のなんでもないもので、そのなんでもなさ加減は、当人に「今度もまた空振りか」

程度の実感しかもたらしません。そんな程度の実感が「最高に素晴らしい結果」を生み出してしまうのですから、その総体に関する判定は「まぐれ」というところにしか行き着かないのですが、「自然体の訪れ」というのは、実のところ「なんでもない状態の訪れ」でしかないのです。

なんの昂《たか》ぶりもない――だから、へんに拍子ぬけして「あれ……」と思う。でもそれが、「自然体」なのです。「自然体」の訪れは、「自然体」を意識するその以前に起こっていなければならない――だから、「自然体」は自然体なのです。

シロートは、それを精々「まぐれ」として、見過ごしてしまいます。プロというのは、その「まぐれ」を、自分の日常に取り込もうとして努力をするものなのです。【Ⅱ】だから、あまりにも合理的な「美しいフォーム」を見せるのですが、しかし、その「合理的」とは、人間の上に稀《まれ》にしか訪れない「いとも自然な状態」なのです。だからこそそれを、人は「美しい」と思うのです。「合理的だから美しい」のではなく、「思惑を超えた自然だから美しい」なのです。

「美しい」と「合理的」をイコールにするのは結果論で、その「美しい」は、利害による思い込みを排した、ごくごく稀に訪れる「人の自然状態」でしかないのです。

（橋本治『人はなぜ「美しい」がわかるのか』より　ちくま新書）

三　次の文章を読んで、別紙の問いに答えなさい。

いにしへ※1篠田《しのだ》の杜《もり》には※2名誉の狐ありて、往来の人を化《ば》かすといへり。篠田村の※3なにがしとかやいふ者、※4住吉《すみよし》に詣《まう》でて帰るとて、道のほとりにて美しき女にa行き合ひたり。とかくAかたらひて夫婦となり、家に帰りて年を経《へ》たるに、一人の子を生みけり。その子五歳の時、母にいだかれてありしに、尾の見えければ、これを恥《はづか》しがりて、かの母もとの狐の姿になりつつ、篠田の杜にb立ち隠れたり。夫はこの年頃あひ馴《な》れて、①それとは知りながらさすがに名残《なごり》の惜しく思はれつつ、かくぞ詠《よ》みける。

※5子を思ふ闇の夜ごとに訪《と》へかしな昼は篠田の杜に住むとも

と詠《えい》じてうち泣きけるを、妻の狐は立ち聞きて、かぎりなく悲し、と思ひつつ、窓をへだててかくぞいひける。

契《ちぎ》りせし情《なさけ》の色の※6わすられで我は篠田の杜に②啼《な》くなり

と詠じけり。かくて、夫田をつくれば、かの狐来たりて夜の間に早苗《さなへ》をB植ゑ、水をせき入れ、草をとりけるほどに、年ごとに満作なりしかば、家大《おほい》に富みさかえけるとなり。

（『浮世物語』より）

※1　篠田の杜　……　大阪府和泉市信太《しのだ》にある森（「杜」とは神聖な森林のこと）
※2　名誉　……　怪しく不思議な
※3　なにがしとかやいふ者　……　何とかという者（名前が不明な時の呼び方）
※4　住吉　……　大阪府大阪市にある住吉大社
※5　子を思ふ闇の　……　子を思う親の心は闇だというように
※6　わすられで　……　忘れられないで

2023（令和５）年度　大阪高等学校

入 学 試 験 問 題

数　学

（40分）

受験にあたっての注意

1．監督者から試験開始の合図があるまで、問題冊子を開けないこと。

2．試験開始の合図があったら、問題冊子と解答用紙に受験番号と名前を忘れずに記入すること。

3．落丁、乱丁、印刷不鮮明の箇所があれば、すぐに監督者に申し出ること。

4．試験終了の合図があったら、問題冊子を閉じて、解答用紙を机の上に置いて、監督者の指示があるまで静かに待機すること。

5．問題冊子と解答用紙はすべて回収されます。

6．試験終了後は監督者の指示があるまで待機すること。

受験番号		名 前	

1　次の問いに答えなさい。(4点×12)

(1)　$36 \div 9 + 3 - 2 \times 3$ を計算しなさい。

(2)　$(-5)^2 \times (-3) - 4 \times (-3^2)$ を計算しなさい。

(3)　$\dfrac{3x+y}{2} - \dfrac{x-3y}{5}$ を計算しなさい。

(4)　$(x^2y^3)^2 \div \left(\dfrac{3y^2}{2x}\right)^2 \times \dfrac{9y}{2x^2}$ を計算しなさい。

(5)　$\dfrac{(\sqrt{5}-1)(\sqrt{2}+\sqrt{10})}{\sqrt{2}}$ を計算しなさい。

(6)　次の3つの数の大小関係を不等号を用いて表しなさい。

$4,\quad \sqrt{24},\quad 3\sqrt{2}$

(7)　$(x+2)^2 - 16$ を因数分解しなさい。

(8)　2次方程式 $x^2 - 4x + 1 = 0$ を解きなさい。

(9)　$x = \sqrt{5}+\sqrt{2}$，$y = \sqrt{5}-\sqrt{2}$ のとき，$x^2 + y^2 + 3xy$ の値を求めなさい。

(10)　番号の書いてある4枚のカード [2], [5], [7], [10] がある。この中から同時に2枚のカードを引くとき，カードに書いてある番号の和が3の倍数になる確率を求めなさい。

(11) 右の表はある中学3年生のクラスの生徒の身長を度数分布表にしたものである。最頻値を求めなさい。

階級(cm)	度数(人)
150 以上 155 未満	2
155 ～ 160	10
160 ～ 165	7
165 ～ 170	5
170 ～ 175	12
175 ～ 180	4
計	40

(12) 右図で，3点A，B，Cは円Oの円周上にある。$\angle x$の大きさを求めなさい。

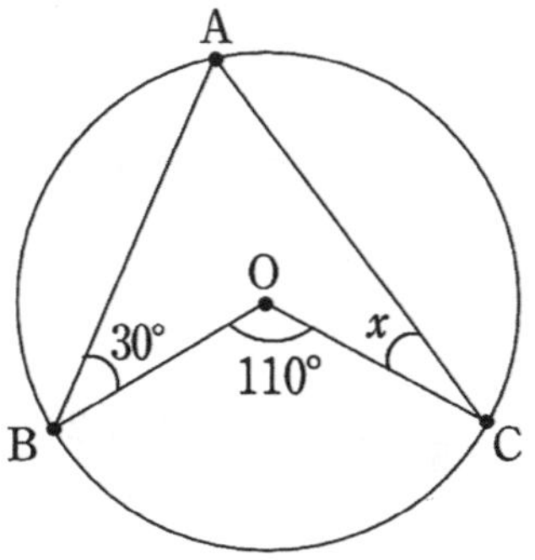

2 太郎君は 200 円を持って，駄菓子屋さんに行った。そこでは，チョコレートが1個20円，ガムが1個10円で販売している。

買ったチョコレートとガムの個数をそれぞれ x 個，y 個とするとき，次の問いに答えなさい。(4点×4)

(1) チョコレートとガムの代金の合計を x，y を用いて答えなさい。

(2) チョコレートとガムを合わせて17個買い，代金の合計が200円であったとき，x と y についての連立方程式を作りなさい。

(3) (2)の連立方程式を解き，チョコレートとガムをそれぞれ何個買ったか求めなさい。

(4) チョコレートとガムの個数の差が2個以内となり，チョコレートとガムの個数の合計が最も多くなるように買ったとき，それぞれの個数を求めなさい。
ただし，合計金額は200円を超えないものとする。

3　下図のように関数 $y = ax^2$（$a>0$）のグラフ上に3点A，B，Cがある。点Aの座標は（$-2, 1$）で，点B，Cの x 座標はそれぞれ2，6である。また，原点O，点B，C，Aを結び，四角形OBCAをつくる。このとき，次の問いに答えなさい。(5点×3)

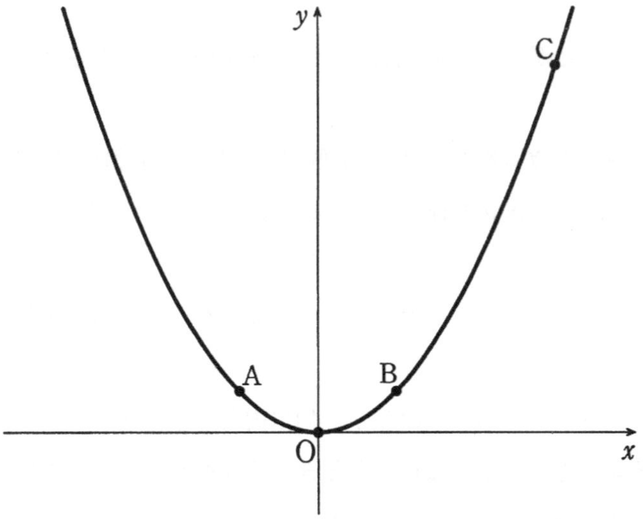

(1)　a の値を求めなさい。

(2)　2点O，Cを通る直線に平行で，点Bを通る直線の式を求めなさい。

(3)　点Cを通り，四角形OBCAの面積を2等分する直線と，直線OAの交点の座標を求めなさい。

4 図のように，円Oの2つの弦AB，CDが点Pで交わっている。

AB＝10cm，BC＝5cm，AD＝3cm，DP＝4cm，∠CDB＝30°である。

このとき，次の問いに答えなさい。

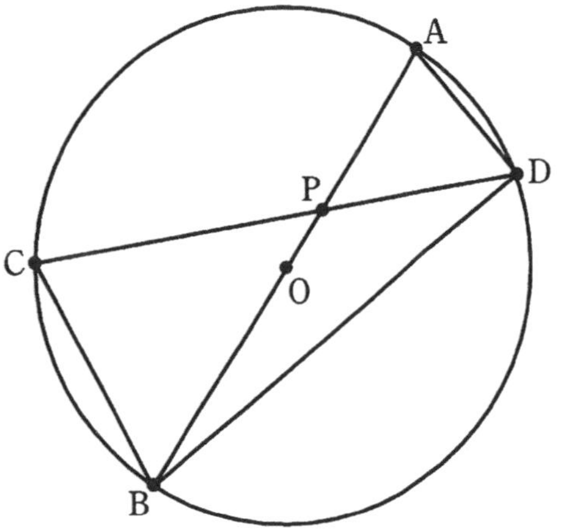

(1) △CPB ∽ △APDを証明しなさい。(6点)

(2) ∠ABCの大きさを求めなさい。(5点)

(3) 線分PBの長さを求めなさい。(5点)

(4) 線分PCの長さを求めなさい。(5点)

2023(令和５)年度　大阪高等学校

入 学 試 験 問 題

英　語

（40分）

受験にあたっての注意

1．監督者から試験開始の合図があるまで、問題冊子を開けないこと。
2．試験開始の合図があったら、問題冊子と解答用紙に受験番号と名前を忘れずに記入すること。
3．落丁、乱丁、印刷不鮮明の箇所があれば、すぐに監督者に申し出ること。
4．試験終了の合図があったら、問題冊子を閉じて、解答用紙を机の上に置いて、監督者の指示があるまで静かに待機すること。
5．問題冊子と解答用紙はすべて回収されます。
6．試験終了後は監督者の指示があるまで待機すること。

受験番号		名 前	

1 次の（　　）に入る最も適切な語句をア～エから１つ選び、記号で答えなさい。

(1) John and I (　　) good friends. We usually go camping together.
ア am　　イ was　　ウ is　　エ are

(2) She (　　) study math last night.
ア doesn't　　イ didn't　　ウ isn't　　エ wasn't

(3) Will you go to Hokkaido (　　) plane?
ア for　　イ to　　ウ by　　エ until

(4) (　　) tall is Tokyo Skytree?
ア What　　イ How　　ウ Why　　エ Where

(5) (　　) you read this book? — No, I won't.
ア Will　　イ Did　　ウ Are　　エ Were

(6) Let's (　　) a party tonight.
ア having　　イ to have　　ウ have　　エ had

(7) Tom told (　　) an interesting story.
ア ours　　イ us　　ウ our　　エ we

(8) Nancy asked her mother (　　) to the library with her tomorrow.
ア go　　イ went　　ウ going　　エ to go

(9) It began to rain (　　) I got to the park.
ア or　　イ if　　ウ that　　エ when

(10) (　　) this room cleaned yesterday?
ア Did　　イ Were　　ウ Was　　エ Would

(11) A: Your shop is very old!
B: This is a shop (　　) 100 years ago.
ア built　　イ to build　　ウ building　　エ build

(12) I don't know what (　　) talking about.
ア do they　　イ they do　　ウ they are　　エ are they

(13) The man (　　) is running over there is my father.
ア it　　イ that　　ウ which　　エ he

(14) I had a lot of things (　　) yesterday.
ア do　　イ did　　ウ does　　エ to do

(15) She went to a Japanese restaurant yesterday and enjoyed (　　) food there.
ア eat　　イ eats　　ウ ate　　エ eating

2 次の対話文を読み、(　　)に入る最も適切なものをア～エから1つ選び、記号で答えなさい。

(1) A : How was the zoo yesterday?

B : It was so great. I saw a new baby elephant!

A : That's wonderful. Did you take lots of pictures?

B : (　　)

A : That's too bad.

ア It was very cute.　　イ I forgot to bring my camera.

ウ I drew a picture of it.　　エ I looked at the picture.

(2) A : Why don't we go out for dinner tonight?

B : That sounds good. Where do you feel like going?

A : There's a new Italian restaurant near the station.

B : Great. (　　)

ア We can go tonight.　　イ I'll make the pasta sauce.

ウ I work at a restaurant, too.　　エ I'm full now.

(3) A : Excuse me, sir. I'm lost.

B : This is Lewis Street. (　　)

A : I want to go to the Blake Street Pool.

B : Oh, it's just one block that way.

ア Where do you want to go?　　イ Who are you?

ウ What have you lost?　　エ How do you do?

(4) A : I have good news!

B : What's that?

A : I'm going to go to Canada next month and stay there for 12 days. My father said, "You're fifteen years old. It is a good chance for you to know the culture of other countries."

B : Will you stay with a host family?

A : Yes. They have a son. His name is Bob. He is as old as I.

B : Oh, Bob is (　　) years old. You'll be good friends with him.

ア 10　　イ 12　　ウ 15　　エ 50

(5) A : Yuji, you look happy. (　　　)

B : Emma gave me this present.

A : What is it?

B : It's a boomerang. The native people of Australia used boomerangs for hunting.

ア　How was it?　　　　イ　What's up?

ウ　When was it?　　　　エ　Where was it?

3　例にならい次のイラストに関して３カ所英語で説明しなさい。
ただし１文につき６語以上使用すること。

<例>

There are trash boxes in front of the convenience store. (10 語)

4 以下の文はカナダ人 Bruno と彼の家にホームステイしている韓国人留学生 Jimin の二人による会話である。(1)〜(5)の問に答えなさい。

Jimin : Hi, Bruno. (Ⅰ)

Bruno : I'm good. How about you?

Jimin : I'm great! What are you doing?

Bruno : I am cooking dinner for the party.

Jimin : Is it for your father's ①promotion? The big business went well, didn't it?

Bruno : Yes, it did. A lot of his friends are coming. Can you help me?

Jimin : I'd love to. (Ⅱ)

Bruno : Well, can you make famous Korean foods, such as *Bulgogi, Kimchi and Samgyeopsal?

Jimin : Of course, but we need a lot of ②ingredients. Are they all in this fridge?

Bruno : No. Can you go to supermarkets to get them? I'll tell you where you can buy them.

Jimin : (Ⅲ) I'll go get a pen and some paper... OK, I'm ready.

Bruno : First, when you leave the house, turn left and walk along the Yellow Street. Turn right when you see a hospital on your (A) and keep walking. Go past a (B) on your left. Then you will see ABC market on your right. You should get some vegetables there. Second, when you leave the market, turn left and walk along the Red Street. Soon you will see OSK-mart. It's just across the Red Street from a post office. You should buy many kinds of meat there.

Jimin : I got it. Can't I buy meat at ABC market?

Bruno : Yes, you can, but meat at OSK-mart is cheaper.

Jimin : I see. How many people will come to the party?

Bruno : About 15.

Jimin : Wow! We need a lot of vegetables and meat! I'll get them as cheaply as possible.

Bruno : I'll *leave it to you.

Jimin : OK. (Ⅳ)

Bruno : Take care.

[注] *Bulgogi, Kimchi and Samgyeopsal：プルコギ、キムチ、サムギョプサル（韓国の伝統料理）
*leave：を任せる

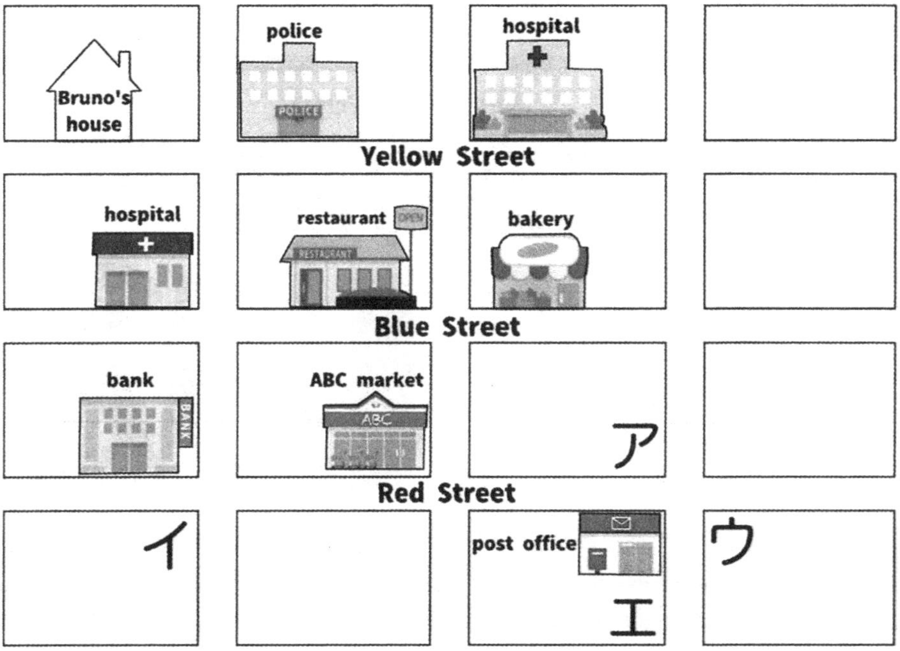

(1) 空欄(　I　)～(　Ⅳ　)に入れるのに最も適切なものを次のア～エから1つ選び、記号で答えなさい。

ア　Wait a minute.　　　　イ　What can I do?

ウ　How are you doing?　　エ　I'm going now.

(2) 下線部①と②の日本語の意味として最も適切なものを次のア～エから1つ選び、記号で答えなさい。

【①の選択肢】 ⇒ ア　誕生日　イ　還暦　ウ　昇進　エ　TV 放映

【②の選択肢】 ⇒ ア　市場　イ　食材　ウ　文化　エ　飲料

(3) 上の地図を見て左の文章の空欄(　A　)(　B　)に入る1語を英語で記入しなさい。

(4) OSK-mart の位置を上の地図上ア～エから1つ選び、記号で答えなさい。

(5) 会話文の内容に合うものをア～エから1つ選び、記号で答えなさい。

ア　Bruno and Jimin are going out to buy some foods together.

イ　Meat at ABC market is more expensive than one at OSK-mart.

ウ　About 15 people will come to Bruno's house for the lunch party.

エ　Bruno tells Jimin how to cook Korean foods.

5 次のポスターを見て、(1)〜(3)の問に答えなさい。

MARCH 26(SUN)

AIKAWA CITY RELAY MARATHON

FUN RUN RACE for the runners' health and communication among running lovers.

Sign up for:

① Team Relay 42.195km (Up to 8 runners)

② Family Relay 10km (Up to 6 runners)

③ Solo Run 30km

④ Solo Run 10km

MARCH 26, 2023

STARTS AT
① 12:00
② 10:00
③ 8:00
④ 10:00

It will be held at Aikawa Park, a popular *recreational area for running lovers.
Through this event, you will enjoy not only running, but also beautiful nature in Aikawa Park.

Special Challenge!

Teams(42.195km) that set the game record will receive an original T-shirt!

Entry fee

Relay Marathon - 5,000 yen per team

Solo Run - 1,500 yen per person

- People who *apply by February 28 can get 500 yen discount from the total.

***Application Period**

February 20 - March 10

People who live in Aikawa area can get an original towel!!

［注］ *recreational: レクリエーションの　　*application period: 申し込み期間
*apply: 申し込む

(1) このイベントの目的として**当てはまらないもの**はどれか、次のア～エから１つ選び、記号で答えなさい。

ア　相川公園の自然を楽しむこと　　イ　オリジナルＴシャツの販売をすること

ウ　健康を促進すること　　エ　マラソン愛好家と交流すること

(2) 相川に住んでいる６人家族の内、４人が Family Relay に２人が Solo Run(30km) へ３月２日に申し込んだ場合の参加費はいくらか、次のア～エから１つ選び、記号で答えなさい。

ア　5,500円

イ　6,500円

ウ　7,500円

エ　8,000円

(3) ポスターの内容に合うものを次のア～オから１つ選び、記号で答えなさい。

ア　You can get an original T-shirt when you apply on February 25.

イ　Teams that run faster than the game record will get a towel.

ウ　Solo Run (10km) and Family Relay start at the same time.

エ　People who don't live in Aikawa cannot join this event.

オ　A group of 8 runners can join Family Relay.

6 次の英文を読み、(1)~(4)の問に答えなさい。

How will you all spend New Year's holidays? There are several customs in Japan, such as *Toshikoshi soba* and *Hatsumoude.* So how do you spend New Year's Eve abroad? Each country has its own traditions, and we found exciting ways to spend the year-end and New Year's holidays. We will introduce how to spend the year-end and New Year's holidays in different countries around the world.

In Spain, people eat 12 grapes at midnight. It is because the 12 grapes represent the 12 months of the year, and there is a legend that if you eat all of them, you will be happy for the year. It sounds easy at first, but it's a little challenging because you must eat up while the 12 chimes of midnight are ringing. These days seedless grapes and cans of 12 grapes are sold.

In Brazil, fireworks are set off on the beach at the moment of New Year's Eve, and the beach is crowded with many people. There are many things to do for a good new year. For example, people wear white clothes, drink champagne, and eat peaches, grapes, apples, and beans. There is even a saying, "Jump over the waves seven times in the ocean." All of these must be done at midnight. So, it will be a busy New Year's Eve.

In *Denmark, people throw plates at the neighbor's door on New Year's Day. They will be happy for the year when they throw many plates at their house. A family is trusted if it has many broken dishes in front of its home. *Danish New Year's holiday is a joyful mood, but it is hard to clean up after.

In Ireland, people throw old bread against the neighbor's wall on New Year's Eve. It may seem like a strange culture, but it is like a bean-throwing ceremony in *Setsubun* in Japan. Throwing old bread means kicking evil out of the house and welcoming good fortune, and it is also a wish that the coming year will have a lot of food.

Each country has its own unique culture, such as food and clothing. It's nice to spend New Year's Day slowly in Japan but also to experience a different New Year's holidays overseas. There are many other countries with interesting cultures in addition to those introduced here. So, if you are interested, please check them out.

[注] *Denmark: デンマーク　*Danish: デンマーク人

(1) 本文に書かれているスペインの年末年始の伝統・風習について、最も適切なものを次のア～エから1つ選び、記号で答えなさい。

ア If you can finish eating 12 grapes by the end of the bell at twelve o'clock, you will be happy.

イ The 12 grapes mean the numbers of a clock.

ウ You can't get lucky with seedless grapes.

エ Eating 12 grapes during January will make you happy.

(2) 本文に書かれているブラジルの年末年始の伝統・風習について、最も適切なものを次のア～エから1つ選び、記号で答えなさい。

ア The house must be cleaned.

イ People cross the waves seven times in the ocean at midnight.

ウ White clothes must not be worn.

エ People eat bananas at midnight.

(3) 本文に書かれているアイルランドの年末年始の伝統・風習について、最も適切なものを次のア～エから1つ選び、記号で答えなさい。

ア Many dishes are thrown from your entrance to neighbor's yard.

イ Eating round food makes you happy.

ウ The act of throwing old bread has a similar meaning to the act of throwing beans in Japan.

エ Kissing at the moment of New Year's Eve makes you happy.

(4) 以下の1～5の英文について、本文の内容に合うものに**ア**、合わないものに**イ**をそれぞれ記入しなさい。

1 Grapes are eaten in Spain and Ireland in New Year.

2 People in Denmark and Brazil are busy at midnight at the beginning of the year.

3 At the beginning of the New Year, people in Spain and Brazil eat fruits.

4 In Brazil, you must eat seven meals on New Year's Day.

5 Spain and Japan have similar New Year customs.

2023(令和５)年度　大阪高等学校

入 学 試 験 問 題

理　科

(40分)

受験にあたっての注意

1．監督者から試験開始の合図があるまで、問題冊子を開けないこと。
2．試験開始の合図があったら、問題冊子と解答用紙に受験番号と名前を忘れずに記入すること。
3．落丁、乱丁、印刷不鮮明の箇所があれば、すぐに監督者に申し出ること。
4．試験終了の合図があったら、問題冊子を閉じて、解答用紙を机の上に置いて、監督者の指示があるまで静かに待機すること。
5．問題冊子と解答用紙はすべて回収されます。
6．試験終了後は監督者の指示があるまで待機すること。

受験番号		名 前	

1　電流と磁界に関する実験を行いました。以下の文章を読み、次の各問いに答えなさい。

〔実験1〕

図1のようにコイルに検流計をつなぎ、棒磁石を近づけたり遠ざけたりしました。

N極をコイルに近づけると、検流計の針は、－の方にふれました。

〔実験2〕

図2のように回転軸に棒磁石の中心を固定し、棒磁石が回転するようにしました。

ただし、コイルと検流計は図1のままの状態にしています。

① はじめN極が右側を向くように置き、N極が左側を向くように、棒磁石を時計回りに半回転させました。

② その後N極が再び右側を向くように、棒磁石を時計回りに半回転させました。

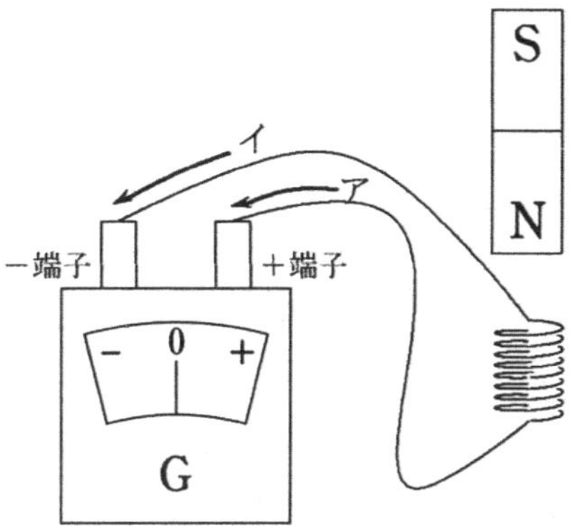

図1

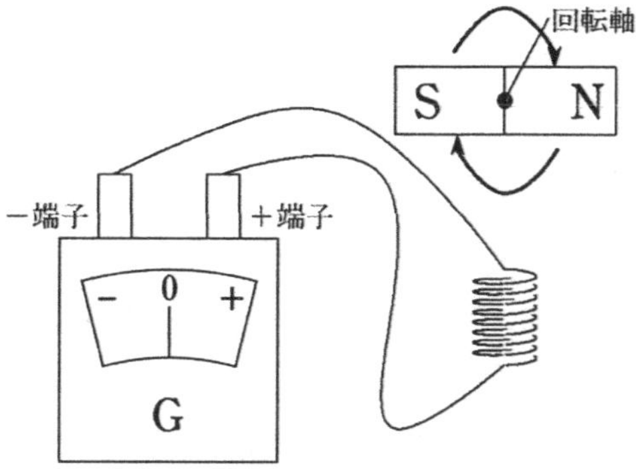

図2

問1．実験1で、検流計の針が、－の方にふれたとき電流の向きは図1のア、イのどちらですか。記号で答えなさい。

問2．実験1で、次の（1）（2）の場合、検流計の針は、＋または－のどちらにふれますか。答えなさい。

（1）棒磁石のS極をコイルに近づけたとき

（2）棒磁石のN極をコイルから遠ざけたとき

問3．実験1で、検流計の針のふれ方を大きくするためにはどうすればいいですか。具体的な方法を1つ答えなさい。ただし、実験器具を変えてはいけません。

問４．この実験のように、コイルの内部の磁界が変化したときに、コイルに電流を流そうと電圧が生じ電流が流れる現象を何といいますか。答えなさい。

問５．実験２の①と②で、検流計はどのようにふれますか。それぞれ次のア～エから１つ選び、記号で答えなさい。

ア．＋の方にふれる　　　イ．－の方にふれる

ウ．はじめは＋の方にふれ、途中から、－の方にふれる

エ．はじめは－の方にふれ、途中から、＋の方にふれる

問６．このように、磁石を回転させることで電流を取り出す装置として適切なものはどれですか。次のア～エから１つ選び記号で答えなさい。

ア．扇風機　　イ．手回し発電機　　ウ．洗濯機　　エ．スピーカー

2　以下の文章を読み、次の各問いについて答えなさい。

17世紀半ばに物理学者のロバート・フックは、コルクがほかの木材よりも軽くて弾力性があることに興味をもちました。コルクの切片を自作の顕微鏡で観察しました。その結果、中が空洞になっている多数の小部屋に仕切られていることを発見しました。顕微鏡の発明が細胞の発見につながりました。その後、「生物のからだはすべて細胞からできている」という細胞説が確立しました。細胞の研究が進み、細胞は分裂によって増えることや、分化（分裂した細胞が骨や筋肉などの特定の形やはたらきをもった細胞に変化していくこと）することがわかってきました。また、１つの細胞で個体ができている単細胞生物に対して、多くの生物は働きの異なる多数の細胞が集まってできています。

例えばゾウリムシのような ①多細胞生物は食物を体内（細胞内）に取り込んで ②水分を吸収します。動くときはせん毛という、細い毛を動かして水の中を泳ぎます。一方で、ヒトのような ③単細胞生物の小腸に関しては、④表面にある上皮細胞から養分を吸収します。また、動かすときは小腸を包む ⑤表皮細胞が収縮することにより小腸全体を動かしています。

問１．上の文章を読み、下線部①～⑤のうち、正しいものには○、間違っているものは正しい語句を次のア～オから選び、記号で答えなさい。

ア．多細胞生物　　イ．単細胞生物　　ウ．筋細胞　　エ．血管　　オ．養分

問2．細胞のつくりや大きさ、形について適切な文はどれですか。次のア～エからすべて選び、記号で答えなさい。

ア．植物細胞と動物細胞では、そのつくりは同じである。

イ．植物細胞と動物細胞では、そのつくりに違いがある。

ウ．細胞の種類によって形は様々である。

エ．細胞の種類が異なっても、その形はほぼ同じである。

問3．次の①～③の説明は右図のａ～ｅのどの部分の説明ですか。ａ～ｅから選び、記号で答えなさい。また、その名称を下のア～オの中から選び、記号で答えなさい。

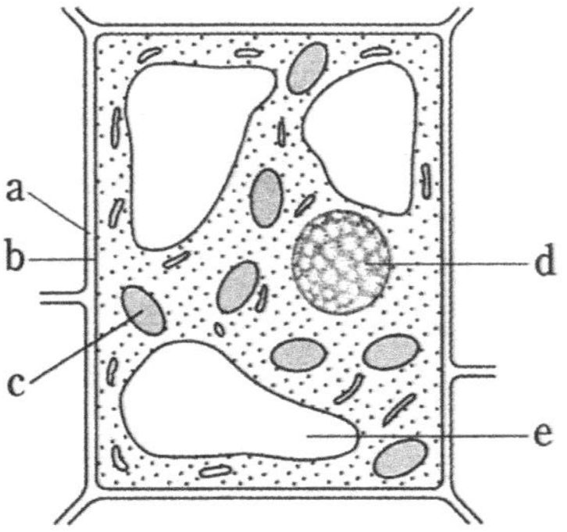

① 緑色の粒で光合成を行っている。

② 細胞を強固にし、その形を維持する。

③ 酢酸カーミンなどの染色液によく染まる。

ア．液胞　　イ．核　　ウ．細胞膜　　エ．細胞壁　　オ．葉緑体

問4．タマネギの根端の組織を顕微鏡で観察すると、多くの分裂中の細胞が観察されました。下図Ａ～Ｅに見られるひも状のものを何といいますか。答えなさい。

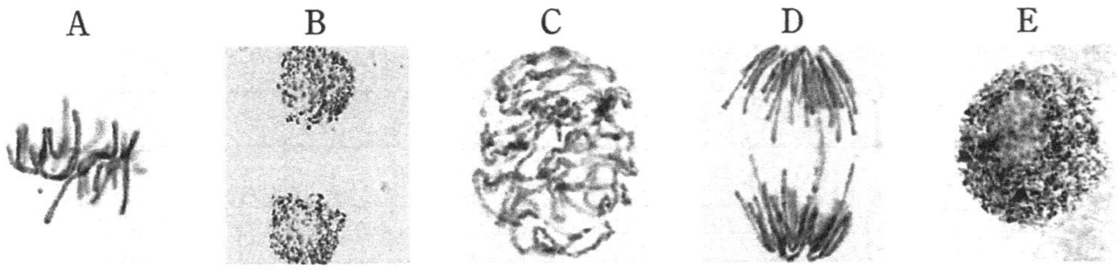

問5．細胞分裂後の細胞１つあたりにふくまれるひも状のものの数は、細胞分裂前と比べてどのようになりますか。次のア～ウから１つ選び、記号で答えなさい。

ア．２倍になる　　イ．半分になる　　ウ．変わらない

3 液体に電流を流したときにどのような変化が起きるのかを調べました。以下の文章を読み、次の各問いに答えなさい。

うすい①水酸化ナトリウム水溶液を、②電気分解の装置の中に入れ、２つの電極と電源装置をつなぎ、電圧を加えて電流を流しました。電流を流したとき、陰極と陽極からともに気体が発生しました。陽極に発生した気体の中に火のついた線香を入れると、線香が炎を出して激しく燃えました。

問１．下線部①を化学式で答えなさい。

問２．陽極に発生した気体の名称を漢字で答えなさい。

問３．陰極で発生した気体を特定する方法として最も適切なものはどれですか。次のア～エから１つ選び、記号で答えなさい。

ア．発生した気体を石灰水に通す。

イ．発生した気体に火のついたマッチを近づける。

ウ．発生した気体に水でぬらした青色リトマス紙を近づける。

エ．発生した気体のにおいを手であおぐようにしてかぐ。

問４．陰極と陽極で発生する気体の体積比は２：１でした。陽極では、時間の経過とともに下図の表、グラフのように気体の体積が変化しました。陰極での気体の体積変化をグラフに書き込みなさい。

経過時間 [分]	0	1	2	3	4
発生した体積 [mL]	0	1.5	3.0	4.5	6.0

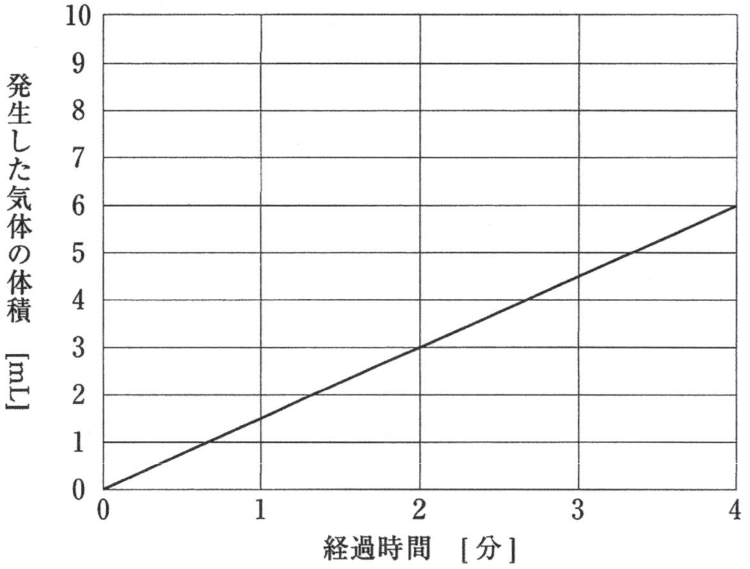

問5．電気分解の装置と電源装置を下の図1のようにつなげました。A、Bはそれぞれ何極ですか。陽または陰のどちらかで答えなさい。

問6．下線部②について下の図2のように塩化銅（Ⅱ）水溶液 $CuCl_2$ を電気分解したときの化学反応式を書きなさい。

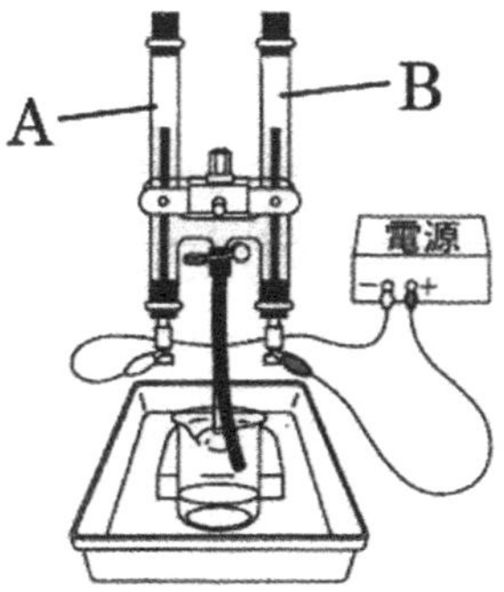

図1

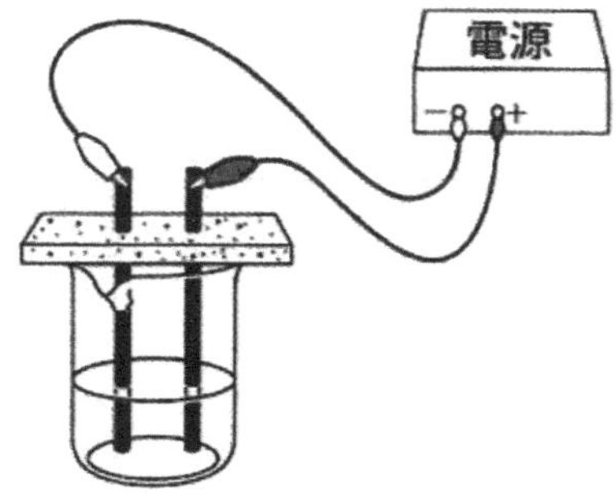

図2

4　2022 年 7 月 24 日夜、桜島* で爆発的な噴火が発生し、噴火警戒レベルが初めて最も高い「レベル５」に引き上げられました。次の各問いに答えなさい。

* 桜島は、円すいの形の火山（成層火山）です。

問1．桜島がある場所は図のどこですか。図中のア～オから１つ選び、記号で答えなさい。

問２．現在活動している火山や、おおむね過去１万年以内に噴火したことがある火山を何といいますか。漢字３文字で答えなさい。

問３．桜島と形状が異なる火山はどれですか。次のア～ウから２つ選び、記号で答えなさい。

ア．マウナロア　　イ．昭和新山　　ウ．富士山

問４．マグマの流れにくさ(ねばりけ)の違いが、火山の形の違いに関係しています。次の文章で、正しいものは○、誤っているものは×で答えなさい。

（１）マグマのねばりけが小さいと、マグマの中でできた泡がぬけやすいため、爆発的噴火になることがある。

（２）マグマのねばりけが大きい溶岩の温度は、ねばりけが小さい溶岩に比べて温度が低い。

問５．桜島周辺を散策すると、安山岩を採取することができました。安山岩と同じように、マグマが地表や地表の近くで急激に冷えて固まってできた火成岩はどれですか。次のア～オから２つ選び、記号で答えなさい。

ア．玄武岩　　イ．斑れい岩　　ウ．せん緑岩

エ．流紋岩　　オ．花こう岩

問６．火山の噴火に伴い噴出された火山噴出物が、長い年月をかけて形成した堆積岩はどれですか。次のア～オから１つ選び、記号で答えなさい。

ア．石灰岩　　イ．チャート　　ウ．凝灰岩　　エ．砂岩　　オ．泥岩

[5] 縦 1.1 m、横 1.5 m、高さ 2.4 m のアクリルの箱Aがあります。
以下の公式および表を参考に、次の各問いに答えなさい。ただし、問1、2、4、5の□には、例にならってそれぞれ1ケタの数字を入れなさい。

例：答えが 3．14で、解答欄が[ア].[イ][ウ]の場合 → アは3、イは1、ウは4

$$\text{湿度}\,[\%] = \frac{\text{水蒸気量}\,[\mathrm{g/m^3}]}{\text{飽和水蒸気量}\,[\mathrm{g/m^3}]} \times 100$$

水蒸気量 [g]＝その温度における飽和水蒸気量 [g/m^3]× 体積 [m^3]× 湿度 [%]÷100

温度[℃]	5	6	7	8	9	10	11	12	13	14	15
飽和水蒸気量 [g/m^3]	6.8	7.3	7.8	8.3	8.8	9.4	10	10.7	11.3	12.1	12.8

問1．10℃で空気1 m^3中に含まれる水蒸気量が1.88 gのとき、湿度は[ア][イ]%です。

問2． 5℃で湿度が25 %のとき、空気1 m^3中に含まれる水蒸気量は[ウ].[エ]gです。

問3．温度を 15℃、湿度を 70 %に調節した箱Aの温度を下げていくと、ある温度で箱A内に水滴が生じました。何℃から何℃の間で生じましたか。適切なものを次のア～ウから1つ選び、記号で答えなさい。

ア．8℃～9℃　　イ．9℃～10℃　　ウ．10℃～11℃

問4．箱Aの体積は[オ].[カ][キ] m^3です。

問5．箱Aに湿った空気を入れ、温度を 11℃、湿度を 50 %に調節しました。
このとき含まれる水蒸気量は[ク][ケ].[コ]gです。

2023(令和５)年度　大阪高等学校

社　会

（40分）

受験にあたっての注意

1．監督者から試験開始の合図があるまで，問題冊子を開けないこと。
2．試験開始の合図があったら，問題冊子と解答用紙に受験番号と名前を忘れずに記入すること。
3．落丁，乱丁，印刷不鮮明の箇所があれば，すぐに監督者に申し出ること。
4．試験終了の合図があったら，問題冊子を閉じて，解答用紙を机の上に置いて，監督者の指示があるまで静かに待機すること。
5．問題冊子と解答用紙はすべて回収されます。
6．試験終了後は監督者の指示があるまで待機すること。

受験番号		名　前	

1 近畿地方は古くから日本の中心として発展してきた。現在でも大阪・京都・神戸を中心とした都市圏は，国内でも有数の人口が集中している地域である。この地域について，地図を見て以下の問いに答えなさい。

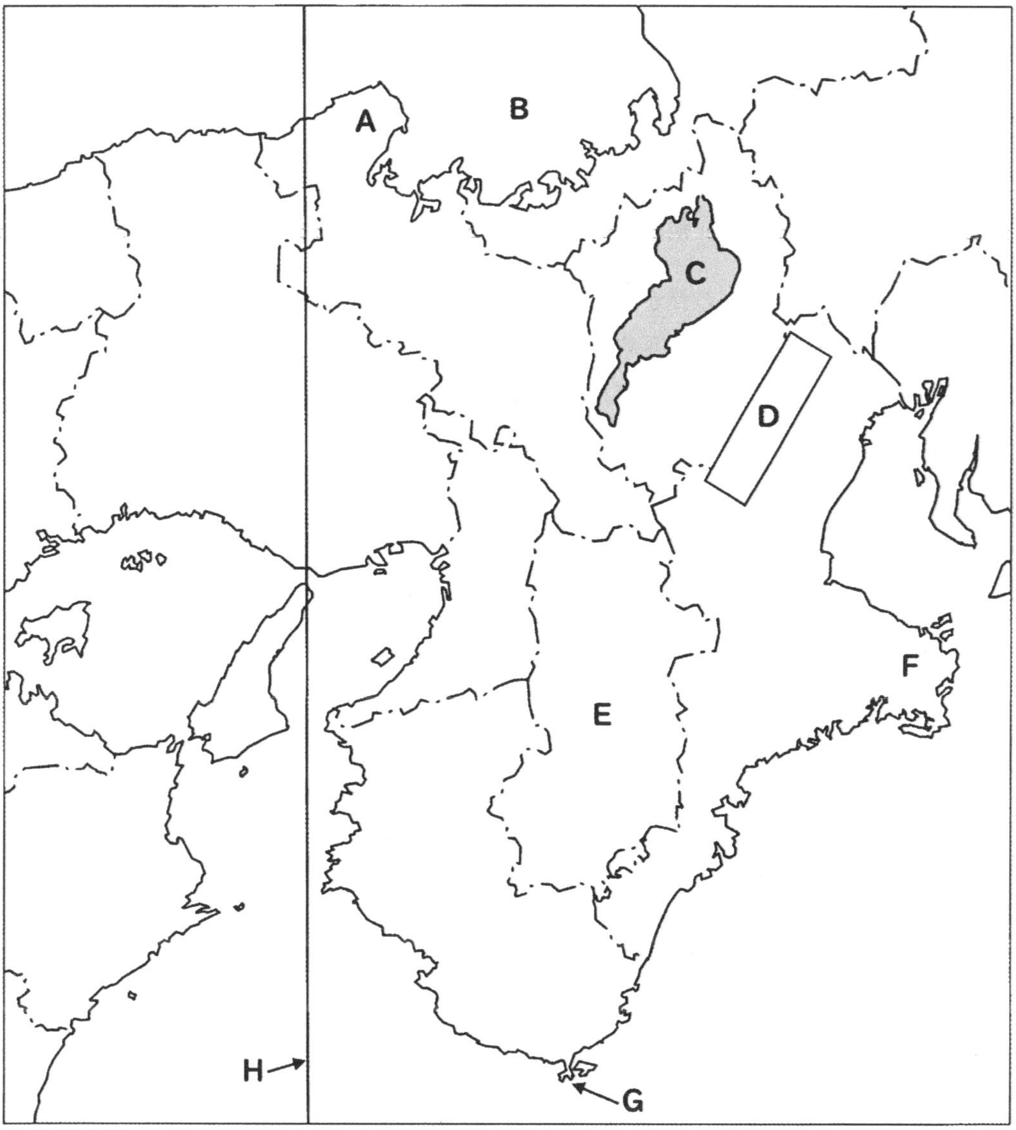

〔設問１〕地図中Ａについて，Ａの半島にある下の写真は日本三景の１つである。この景勝地として正しいものを次のア～エから１つ選び，記号で答えなさい。

（ア）宮島　　（イ）松島

（ウ）熊野古道　　（エ）天橋立

〔設問２〕地図中Ｂの沿岸には，ウランを燃料にし，温室効果ガスを排出しない特徴をもつ発電所が数多くある。その発電の種類を次のア～エから１つ選び，記号で答えなさい。

（ア）火力発電　（イ）原子力発電　（ウ）地熱発電　（エ）太陽光発電

〔設問３〕地図中Ｃは日本最大の湖である。その名称として正しいものを次のア～エから１つ選び，記号で答えなさい。

（ア）摩周湖　（イ）宍道湖　（ウ）浜名湖　（エ）琵琶湖

〔設問４〕地図中Ｄの名称として正しいものを，次のア～エから１つ選び，記号で答えなさい。

（ア）鈴鹿山脈　（イ）飛騨山脈　（ウ）中国山地　（エ）生駒山地

〔設問５〕地図中Ｅは，豊かな森林が広がっており林業が盛んである。下のグラフは奈良県における林業従業者数及び平均年齢の推移である。このグラフから読み取れることとして誤っているものを次のア～エから１つ選び，記号で答えなさい。

（ア）昭和４０年の林業従業者数として最多の年代は３０～３９才である。

（イ）昭和４０年から平成２７年にかけて林業従事者数はおよそ７分の１になっている。

（ウ）平均年齢は昭和４０年と平成２７年を比べると，１０才程度上昇している。

（エ）平均年齢は昭和４０年以降，常に上昇している。

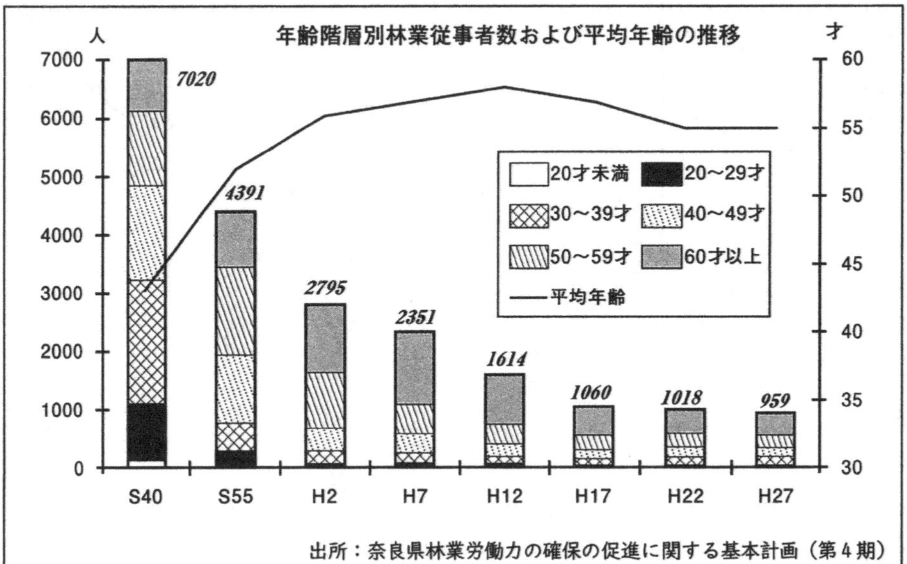

出所：奈良県林業労働力の確保の促進に関する基本計画（第４期）

〔設問６〕地図中Ｆの半島と同じような入り組んだ入江をもつ海岸の特徴として誤っているものを次のア～エから１つ選び，記号で答えなさい。

（ア）もともと山地だったところの海面が上昇して形成された。

（イ）海岸線が入り組んでいるため波が穏やかで養殖に向いている。

（ウ）広い海から狭い入江に波が押し寄せるため，津波被害が大きくなり易い。

（エ）氷河によって削られたため，ギザギザの海岸線となっている。

〔設問７〕地図中Ｇの岬の説明として誤っているものを次のア～エから１つ選び，記号で答えなさい。

（ア）この岬の沖に南海トラフと呼ばれる水深４０００m級の深い溝がある。

（イ）本州最南端に位置している。

（ウ）この岬の沖合で暖流と寒流がぶつかるため好漁場となっている。

（エ）もともとは島であったが沿岸流による土砂の堆積によって紀伊半島とつながった。

〔設問８〕地図中，Ｈは日本の標準時子午線である。イギリス（ロンドン）との時差は何時間となるか。ただし，サマータイムは考えないものとする。

〔設問９〕次の地形図は，大阪高等学校を中心にして描かれている。

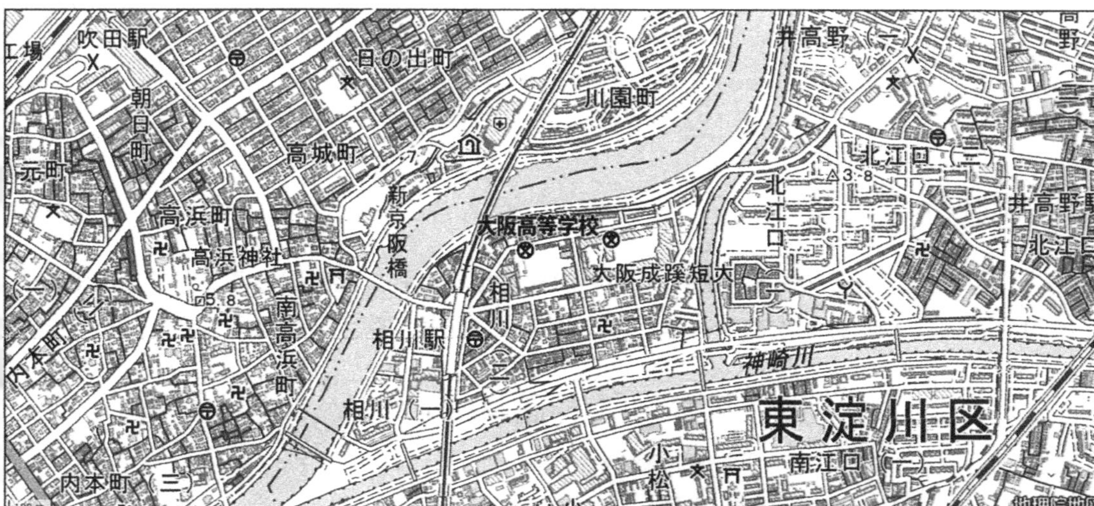

出所：国土地理院「地理院地図」（電子国土 Web）より作成
※縮尺は 10000 分の１だが，作問の都合上，縮小して印刷している。

①「相川駅」から北西方向に位置する「吹田駅」まで，上記縮尺の地図上では直線で約１３cm離れている。実際には直線上でどれくらい離れているか，次のア～エから１つ選び，記号で答えなさい。

（ア）約６５０m　（イ）約１３００m　（ウ）約３２５０m　（エ）約１３０００m

②この地形図から読み取れることとして誤っているものを次のア～エから１つ選び，記号で答えなさい。

（ア）「川園町」からみて南東方向に消防署が位置している。

（イ）「吹田駅」前に警察署が位置している。

（ウ）「相川駅」からみて北方向に老人ホームが位置している。

（エ）「高浜神社」からみて真東の方向に大阪高等学校は位置している。

③２０１６年に国土地理院は，外国人向けの地図記号を新たに作成した。それは東京オリンピック２０２０や，将来的な外国人観光客の増加にそなえて，外国人でも理解しやすい地図記号が必要と判断されたからである。その中には，日本の地図記号には存在していないものまで新設されたことでも注目を集めた。地図記号と意味の組み合わせとして誤っているものを次のア～エから１つ選び，記号で答えなさい。

	（ア）	（イ）	（ウ）	（エ）
地図記号				
意味	コンビニエンスストア	郵便局	裁判所	銀行 /ATM

2 以下の問いに答えなさい。

〔設問１〕下の資料「世界の主食地域と農産物の原産地」から，読み取ることができるものとして正しいものを次のア～エから１つ選び，記号で答えなさい。

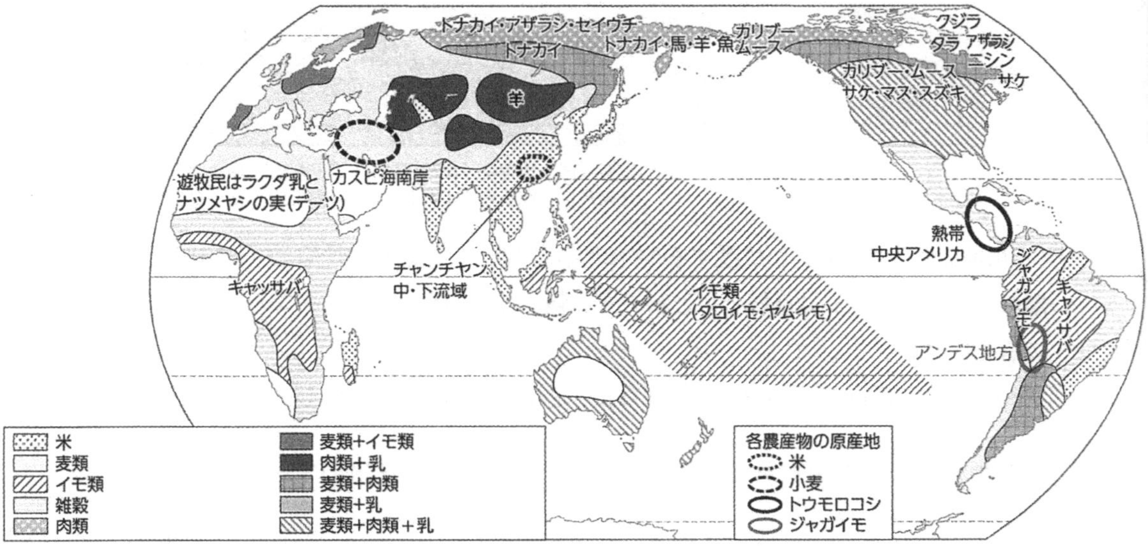

（ア）イタリアでは，米を主食としている。

（イ）メキシコでは，雑穀を主食としている。

（ウ）インドでは，麦類を主食としている。

（エ）オーストラリアでは，イモ類を主食としている。

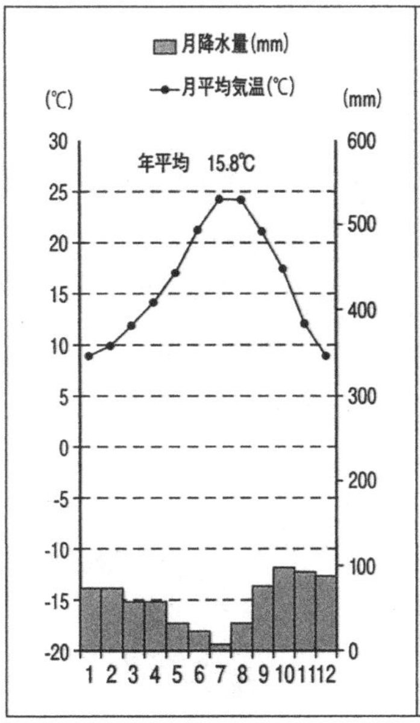

A

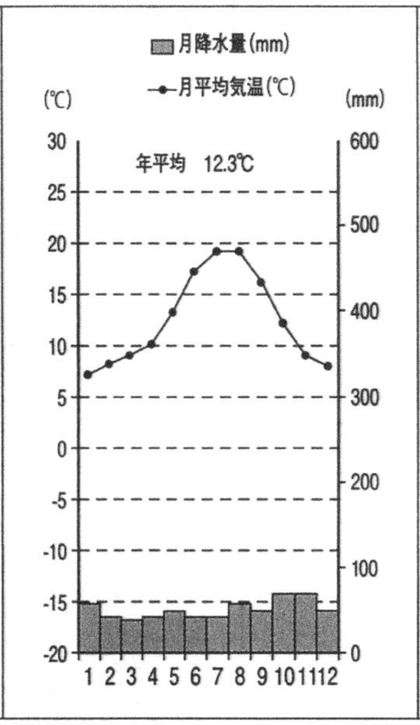

B

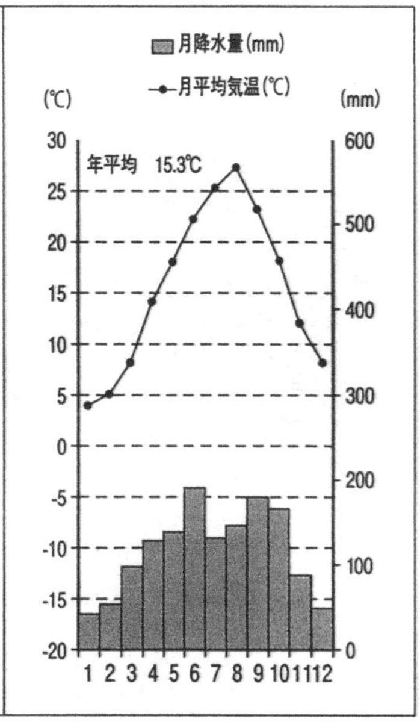

C

〔設問2〕A～Cの雨温図は，それぞれ温帯のいずれかの気候区分を示している。気候区分の名称を【気候名】から1つ選び，記号で答えなさい。また，その特徴を説明したものを【説明】から1つ選び，記号で答えなさい。

【気候名】

（ア）地中海性気候　（イ）温暖湿潤気候　（ウ）西岸海洋性気候　（エ）ステップ気候

【説明】

（あ）雨が多く，季節による気温や降水量の変化が大きい。

（い）夏に乾燥し，冬に雨が降る。その特徴を利用してオリーブやぶどうが栽培される地域がある。

（う）短い夏と寒さの厳しい冬があり，夏と冬の寒暖差が大きい。永久凍土が広がっている地域の建物の多くは高床となっている。

（え）1年を通して高温で雨が多く，うっそうとした森林が広がる。

（お）雨が少ないため，水が得られる場所が限られており，人々はオアシスの周りに住んでいる。

（か）短い夏の間に地表の氷が解けて，ツンドラと呼ばれるコケ類が生える。

（き）暖流と偏西風の影響で緯度が高いわりに寒くなく，1年を通して雨量はほぼ一定している。

3 写真A～Gを見て，以下の問いに答えなさい。

A	B

C	D

E	F

G	

〔設問Ｉ〕下の【①】～【⑥】はA～Gを時代の古い順に並び替えたものである。次のうち<u>【②】と【⑤】</u>はA～Gのどれにあたるか，それぞれ記号で答えなさい。ただし，Dはすでに用いている。

【①】→→【②】→→【③】→→【④】→→【D】→→【⑤】→→【⑥】

〔設問2〕写真Aの建物は京都府にある慈照寺銀閣である。

①この建物を作らせた人物は足利義政だとされている。１４６７年，義政の後継ぎ争いが原因の１つとされる乱が起こった。この乱を何というか答えなさい。

②右の写真は写真Aと同じ敷地内にある東求堂《とうぐどう》同仁斎《どうじんさい》の内部である。このような建築様式として正しいものをア～エから１つ選び，記号で答えなさい。

（ア）禅宗様

（イ）書院造

（ウ）寝殿造

（エ）校倉造

〔設問3〕写真Bの建物は奈良県にある東大寺南大門である。

①東大寺南大門の内部には運慶・快慶らが製作した２体１対の像がある。この像を何というか，漢字で答えなさい。

②この時代には武士の活躍描いた軍記物が流行した。その中で，琵琶法師によって語られたとされるものとして正しいものをア～エから１つ選び，記号で答えなさい。

（ア）『古今和歌集』　（イ）『方丈記』　（ウ）『平家物語』　（エ）『万葉集』

〔設問4〕写真Cの仏像は京都府にある広隆寺の弥勒菩薩《みろくぼさつ》半跏《はんか》思惟像《しゆいぞう》である。広隆寺が建立された時代に聖徳太子や推古天皇などが活躍した。

①下の 史料１ は聖徳太子が定めたとされるものの冒頭部分である。これを何というか，答えなさい。

> 史料１
>
> 一に曰く，和をもって貴《たっと》しとなし，さからうことなきを旨とせよ
>
> 二に曰く，厚く三宝を敬え。三宝とは，仏・法・僧なり
>
> 三に曰く，詔《みことのり》をうけたまわりては，必ずつつしめ

②下の 史料２ は聖徳太子が中国に送ったとされる国書の一部である。この時の中国の王朝を漢字で答えなさい。

> 史料２
>
> 日出ずる処《ところ》の天子，書を日没する処の天子に致す。つつがなきや云々

〔設問５〕写真Ｄは元が日本に攻め入った様子を示す史料の「蒙《もう》古襲来《こしゅうらい》絵詞《えことば》」である。

①元の建国者は誰か，答えなさい。

②「蒙古襲来絵詞」内でも使用されている様子が確認できる世界三大発明の１つとして正しいものをア～エから１つ選び，記号で答えなさい。

（ア）活版印刷術　（イ）羅針盤　（ウ）火薬　（エ）製鉄技術

〔設問６〕写真Ｅの建物は京都府にある鹿苑寺《ろくおんじ》金閣である。

①この建物を建立した人物を漢字で答えなさい。

②この建物を建立した人物は，明と貿易を行った。その際，海賊行為をおこなっていた倭寇と区別をするために明から日本に送られた通行証明書を何というか，漢字で答えなさい。

〔設問７〕写真Ｆの建物は京都府にある平等院鳳凰堂である。

①この建物を建立したとされる人物として正しいものを次のア～エから１つ選び，記号で答えなさい。

（ア）藤原道長　（イ）藤原純友　（ウ）藤原頼通　（エ）平将門

②この時代には遣唐使とともに唐に渡った２人の僧が新しい仏教をもたらした。その中で最澄に関する組み合わせとして正しいものを次のア～エから１つ選び，記号で答えなさい。

（ア）天台宗―金剛峯寺　（イ）天台宗―延暦寺

（ウ）真言宗―金剛峯寺　（エ）真言宗―延暦寺

〔設問８〕写真Ｇの建物は奈良県にある聖武天皇の正倉院である。

①聖武天皇の時代に，新たな開墾地であればいつまでも自分の土地にすることを認めた法律として正しいものを次のア～エから１つ選び，記号で答えなさい。

（ア）御成敗式目　（イ）班田収授法

（ウ）徳政令　（エ）墾田永年私財法

②聖武天皇の時代は天皇や貴族によるはなやかな文化が栄え，遣唐使などによってもたらされた国際的な文化だと言われている。この文化を何というか，次のア～エから１つ選び，記号で答えなさい。

（ア）天平文化　（イ）国風文化　（ウ）桃山文化　（エ）化政文化

2023 国語

解答用紙

受験番号

名　前

得　　点

※100点満点

一

問一

①

②

③

びる

④

いた

⑤

⑥

る

⑦

って

⑧

問二

①

②

③

問三

①

②

③

問四

①

②

③

問五

① 主語 述語

② 主語 述語

③ 主語 述語

問一.　①～④２点×４
　　　　⑤～⑧１点×４
問二.　２点×３
問三.　２点×３
問四.　２点×３
問五.　完答２点×３

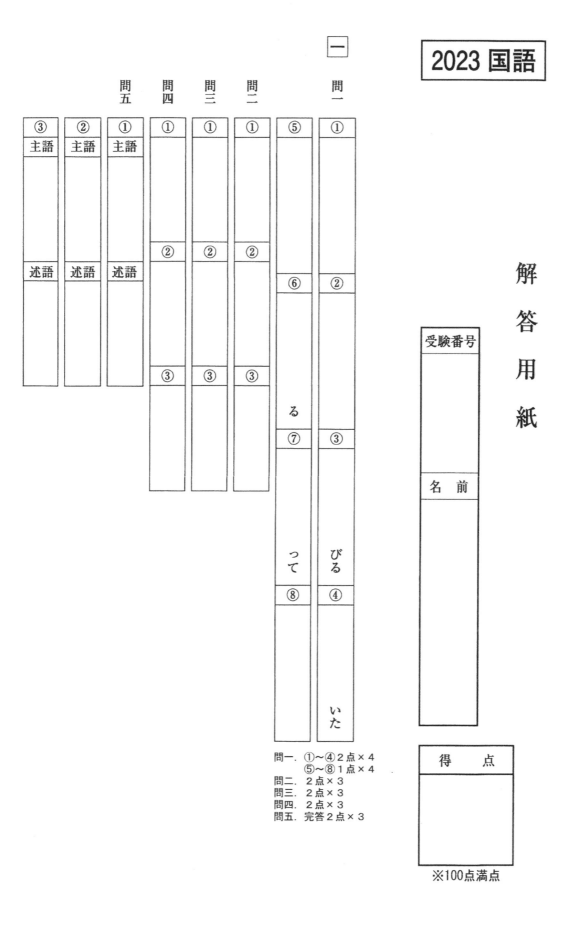

3 ((1)は答えのみでよいものとする。(2)(3)は式と計算も記入すること。) 5点×3

(1)			
(2)		(3)	

4 ((1)は説明と途中経過を記入すること。(2)(3)(4)は答えのみでよいものとする。) (1)6点 (2)5点 (3)5点 (4)5点

(1)	△CPBと △APDにおいて よって△CPB ∽ △APD	(2)	∠ABCの大きさ
		(3)	線分PBの長さ cm
		(4)	線分PCの長さ cm

4

(1)２点×４　(2)２点×２　(3)３点×２　(4)３点　(5)２点

(1)	Ⅰ		Ⅱ		Ⅲ		Ⅳ	
(2)	①		②		(3)	(A)		(B)	
(4)		(5)						

5

３点×３

(1)		(2)		(3)	

6

(1)３点　(2)３点　(3)３点　(4)２点×５

(1)		(2)		(3)						
(4)	1		2		3		4		5	

問1． 3点
問2． 3点
問3． 3点
問4． 4点
問5． 3点×2
問6． 3点

問1		
問2		
問3		
問5	A	極
	B	極
問6		

問4

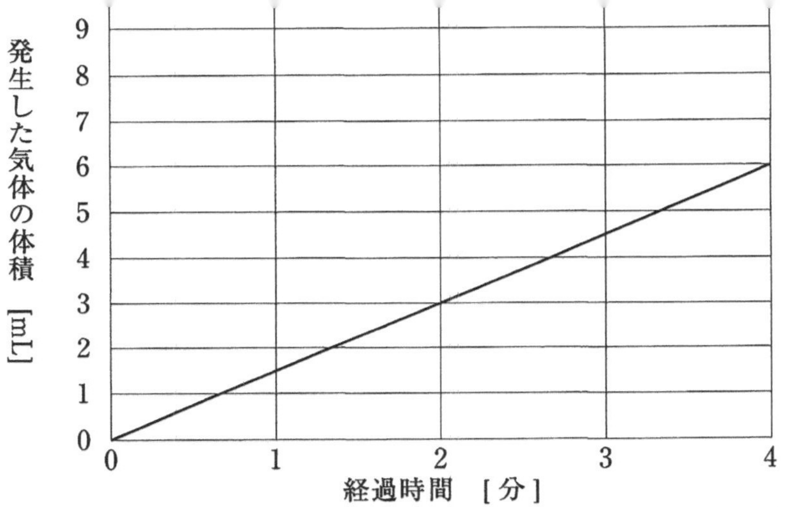

4

3点×7
(問3，問5は完答)

問1		問2				問3				
問4	(1)		(2)		問5			問6		

5

2点×5
(問1，問2，問4，問5は完答)

問1	ア		イ		問2	ウ		エ		問3	
問4	オ		カ		キ					
問5	ク		ケ		コ					

設問５	①		②		設問６	①	②	
設問７	①		②		設問８	①	②	

4

設問１		設問２		設問３		設問４	
設問５		設問６		設問７			

設問８	①		②		設問９	①	②	
設問１０	①		②		設問１１			

設問１．１点
設問２．１点
設問３．２点
設問４．１点
設問５．１点
設問６．２点
設問７．１点
設問８．①２点　②１点
設問９．①１点　②２点
設問10．１点×２
設問11．２点

5

設問１		設問２	①		②		設問３			
設問４	①		②		③		設問５	Ⅰ		Ⅱ
設問６		設問７	①A		①B		②		③	
④										

２点×15

受験番号		名前	

次の①、②、③から一つの題を選択し、選んだ番号に○をしなさい。

① 中学校生活で印象に残っていること

② 大阪高校でチャレンジしたいこと

③ 探究したいこと

※原稿用紙は縦書きで使用すること。

100

200

字数は、400 ～ 500字

20×25

500 400 300

【解答

2023 社会

解 答 用 紙

受験番号		名前	

得　　点

※100点満点

1

設問 1		設問 2		設問 3		設問 4	
設問 5		設問 6		設問 7		設問 8	時間
設問 9	①		②		③		

2点×11

2

設問 1		設問 2	A	気候名		説明		
B	気候名		説明		C	気候名		説明

設問1.　2点
設問2.　1点×6

3

設問 1	②		⑤		設問 2	①		②

設問1.　1点×2
設問2.　①2点
②1点
設問3.　①2点
②1点

【解答

2023 理科

解 答 用 紙

受験番号		名前	

得点

※100点満点

1

3点×8

問1		問2	(1)		(2)					
問3										
問4		問5	①		②		問6			

2

問1． 1点×5
問2． 完答2点
問3． 2点×6
問4． 2点
問5． 2点

問1	①		②		③			
問1	④		⑤					
問2								
問3	①	部分		名称		②	部分		名称	
問3	③	部分		名称		問4		問5	

【解答

2023 英語

解 答 用 紙

得 点

※100点満点

受験番号		名前	

1

２点×15

(1)		(2)		(3)		(4)		(5)	
(6)		(7)		(8)		(9)		(10)	
(11)		(12)		(13)		(14)		(15)	

2

２点×５

(1)		(2)		(3)		(4)		(5)	

3

９点

・
・
・

2023 数学

解答用紙

受験番号		名前	

得点

※100点満点

1 （答えのみでよいものとする。）　４点×12

(1)		(2)		(3)		(4)	
(5)		(6)		(7)		(8)	
(9)		(10)		(11)	cm	(12)	

2 （答えのみでよいものとする。）　４点×４

(1)	円	(2)	{
(3)	チョコレート（　　　　）個	(4)	チョコレート（　　　　）個

二

問一
A
B
C

問二

問三
町に
てしまう。

問四
二番目
四番目

問五

問六
(1)
A
C
(2)

問一.　3点×
問二.　4点
問三.　5点
問四.　3点×
問五.　5点
問六.　(1)3点
　　　(2)5点

三

問一
A
B

問二
a
b

問三

問四

問五

問六

問一.　2点×2
問二.　2点×2
問三.　4点
問四.　4点
問五.　4点
問六.　4点

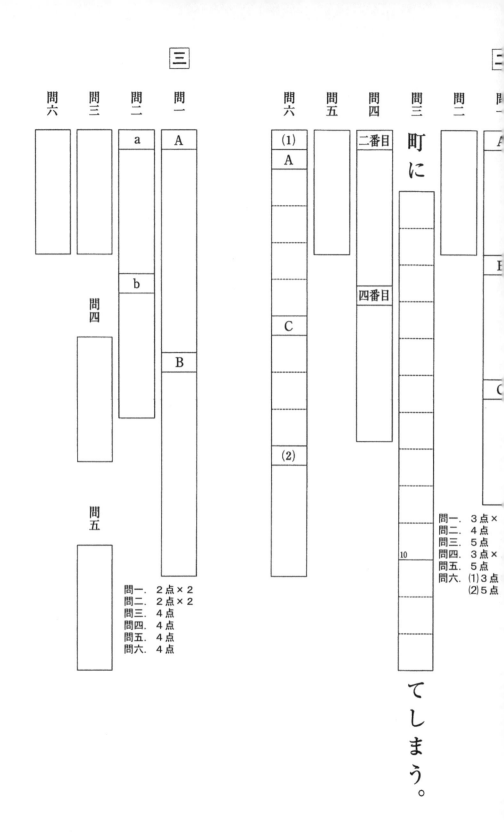

４ ２０２２年～２０２３年はロシアによるウクライナ侵攻がニュースに取り上げられた。そこで，けんじ君は日本とロシアの関係に興味・関心が湧き，インターネットや本を用いて，日露関係史を年表にしてまとめた。以下の問いに答えなさい。

年　号	出　来　事
①１７８９年	カムチャッカ半島をロシアが占領し領有
②１７９２年	③ロシア使節のラクスマンが根室に来航し通商を求められるが幕府は拒否
１８５５年	④日露和親条約を結ぶ
⑤１８５８年	日露修好通商条約を結ぶ
⑥１８７５年	樺太・千島交換条約を結ぶ
１８９１年	大津事件が起きる
１８９５年	日本に対して⑦三国干渉が行われる
１９０４年	⑧日露戦争が起きる
１９０５年	⑨ポーツマス条約を結ぶ
１９１４年	⑩第一次世界大戦が勃発
１９１８年	⑪シベリア出兵を行う

〔設問１〕下線部①について，１７８９年はフランスで市民革命が起きた年でもある。フランス革命後に出されたものとして正しいものを次のア～エから１つ選び，記号で答えなさい。

（ア）人権宣言　（イ）独立宣言　（ウ）マグナカルタ　（エ）権利章典

〔設問２〕下線部②について，１７９２年を元号で表すと寛政４年となる。寛政期に様々な改革を行った老中として正しいものを次のア～エから１つ選び，記号で答えなさい。

（ア）井伊直弼　（イ）徳川吉宗　（ウ）水野忠邦　（エ）松平定信

〔設問３〕下線部③について，幕府が通商を拒否したのは鎖国政策がとられていたからである。１６４１年オランダ商館を出島に移したことで鎖国が完成したときの征夷大将軍は誰か，漢字で答えなさい。

〔設問４〕下線部④について，この条約が結ばれる２年前にアメリカのペリーが４隻の軍艦を率いて来航したこと(黒船来航)がきっかけとなり，その後，いくつかの国と同様の条約を結んだ。黒船来航に関係する最も適当なものを次のア～エから１つ選び，記号で答えなさい。

（ア）泰平の　眠りをさます　上《じょう》喜《き》撰《せん》　たった四杯で　夜も眠れず

（イ）夏草や　つわものどもが　ゆめのあと

（ウ）上からは　明治だなどと　いふけれど　治明《おさまるめい》と　下からは読む

（エ）白河の　清きに魚も　すみかねて　もとのにごりの　田沼恋しき

〔設問５〕下線部⑤について，同年にはアメリカやフランス，イギリスなどの国とも同様の条約を結ぶこととなった。これらの条約で開いた港として誤っているものを次のア～エから１つ選び，記号で答えなさい。

（ア）函館　（イ）横浜　（ウ）下関　（エ）新潟

〔設問６〕下線部⑥について，同年には江華島事件を口実に朝鮮に対して不平等な条約を結んだ。この条約を何というか，漢字で答えなさい。

〔設問７〕下線部⑦について，日清戦争の講和条約の内容を不服としたロシア・フランス・ドイツの三国が日本に干渉をしたものである。三国が日本に要求した内容として正しいものを次のア～エから１つ選び，記号で答えなさい。

（ア）賠償金の支払い　　（イ）台湾の返還

（ウ）遼東半島の返還　　（エ）朝鮮半島からの撤退

〔設問８〕下線部⑧について，

①下の風刺画は日露戦争を描いたものである。下の絵を参考にして１９０２年に結ばれた同盟を何というか，漢字で答えなさい。

②日露戦争における日本海海戦について，ロシア軍のバルチック艦隊を破った際に指揮をとっていた人物として正しいものを次のア～エから１つ選び，記号で答えなさい。

（ア）陸奥宗光　　（イ）榎本武揚　　（ウ）東郷平八郎　　（エ）小村寿太郎

〔設問９〕下線部⑨について，

①ポーツマス条約の内容として，誤っているものを次のア～エから１つ選び，記号で答えなさい。

（ア）南樺太の領土を獲得する。

（イ）旅順・大連などの地域の租借権を得る。

（ウ）長春以南の鉄道の利権を得る。

（エ）清（中国）における日本の優越権を認める。

②ポーツマス条約では日本はロシアから賠償金を得ることができなかった。そのため国民から日本政府がロシアに対して弱腰であると非難され，全国各地で暴動が起きた。そのきっかけとなった東京での暴動を何というか，答えなさい。

〔設問１０〕下線部⑩について，

①第一次世界大戦は三国協商側と三国同盟側という対立構図で戦いが始まった。この時の三国協商と三国同盟の組み合わせとして正しいものを次の表中ア～エから１つ選び，記号で答えなさい。

	三国協商	三国同盟
(ア)	イギリス・フランス・ロシア	ドイツ・イタリア・オーストリア
(イ)	アメリカ・ドイツ・ロシア	フランス・イタリア・イギリス
(ウ)	イギリス・フランス・ドイツ	ロシア・アメリカ・オーストリア
(エ)	イタリア・フランス・ドイツ	ロシア・イギリス・オーストリア

②ロシアでは第一次世界大戦中に社会主義革命が起き，世界で初めての社会主義国家が誕生した。この社会主義革命の指導者として正しいものを次のア～エから１つ選び，記号で答えなさい。

(ア) スターリン　(イ) プーチン　(ウ) ゴルバチョフ　(エ) レーニン

〔設問１１〕下線部⑪について，シベリア出兵が決定したことが原因となり，富山県魚津市から始まった暴動が全国に拡大した。この出来事を何というか，漢字で答えなさい。

5 次の文章を読んで，以下の問いに答えなさい。

マスメディアについて興味関心のある中学３年生の大阪太郎さんは，２０２２年８月の夏休みを利用して地元の新聞社で職場体験をしました。以下は，職場体験中に太郎さんが取ったメモの一部です。

A先月実施された国政選挙で多くの高校生が投票に参加したようだ。初めてB投票した気持ちをインタビューしてみたいと思った。

C15日の終戦の日では全国各地で追悼式典が行われ、平和とD憲法についてじっくりと考えたいという気持ちになった。

2022年は海外旅行が解禁されるなど「withコロナ」が加速した1年と言われている。

他方で、年始からE物価の上昇とF円安も加速してしまった。原材料高騰で売り上げが落ちこんだG株式会社の社長さんをインタビュー取材したときはその切実さに息をのんだ。

〔設問１〕下線部Aについて，「先月実施された国政選挙」とは，具体的にどの選挙のことを指しているか。正しいものを次のア～エから１つ選び，記号で答えなさい。

（ア）大阪府知事選挙　　（イ）衆議院議員解散総選挙

（ウ）参議院議員通常選挙　　（エ）自由民主党総裁選挙

〔設問２〕次の図Ⅰと図Ⅱは，下線部Bに関するものである。

(%)

年	S.42	S.44	S.47	S.51	S.54	S.55	S.58	S.61	H.2	H.5	H.8	H.12	H.15	H.17	H.21	H.24	H.26	H.29	R.3
回	31	32	33	34	35	36	37	38	39	40	41	42	43	44	45	46	47	48	49
10歳代																		40.49	43.21
20歳代	66.69	59.61	61.89	63.50	57.83	63.13	54.07	56.86	57.76	47.46	36.42	38.35	35.62	46.20	49.45	37.89	32.58	33.85	36.50
30歳代	77.88	71.19	75.48	77.41	71.06	75.92	68.25	72.15	75.97	68.46	57.49	56.82	50.72	59.79	63.87	50.10	42.09	44.75	47.12
40歳代	82.07	78.33	81.84	82.29	77.82	81.88	75.43	77.99	81.44	74.48	65.46	68.13	64.72	71.94	72.63	59.38	49.98	53.52	55.56
50歳代	82.68	80.23	83.38	84.57	80.82	85.23	80.51	82.74	84.85	79.34	70.61	71.98	70.01	77.86	79.69	68.02	60.07	63.32	62.96
60歳代	77.08	77.70	82.34	84.13	80.97	84.84	82.43	85.66	87.21	83.38	77.25	79.23	77.89	83.08	84.15	74.93	68.28	72.04	71.43
70歳代以上	56.83	62.52	68.01	71.35	67.72	69.66	68.41	72.36	73.21	71.61	66.88	69.28	67.78	69.48	71.06	63.30	59.46	60.94	61.96
全体	73.99	68.51	71.76	73.45	68.01	74.57	67.94	71.40	73.31	67.26	59.65	62.49	59.86	67.51	69.28	59.32	52.66	53.68	55.93

【図Ⅰ　衆議院議員総選挙における年代別投票率の推移について（総務省HPより）】

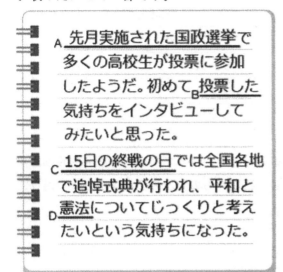

［図Ⅱ　若者の投票率を高めるための改革や改善］

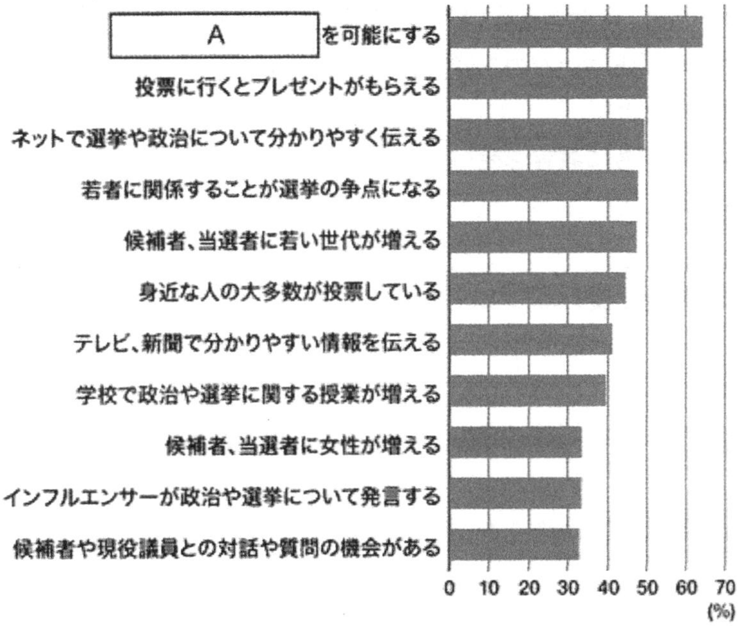

出所：日本財団「18歳意識調査」

①図Ⅰから読み取れることとして正しいものを次のア～エから１つ選び，記号で答えなさい。

（ア）昭和４２年～令和３年まで常に，６０歳代の投票率が他のどの年代よりも高くなっている。

（イ）平成に入ってからの衆院選で，全体投票率が７０％を超えた選挙は１度もなかった。

（ウ）１８歳選挙権が初めて導入された衆院選の１０歳代の投票率は，４１％にも満たなかった。

（エ）直近過去４回の衆院選の全体投票率を平均すると，６０％を超える数値になる。

②図Ⅱは２０２１年８月に，全国の１７～１９歳の９１６人を対象に実施されたアンケート調査の結果である。空欄［　A　］に当てはまる語句として最も適当なものを次のア～エから１つ選び，記号で答えなさい。

（ア）候補者に金品を渡すこと　　（イ）インターネットによる投票

（ウ）外国人観光客による投票　　（エ）保護者による代行投票

〔設問３〕下線部Ｃについて，日本が第二次世界大戦に敗戦した年に起こった出来事として誤っているものを次のア～エから１つ選び，記号で答えなさい。

（ア）日本国憲法が公布された。

（イ）労働組合法が制定された。

（ウ）治安維持法が廃止された。

（エ）ＧＨＱが日本を間接統治した。

〔設問４〕下線部Ｄについて，

①次のⅠ～Ⅴのうち，日本国憲法が定める国民の義務として誤っているものが２つある。その組合せとして正しいものを次のア～カから１つ選び，記号で答えなさい。

Ⅰ　選挙に行くこと

Ⅱ　保護者が子どもに教育を受けさせること

Ⅲ　税を納めること

Ⅳ　働くこと

Ⅴ　子どもが教育を受けること

(ア) ⅠとⅡ　　(イ) ⅠとⅣ　　(ウ) ⅠとⅤ

(エ) ⅡとⅢ　　(オ) ⅡとⅣ　　(カ) ⅢとⅤ

②次の文章は，日本国憲法第９６条１項を抜粋したものである。空欄に入る語句の組合せとして正しいものを次のア～エから１つ選び，記号で答えなさい。

> この憲法の改正は，各議院の（　Ａ　）の（　Ｂ　）以上の賛成で，国会が，これを発議し，国民に提案してその承認を経なければならない。この承認には，特別の（　Ｃ　）又は国会の定める選挙の際行はれる投票において，その（　Ｄ　）の賛成を必要とする。

	(A)	(B)	(C)	(D)
(ア)	出席議員	３分の２	国民審査	過半数
(イ)	出席議員	過半数	国民投票	３分の２以上
(ウ)	総議員	過半数	国民審査	３分の２以上
(エ)	総議員	３分の２	国民投票	過半数

③現行の日本国憲法で明文化されていないものは，次のうちのどれか。ア～エから１つ選び，記号で答えなさい。

(ア) 義務教育を無償とすること　　(イ) プライバシーの権利を保護すること

(ウ) 残虐な刑罰を禁止すること　　(エ) 公務員は全体の奉仕者であること

〔設問５〕下線部Ｅについて，次の説明文ⅠとⅡはそれぞれどの用語を示すか。正しいものを下のア～エから１つずつ選び，記号で答えなさい。

Ⅰ　物価が持続的に上昇することで，お金の価値が相対的に下がる現象

Ⅱ　景気が低迷している中で，原油高など原材料高騰によって物価が上昇する現象

(ア) デフレーション　　(イ) スタグフレーション

(ウ) インフレーション　　(エ) イノベーション

〔設問６〕下線部Ｆについて，円安とはどのような現象か。その説明として最も適当なものを次のア～エから１つ選び，記号で答えなさい。

（ア）１ドル＝１００円を基準として，１ドル＝８０円になった場合，これを円安と呼ぶ。
（イ）円安が続くと，日本から海外へ旅行する人が増える傾向にある。
（ウ）円安が続くと，日本企業が生産拠点を海外に移す「産業の空洞化」が起きやすくなる。
（エ）円安が続くと，日本からの輸出品が外国で安く感じられるのでよく売れるようになる。

〔設問７〕下線部Ｇについて，

①次の文は，資本主義経済における経済主体について述べたものである。空欄（Ａ）・（Ｂ）に入る最も適当な語句をそれぞれ漢字２字で答えなさい。

資本主義経済では，主に消費活動を行う（　Ａ　），主に生産活動を行う企業，そして両者の調整や所得の再分配を行うために租税を集めたり公共サービスを提供する（　Ｂ　），この３つの経済主体が相互に結びついて，生産・分配・支出の経済循環が行われる。

②経済主体の１つである企業の基本的な目的として正しいものを次のア～エから１つ選び，記号で答えなさい。

（ア）利潤　　（イ）規制　　（ウ）貯蓄　　（エ）配当

③株式会社を説明した文として誤っているものを次のア～エから１つ選び，記号で答えなさい。

（ア）株式会社では，株主は資本金を提供するだけであり，会社が倒産しても出資額以上の責任は負う必要がない。
（イ）株式会社は会社企業形態の一つであり，農協や生協などの組合企業形態とは別である。
（ウ）株主総会の多数決では，株主１人につき１票と計算するのが一般的である。
（エ）会社を所有する者と経営する者が分かれている状態を「所有と経営の分離」という。

④空欄（Ｘ）に入る語句として正しいものを次のア～エから１つ選び，記号で答えなさい。

企業は自由競争のもとで生産活動を行っており，国は不公平な取引や市場の支配を防ぐために，１９４７年に独占禁止法を制定した。そして国は独占禁止法を運用するために，行政委員会として（　Ｘ　）委員会を設置した。

（ア）公正取引　　（イ）予算　　（ウ）労働　　（エ）事故調査

二〇二二(令和四)年度　大阪高等学校

入学試験問題

国語

(40分)

受験にあたっての注意

1. 監督者から試験開始の合図があるまで、問題冊子を開けないこと。
2. 試験開始の合図があったら、問題冊子と解答用紙に受験番号と名前を忘れずに記入すること。(解答用紙は受験番号記入欄が二ヶ所あり)
3. 落丁、乱丁、印刷不鮮明の箇所があれば、すぐに監督者に申し出ること。
4. 試験終了の合図があったら、問題冊子を閉じ、解答用紙を机の上に置いて、監督者の指示があるまで静かに待機すること。
5. 問題冊子と解答用紙はすべて回収されます。
6. 試験終了後は監督者の指示で退出すること。

・設問は、別紙(色紙)でこの中にはさんであります。

受験番号		名前	

一　設問用紙に問題があります。

二　次の文章を読んで、別紙の問いに答えなさい。

お詫び

著作権上の都合により、文章は掲載しておりません。
ご不便をおかけし、誠に申し訳ございません。

教英出版

二　別紙の文章を読んで、次の問いに答えなさい。

問一　——①「何のためにあるのか、何のためにするのか」とありますが、筆者はこうした見方をどのように捉えていますか。文中から二十三字で抜き出しなさい。

問二　[X]・[Y]・[Z]に当てはまる語として最も適当なものを後のア～オから選び、それぞれ記号で答えなさい。

ア　主体的　　イ　協力的　　ウ　本質的
エ　利己的　　オ　倫理的

問三　——②「目的論は暴力的な存在」とありますが、その説明として最も適当なものを後のア～エから選び、記号で答えなさい。

ア　独裁者が権力を手に入れるために周囲を管理し、目的や手段を選ばないということ。
イ　目的を自らの内に宿した人が周囲の人たちと協力し、目的を成し遂げようとすること。
ウ　目的の達成を第一に考え、そこに至るすべての過程や手段、方法をしばりつけるということ。
エ　遊戯や遊びと同じく「何のため」「役に立つか」を重視し、目的への忠誠を強いること。

問四　[Ⅰ]・[Ⅱ]・[Ⅲ]に当てはまる語の組み合わせとして最も適当なものを後のア～ウから選び、記号で答えなさい。

ア　Ⅰ　たとえ　　Ⅱ　したがって　　Ⅲ　しかし
イ　Ⅰ　したがって　　Ⅱ　しかし　　Ⅲ　たとえ
ウ　Ⅰ　しかし　　Ⅱ　たとえ　　Ⅲ　したがって

問五　——③「峠を越えてこそ、隣村に行くことができる」は比喩表現ですが、その内容として最も適当なものを後のア～エから選び、記号で答えなさい。

ア　快楽をコントロールし目標を達成することで、初めて安定した人生に出会えるということ。
イ　快楽そのものを持続していく中で道が開け、新しい世界を見ることができるということ。
ウ　快楽に負けずに多くの努力や時間を費やすことで、新たな目標を設定できるということ。
エ　快楽にとどまり続けることなく踏み出すことで、新たな目的地にたどり着くということ。

問六 ――④「特定の目的地にしか辿り着けない船は『よい』船ではない」とありますが、なぜ筆者は「『よい船』ではない」と否定していますか。その理由を最後の形式段落に書かれている言葉をできるだけ用いて四十字以内で答えなさい。

問七 本文における「フロー」の説明として適当でないものを後のア～エから一つ選び、記号で答えなさい。

ア 初めから正しい選択肢が用意されており、順風満帆な状態。

イ 自分の行為をコントロールでき、自らの道を決定していく状態。

ウ 気持ちが高揚し、待ち望んでいた楽しさの感覚が生じる状態。

エ 一つの活動に没入し、そのために多くの時間や労力を費やす状態。

問八 本文の展開を述べたものとして最も適当なものを後のア～エから選び、記号で答えなさい。

ア 筆者はチクセントミハイやカイヨワといった学者の論文を引用し、「フロー」が人間の生き方のヒントになることを述べ、人生の選択において「自己啓発」をし続け、優れた人格を目指すべきだと述べている。

イ 筆者は人生において目的ばかりを追求することを限定的なものの見方であると批判し、その後に「フロー」という考え方を提示しながら、それが今後の生き方にどのようにつながるかを述べている。

ウ 筆者は「何のため」「役に立つか」だけの追求に否定的な意見を示し、生き方の本質は遊戯にあると仮定し、人生の「峠」を越えるための遊戯や快楽の必要性を「フロー」という新たな概念で述べている。

エ 筆者は「何のため」「役に立つか」を考えるばかりではいけないと述べながらも、目的を正しく考えるための哲学は人生にとって重要であり、哲学と「フロー」との切り離せない関係性も詳しく述べている。

三

別紙の文章を読んで、次の問いに答えなさい。

問一 ＝＝a「やう」・＝＝b「たまへ」をそれぞれ現代仮名づかいで書き改めなさい。

問二 〰〰A「見て」・〰〰B「思ひ合はする」の主語として最も適当なものを後のア～エから選び、それぞれ記号で答えなさい。

ア 中納言　イ 世の人　ウ 左大将　エ 筆者

問三 ――①「仰中納言」とありますが、そのように名付けられた理由が書かれている箇所を、解答欄に合うよう文中から八字で抜き出し

ア　中納言が空を見上げていると、左大将に「今、空に何かあるのですか」とからかわれたから。
イ　中納言が空を見上げていると、左大将に「今日の天気はどうですか」とたずねられたから。
ウ　中納言が空を見上げていると、左大将に「今、空で何かが起こりました」と嘘をつかれたから。
エ　中納言が空を見上げていると、左大将に「今日の天気で何ができるのですか」とあやしまれたから。

問五　――③「すこぶるはしたなく思はれけれども」の現代語訳として最も適当なものを後のア～エから選び、記号で答えなさい。
ア　とても中途半端に思われたけれども
イ　とても不愉快に思われたけれども
ウ　とても恥ずかしく思われたけれども
エ　とてもせつなく思われたけれども

問六　――④「大将、いくほども経ずして失せたまひけり」の現代語訳として最も適当なものを後のア～エから選び、記号で答えなさい。
ア　左大将は、やがて職を奪われてしまった
イ　左大将は、すぐにその場から立ち去られた
ウ　左大将は、そのまま興味をなくしてしまった
エ　左大将は、まもなくして死んでしまわれた

問七　係り結びの法則に従って［X］に当てはまるものとして最も適当なものを後のア～エから選び、記号で答えなさい。
ア　けら　　イ　けり　　ウ　ける　　エ　けれ

問八　――⑤「この戯れ言」とありますが、その具体的な内容が書かれている部分を文中から十八字で抜き出して答えなさい。

問九　本文の内容を説明したものとして最も適当なものを後のア～エから選び、記号で答えなさい。
ア　前世での行いは現世の自分に返ってくるが、行いによっては事態を好転させることができる。
イ　人間の気持ちはすれ違うことが多いからこそ、言葉を通じて思いを合わせていくことが大切である。
ウ　たとえどのような状況であったとしても、根拠のないでたらめな言葉を発するのはやめるべきである。
エ　相手に腹が立つようなことを言われた時は、何も言わずに我慢して笑っておいたほうがよい場合もある。

国語　設問用紙

（解答はすべて解答用紙に記入しなさい。字数制限のある問題はすべて句読点等も字数に含みます。）

一　次の各問いに答えなさい。

問一　次の――①～③のカタカナを漢字に、――④～⑥の漢字をひらがなに書き改めなさい。

①　適正なネダン設定を考える。　②　家と学校をオウフクすると一時間ほどかかる。

③　私たち国民には税金をオサめる義務がある。　④　努力を重ねたが悔しい結果になった。

⑤　正月にお雑煮を食べる。　⑥　夏は携帯扇風機を重宝する。

問二　次の四字熟語①～③の空欄には漢数字が入ります。それぞれ正しい漢数字を答えなさい。

①　□人□色…考え、好み、性質などが、人によってそれぞれに異なること。

②　□転□倒…転げまわって苦しみもだえること。

③　□日□秋…時間が非常に長く感じられること。待ち遠しいこと。

問三　次の①～④の――の品詞を後のア～コから選び、それぞれ記号で答えなさい。

①　待ち合わせ場所は小さな喫茶店だった。

②　私のほかに客はいない。

③　かわいいカップに入れられたコーヒーを片手に待つ。

④　店内には穏やかな音楽が流れていた。

ア　名詞（代名詞）	イ　動詞	ウ　形容動詞	エ　形容詞	オ　連体詞
カ　副詞	キ　感動詞	ク　接続詞	ケ　助詞	コ　助動詞

問四　次の文①～③の主語と述語として適当なものを抜き出し、それぞれ記号で答えなさい。ただし省略されているときは「なし」と答えなさい。

（例）　ア犬が　イネコに　ウむかって　エほえる。　→　主語　ア　述語　エ

①　ア私の　イ日課は　ウ犬の　エ散歩だ。

お詫び

著作権上の都合により、文章は掲載しておりません。

ご不便をおかけし、誠に申し訳ございません。

教英出版

お詫び

著作権上の都合により、文章は掲載しておりません。
ご不便をおかけし、誠に申し訳ございません。

教英出版

※1　狭窄　……　すぼまってせまいこと、またその様子。

※2　メタ　……　限界を超えた状態。

※3　享受　……　受け入れて自分のものとすること。

※4　邁進　……　何事も恐れることなく前進すること。

三　次の文章を読んで、別紙の問いに答えなさい。

今は昔、中納言藤原忠輔《ふぢはらのただすけ》といふ人ありけり。この人、常に仰《あふぎ》て空を見るやa うにてのみありければ、世の人、これを①仰中納言と付けたりける。

しかるに、その人の、※1右中《うちう》弁《べん》にて※2殿上人《てんじやうびと》にてありける時に、小一条の左大将済時《なりとき》といひける人、※3内に参りbたまへりけるに、この右中弁に会ひぬ。大将、右中弁の仰たるをA見て、戯《たはぶ》れて、「ただ今、天にはなにごとかはべる」と言はれければ、右中弁、かく言はれて、少し※4②攀縁《へんえん》おこりければ、「ただ今、天には※5大将犯す星なむ現じたる」と答へければ、大将、③すこぶるはしたなく思はれけれども、戯れなれば、え腹立たずして、苦笑ひて止《や》みにけり。その後、④大将、いくほども経《へ》ずして失《う》せたまひけり。

しかれば、「⑤この戯れ言のするにや」とぞ、右中弁思ひ合はせ［X］。

人の命を失ふ事は、みな前世の報《むく》ひとはいひながら、由《よし》無からむ戯れ言、いふべからず。かくB思ひ合はする事もあればなり。

（『今昔物語集』より）

※1　右中弁　……　役職の名前。
※2　殿上人　……　貴族の位。
※3　内　……　天皇が住み、儀式や執務などを行う宮殿のこと。
※4　攀縁　……　腹立たしく思う気持ち。
※5　大将犯す星　……　大将に悪いことが起きることを予兆させる星。

2022(令和４)年度　大阪高等学校

入 学 試 験 問 題

数 学

（40分）

受験にあたっての注意

1．監督者から試験開始の合図があるまで、問題冊子を開けないこと。
2．試験開始の合図があったら、問題冊子と解答用紙に受験番号と名前を忘れずに記入すること。
3．落丁、乱丁、印刷不鮮明の箇所があれば、すぐに監督者に申し出ること。
4．試験終了の合図があったら、問題冊子を閉じて、解答用紙を机の上に置いて、監督者の指示があるまで静かに待機すること。
5．問題冊子と解答用紙はすべて回収されます。
6．試験終了後は監督者の指示で退出すること。

受験番号		名 前	

1 次の問いに答えなさい。

(1) $21 \div 3 - 3 \times 2$ を計算しなさい。

(2) $-3^2 + 2^3 - (-3)^2$ を計算しなさい。

(3) $\dfrac{5x - y}{2} - \dfrac{5x + 4y}{3}$ を計算しなさい。

(4) $\dfrac{5}{8}xy \div \dfrac{5}{6}xy^2 \times \dfrac{2}{3}x^2y^2$ を計算しなさい。

(5) $\sqrt{48} - 5\sqrt{3} + \dfrac{6}{\sqrt{3}}$ を計算しなさい。

(6) $(2x - 3)(x + 1) - (x - 1)^2$ を計算しなさい。

(7) $x^2 - 4x + 4 + 3(x - 2)$ を因数分解しなさい。

(8) 2次方程式 $3x^2 - 5x + 1 = 0$ を解きなさい。

(9) $x = 2 + \sqrt{2}$，$y = 2 - \sqrt{2}$ のとき，$x^2 + y^2$ の値を求めなさい。

(10) 大小2個のサイコロをなげたとき，出た目の和が5となる確率を求めなさい。

(11) 生徒8人が10点満点の数学の小テストを受けた。8人の点数が以下の通りであったとき，8人のテストの点における中央値を求めなさい。

3，　6，　5，　7，　10，　8，　8，　4

(12) 下の図について，∠BODの大きさを求めなさい。ただし，線分ABと線分CDは平行とする。

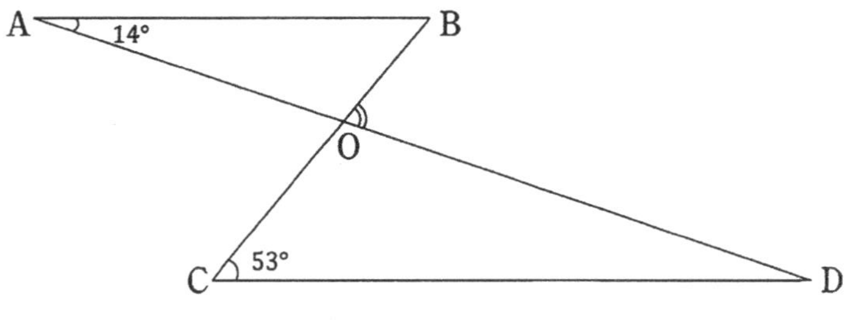

2 Aさんと Bさんの2人で，お寿司を食べに行った。食べたメニューと1皿あたりの価格（税込）は以下の通りである。このとき，次の問いに答えなさい。

＜価格表＞　　○まぐろ　・・・150円
　　　　　　　○サーモン・・・130円
　　　　　　　○いくら　・・・210円

(1) Aさんは，「まぐろ」を3皿と「サーモン」を何皿か食べたところ，合計金額が1100円であった。「サーモン」を何皿食べたか答えなさい。

(2) Bさんは，「まぐろ」「サーモン」「いくら」の3種類の寿司を，合計で12皿食べたところ，合計金額は1840円であった。「いくら」を食べた枚数が2皿であったとき，「まぐろ」をx皿，「サーモン」をy皿食べたとして，連立方程式をたてなさい。

(3) (2)のとき「まぐろ」と「サーモン」をそれぞれ何皿ずつ食べたか答えなさい。

3 図のように，放物線 $y = x^2$ と直線 $y = x + 2$ が2点 A，B で交わっている。点Aの x 座標は -1 であり，点Bの座標は（2，4）である。また，放物線上に点Cがあり，点Cの x 座標は -3 である。このとき，次の問いに答えなさい。

(1) 点Aの y 座標を求めなさい。

(2) △OAB の面積を求めなさい。

(3) 2点 B，C を通る直線の式を求めなさい。

(4) △ABC の面積を求めなさい。

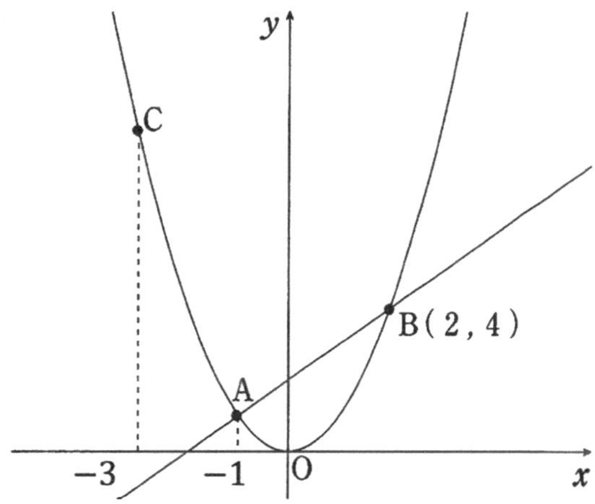

4　次の問いに答えなさい。

(1)　直方体の展開図として正しくないものをア～エから１つ選び，記号で答えなさい。

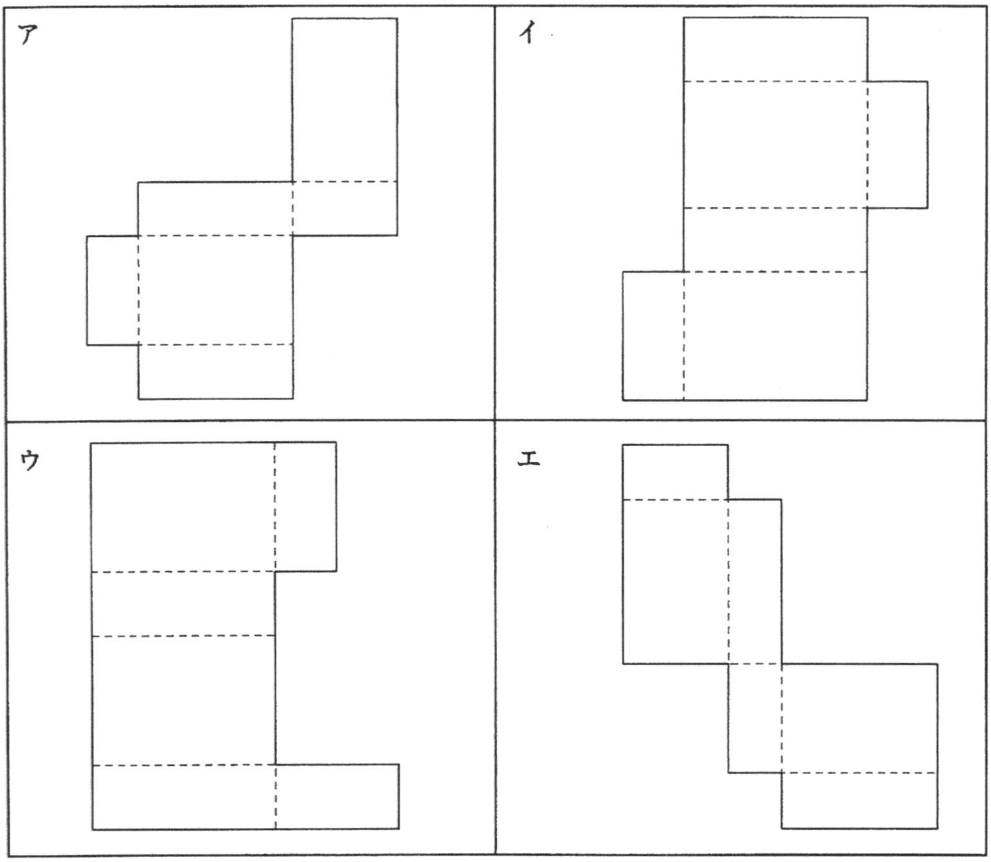

(2)　下の図のような直方体について，辺 AD 上に点 P をとる。BP + PH の長さが最小となるように点 P をとるとき，次の問いに答えなさい。
ただし，AB＝2 cm，AD＝6 cm，AE＝4 cmとする。

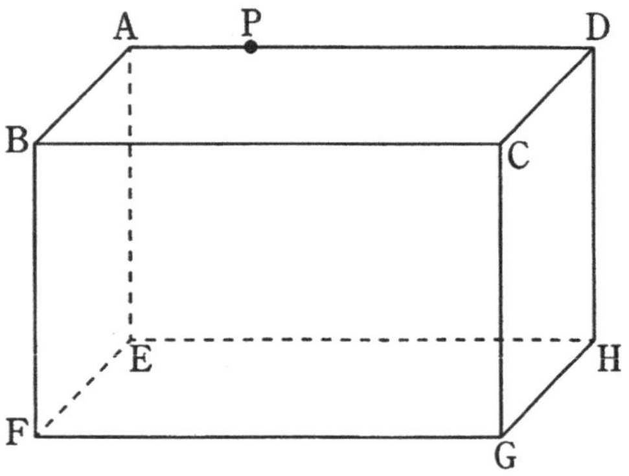

①　BP + PH の長さを求めなさい。

②　BP：PH を最も簡単な整数の比で求めなさい。

③　△ABP の面積を求めなさい。

2022（令和４）年度　大阪高等学校

入学試験問題

英　語

（40分）

受験にあたっての注意

1．監督者から試験開始の合図があるまで、問題冊子を開けないこと。
2．試験開始の合図があったら、問題冊子と解答用紙に受験番号と名前を忘れずに記入すること。
3．落丁、乱丁、印刷不鮮明の箇所があれば、すぐに監督者に申し出ること。
4．試験終了の合図があったら、問題冊子を閉じて、解答用紙を机の上に置いて、監督者の指示があるまで静かに待機すること。
5．問題冊子と解答用紙はすべて回収されます。
6．試験終了後は監督者の指示で退出すること。

受験番号		名　前	

1 (　　)に入る最も適切な語句をア～エの中から１つ選び、記号で答えなさい。

(1) I have two brothers. They (　　　) students.
ア is　　イ am　　ウ are　　エ was

(2) It (　　　) one hour from my house to the station.
ア takes　　イ tells　　ウ throws　　エ speaks

(3) A : Where is Kumi?
B : She (　　　) the TV in her room.
ア watch　　イ watching　　ウ are watching　　エ is watching

(4) Ken (　　　) to the birthday party. He has an important meeting.
ア coming　　イ won't come　　ウ come　　エ don't come

(5) A : Can I go out with my friends?
B : No. You (　　　) . You have a fever.
ア can　　イ will　　ウ must not　　エ don't have to

(6) He is not good (　　　) making friends.
ア on　　イ in　　ウ of　　エ at

(7) She looks very (　　　) .
ア happy　　イ happily　　ウ happiness　　エ happiest

(8) My parents went to see a movie yesterday. They enjoyed (　　　) very much.
ア him　　イ it　　ウ me　　エ them

(9) We can see some (　　　) on the tree.
ア leaf　　イ leafs　　ウ leaves　　エ leafes

(10) Practice hard, (　　　) you won't win the next game.
ア but　　イ and　　ウ or　　エ so

(11) Let's play outside (　　　) it is fine tomorrow.
ア after　　イ if　　ウ but　　エ so

(12) I am glad (　　　) you.
ア see　　イ to seeing　　ウ to see　　エ seen

(13) A : (　　　) textbook is this?
B : That's mine.
ア Whose　　イ Who　　ウ Which　　エ What

(14) My sister can play the piano (　　　) than me.
ア good　　イ well　　ウ better　　エ best

2 対話を読み、(　　)に入る最も適切なものをア～エの中から1つ選び、記号で答えなさい。

(1) A : I'm excited for the field trip! Will it be sunny tomorrow?

B : (　　) Why don't you check the forecast on TV?

A : I will. I hope it'll be a clear day and we can climb the mountain.

ア　It was windy.　　イ　That's OK.

ウ　No idea.　　エ　No, thank you.

(2) A : It smells good. What are you making?

B : Chocolate cake.

A : Sounds good! Can I have a bite?

B : Sure. (　　)

ア　Sounds like fun.　　イ　I'll see you soon.

ウ　They are not yours.　　エ　Please help yourself.

(3) A : Have you read this comic book yet?

B : Yes, I read it last Sunday. I was free all day.

A : (　　)

B : It was really funny. I'll probably read it again.

ア　What were you doing?　　イ　When did you see it?

ウ　How was it?　　エ　Where did you do?

(4) A : Hi, how can I help you?

B : I'm looking for a scarf. It's getting cold these days.

A : How about this red one?

B : (　　) I already have red one.

ア　I really love it.　　イ　Do you have this in blue?

ウ　You helped me.　　エ　Not at all.

(5) A : Hi, what club do you want to join?

B : I'm thinking about joining the Volunteer Club. My sister belongs to that club and she said it was fun.

A : Do they have any special events?

B : Yes, they're getting ready for the Halloween party now.

A : (　　　) I'd love to join it, too.

ア You look elegant.　　イ That sounds interesting.

ウ I hate it.　　エ I'm sorry about that.

(6) A : Do you have our movie tickets?

B : Yes, I have already gotten them online.

A : Thank you. Then I'll buy something to drink. (　　　)

B : It starts in thirty minutes.

ア When does the movie start?　　イ Where will you go?

ウ What would you like to drink?　　エ How can I get there?

3 テキストメッセージを読み、質問に対する答えをア～エの中から一つ選び記号で答えなさい。

Mike, 9/7(Tue) 7:30 AM

Hello, I have a bit bad news. I had a scooter accident last night. I have been to the hospital, so hopefully it won't be too bad. But I will not come to work this week. Sorry.

Hiro, 9/7(Tue) 9:11 AM

Are you OK? I am worried about you. You should take care of yourself now. But you need to attend the meeting on Friday and have a presentation for the project. Do you have any idea?

Mike, 9/7(Tue) 10:25 AM

I will be able to attend the meeting online from my house. I have given an online presentation before. And my father can help me. He is good at computers. Would you check my presentation before the meeting?

Hiro, 9/7(Tue) 11:15 AM

OK. Then, we are going to talk about the presentation tomorrow at 4 PM online. See you then. Take care.

Mike, 9/7(Tue) 11:21 AM

OK, I got it. Thanks always.

Hiro, 9/8(Wed) 10:17 AM

Hi, Mike. Are you OK? Fortunately, the meeting was put off, and the boss said we are going to have the meeting next Tuesday. So, you can get ready for the meeting. Do we still have the 4 PM online meeting today?

Mike, 9/8(Wed) 1:02 PM

Good afternoon. Thank you for letting me know. If so, shall we have the pre-meeting next Monday?

Hiro, 9/8(Wed) 1:13 PM

No problem. See you next Monday.

(1) Why can't Mike come to work this week?

ア He has a fever.

イ He needs to help his father.

ウ He had a traffic accident.

エ He takes a long vacation.

(2) How will Mike attend the meeting?

ア By using a computer from his house.

イ By using a computer from the hospital.

ウ In person.

エ He cannot attend the meeting.

(3) When will Mike give the presentation to the boss?

ア September 8th Wednesday.

イ September 10th Friday.

ウ September 13th Monday.

エ September 14th Tuesday.

4　ポスターを見て、以下の問題に答えなさい。

DOG RESCUE

We are looking for homes for rescued dogs.

Why don't you become a new parent for one of these dogs?

Boy, 4 years old
Black, 2kg
Andy

He is very friendly.
He loves to be with people.
He likes to run and catch balls.

Boy, 3 years old
Light Brown, 30kg
John

He is calm and smart.
You can keep him with other dogs.

Girl, 1 year old
Light Brown, 2kg
Lily

She is quiet.
She may take time to make friends with new people and other pets.

Boy, 2 years old
Light Brown, 6kg
Bred

He is very energetic.
He can become a guard dog and a hunting dog.

●What kind of dog do you want to have?

(1) Life partner　(2) Guard dog　(3) Hunting dog　(4) Human-friendly dog
(5) Playful dog　(6) Calm dog　(7) Others (　　　　　)

■Check List■　If you want to have a dog, you need to answer these questions.

□ You have no plan of moving soon. (You will take the dog with you when moving.)
□ You have no family member living with you who are allergic to animals.
□ You have enough time to take care of the dog every day.
□ You can walk the dog at least in the morning AND evening.

※ For more information, check this site: http://www.dogrescue_osakashs.com
※ If you become a parent, you will not pay for the pet itself, but you will need to pay about 30,000 to 60,000 yen for transportation and medical care.

(1) このポスターは何のために作られたものか、最も適切なものをア〜エ中から１つ選び、記号で答えなさい。

ア ペットショップの販売犬の紹介　　　　イ 迷子の犬の捜索

ウ 保護犬譲渡の紹介　　　　エ 犬のコンテスト

(2) 下の記述の中で正しいものを３つ選び、記号で答えなさい。(順不同)

ア　If you have already had a dog as a pet, you should have Lily.

イ　If you want a dog to guard your house, you should have Bred.

ウ　You have to walk your dog once a day.

エ　You should not have a dog if it makes your family sick.

オ　You don't have to pay any money to get a dog.

カ　If you want to have a dog, you will access to DOG RESCUE's site.

5　次のイラストを説明する英文を３文作りなさい。ただし1文につき６語以上使用すること。

6 次の英文を読み、以下の問題に答えなさい。

Yiech Pur Biel is [A]. He ran in the Olympic Games. He is also a ①*refugee from South Sudan, a country in Africa. Refugees are people who leave their home country. They leave to run away from war and other dangers. Many move to refugee camps and live there. They stay there until they can find a safe place to live. There are about 65 million refugees in the world today.

Many refugees do not feel good about themselves, says Mr. Biel. They lost their homes. They worry about their future. But refugees can do great things, Mr. Biel also says. He is an ②example of this. Mr. Biel *survived a war in South Sudan. His home was burned in the war. He was just 10 years old when he started to live without his mother. He was alone and ate fruit and leaves to survive. [B], he got to a refugee camp in Kenya in Africa. Mr. Biel started running there. The children did not have shoes to run in. But that did not stop Biel. It was hard, but he kept training.

In 2016, Mr. Biel did something big: he ran in the Olympics in Rio de Janeiro in Brazil. Mr. Biel was a member of ③the refugee team. It was the first Olympic team of refugees. All of the *athletes on his team survived from war. They lived far from their families. They grew up in difficult situations and they all got over great difficulties. They kept practicing their sport and wanted to keep trying. When Mr. Biel knew that he could run at the Olympics, he cried.

Now, Mr. Biel is helping other refugees. He became a leader in *the Olympic Refugee Foundation. This group builds places such as gyms or gives sports *equipment to play sports in refugee camps. This is important [C] most camps do not have these things. Mr. Biel is working to make life better for refugee children. He is studying at a university, too. And that is not all. He is also training to run. Mr. Biel hopes to run in the next Summer Olympics. He wants to give other refugees hope. Mr. Biel says, "Education can change the world, and running can, too."

*refugee 難民　*survive 生き延びる　*athlete アスリート
*the Olympic Refugee Foundation オリンピック難民協会　*equipment 道具

(1) 空欄 A ～ C に入る最も適切なものを次のア～エの中から1つ選び、記号で答えなさい。

A	ア a soldier	イ a runner	ウ an American	エ a Japanese
B	ア At first	イ But	ウ Finally	エ Still
C	ア before	イ after	ウ so	エ because

(2) 下線部①について、本文には書かれていないものを次のア～エの中から1つ選び、記号で答えなさい。

ア 故郷を離れて暮らしている人々

イ 戦争や危険なことから逃げている人々

ウ 安心できる場所が見つかるまでは難民キャンプに住んでいる

エ 世界中に65万人いるといわれている

(3) 下線部②の内容を最も適切に表しているものを次のア～エの中から1つ選び、記号で答えなさい。

ア 自分たちの将来を楽しみにしていること

イ 戦争で家がなくなり、両親がいない中で育ったこと

ウ アフリカ大陸のケニアで育ったこと

エ すごいことを成し遂げられること

(4) 下線部③について、本文に書かれているものを次のア～エの中から1つ選び、記号で答えなさい。

ア リオデジャネイロオリンピックで優勝した

イ 難民以外の選手も交じっている

ウ すべての選手が戦争を経験したことがある

エ 何人かの選手は家族と住んでいた

(5) 本文には書かれていないものを、次のア～エの中から1つ選び、記号で答えなさい。

ア Mr. Bielは今、オリンピック難民協会のリーダーを務めている。

イ オリンピック難民協会は、難民キャンプにジムやスポーツ用品を提供している。

ウ Mr. Bielは大学で教員をしている。

エ Mr. Bielは次のオリンピックで選ばれるために走り続けている。

(6) 本文のタイトルに最もふさわしいものを次のア～ウの中から1つ選び、記号で答えなさい。

ア Sports equipment is important for refugee camps

イ The Olympics can make refugee camps peace

ウ Sports can help children in refugee camps

2022(令和４)年度　大阪高等学校

入学試験問題

理　科

(40分)

受験にあたっての注意

1．監督者から試験開始の合図があるまで、問題冊子を開けないこと。
2．試験開始の合図があったら、問題冊子と解答用紙に受験番号と名前を忘れずに記入すること。
3．落丁、乱丁、印刷不鮮明の箇所があれば、すぐに監督者に申し出ること。
4．試験終了の合図があったら、問題冊子を閉じて、解答用紙を机の上に置いて、監督者の指示があるまで静かに待機すること。
5．問題冊子と解答用紙はすべて回収されます。
6．試験終了後は監督者の指示で退出すること。

受験番号		名 前	

2022(R4) 大阪高
K 教英出版

1 近年、「線状降水帯」という言葉をニュースでよく耳にするようになりました。線状降水帯は次々と発達した雨雲が列をなし、組織化した積乱雲は数時間にわたって、ほぼ同じ場所で停滞し、線状に伸びた強い降水帯を作り出します。線状降水帯の発生メカニズムは詳細に解明されていませんが、主に以下のように発生することが知られています。

ⅰ）暖かく湿った空気が地表近くに継続して流れ込む。
ⅱ）前線①などの影響で上昇気流が発生し、次々と積乱雲が発生する。
ⅲ）風により一方向に流され、雨が降っている地域に新たな雲が次々に発生②する。

問1. 下の天気図のうち、日本付近で線状降水帯が発生していると思われるものはどれですか。次のア～エから1つ選び、記号で答えなさい。

ア

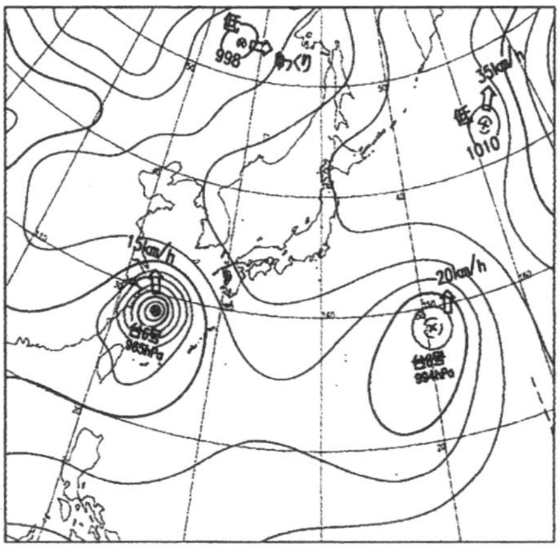

イ

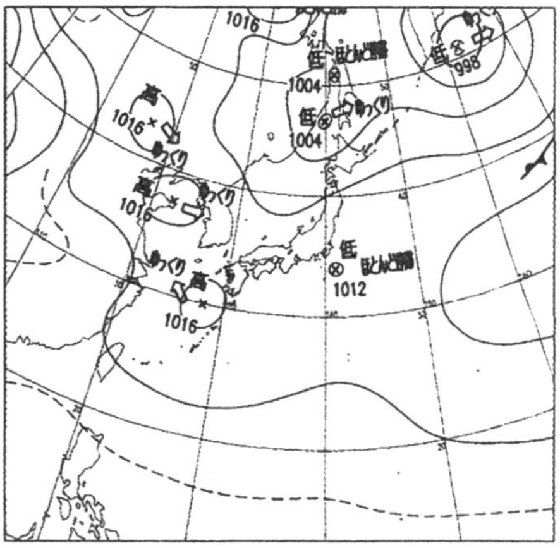

ウ

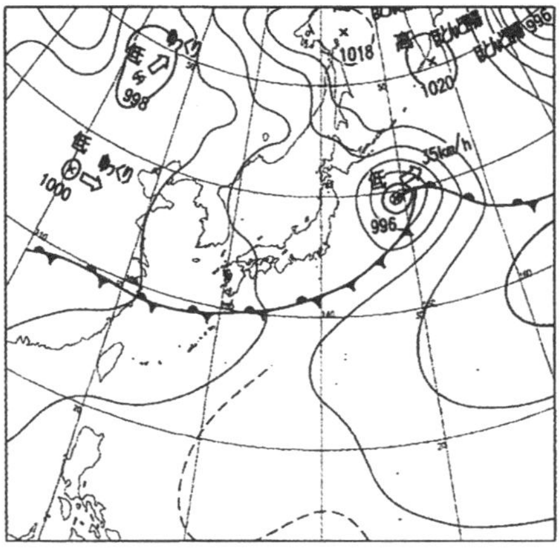

エ

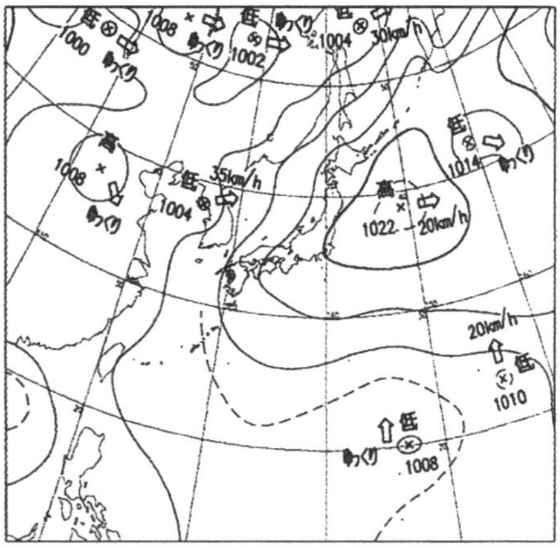

（気象庁 HP より）

問２．下線部①について、次の各問いに答えなさい。

（１）性質の異なる気団は、すぐには混じり合わず、境界の面を作ります。この面を何といいますか。名称を漢字で答えなさい。

（２）線状降水帯の発生メカニズムの ⅱ）では、前線の影響で積乱雲が発生しています。このときの気団の動きを説明している以下の文章の（ア）、（イ）に、“暖気”もしくは“寒気”の正しい方を入れなさい。また、（ウ）には正しい前線の名称を漢字で答えなさい。

（　ア　）が存在しているところに（　イ　）が流れ込み、その境界では積乱雲が発生する。この境界を（　ウ　）という。

問３．下線部②の雲の発生について、次のような実験を行いました。

右の図のような実験器具を用意し、ピストンを勢いよく引き温度計を読み取ります。

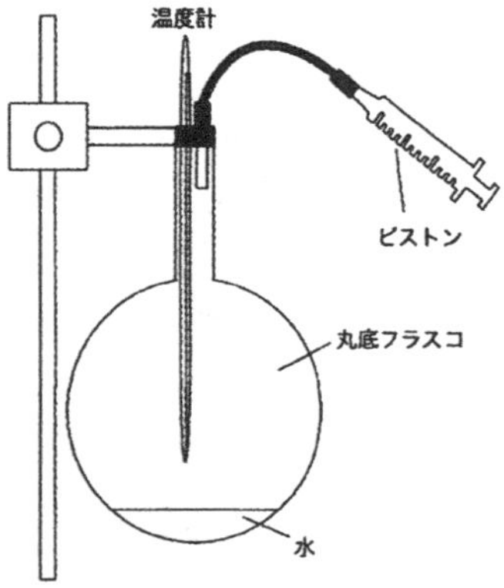

（１）ピストンを引いたとき、温度計の温度は【上がる・下がる】のどちらですか。答えなさい。

次に、フラスコ内に線香の煙を入れ、同じ作業を行なったところ、フラスコ内が白く曇りました。

（２）フラスコ内に水を入れる理由を10文字程度で答えなさい。

（３）線香の煙を入れることにより、水蒸気が集まり水滴となったため、フラスコ内が白く曇りました。水蒸気が集まり水滴となることを何といいますか。漢字で答えなさい。

問４．線状降水帯は海洋上では起こりにくく、日本列島に沿うように発生する場合がほとんどです。その理由を考察した文章のうち、明らかに間違いであるものを次のア～エから１つ選び、記号で答えなさい。

ア．オホーツク海気団と小笠原気団の境界線であるため。

イ．日本列島には山脈などの気流を乱す地形があるため。

ウ．夏場は海水面温度が上昇し、高気圧が発達する。オホーツク海気団は低気圧なので、南高北低の気圧配置となった結果、風向がほぼ一定となるため。

エ．日本列島の森林から常に雨雲へと水蒸気が供給されるため。

2 ある授業で、以下の実験を行いました。実験内容を読み、次の各問いに答えなさい。

実験題目

見た目がどれも無色透明で同じように見え、見た目で判断することができない液体の正体を見極めながら、性質や特徴を調べてみましょう。

目　　的

５つの液体Ａ～Ｅの性質や特徴を発見することを目的とします。

実験準備

５つビーカーを用意します。各ビーカーにはＡ～Ｅのラベルが付いています。

蒸留水、食塩水[a]、塩酸[b]、水酸化ナトリウム水溶液[c]、石灰水を用意します。各ビーカーに各液体が１種類ずつ入っています。

a) 濃度 25 ％にしたもの

b) 濃度 36 ％の塩酸を５倍にうすめたもの

c) 水酸化ナトリウム 1.0 g を水 40 g で溶かしたもの

実験結果

1．各液体の臭いを確認すると、ビーカーＡの液体は、鼻を刺すような、特徴的な臭いがした。

2．各液体にストローを用いて息を吹き込むと、ビーカーＢの液体は、白く濁った。

3．各液体に赤色のリトマス試験紙をつけると、ビーカーＢとビーカーＤの液体は、青色に変化した。

4．各液体にマグネシウムリボンを入れると、ビーカーＡの液体は、マグネシウムリボンが泡を出して溶けた。この際、発生した気体を集めて火をつけると、ポンと音をたてて気体が燃えた。

5．ビーカーＣの液体を蒸発させると、固形物が残った。

問１．ビーカーＡ～Ｅの液体のうち、中性の液体はどのビーカーですか。Ａ～Ｅから２つ選び、記号で答えなさい。

問２．ビーカーＡ～Ｅの液体うち、BTB溶液を加えると黄色に変化するのはどのビーカーですか。Ａ～Ｅから１つ選び、記号で答えなさい。

問3．ビーカーA～Eの液体のうち、フェノールフタレイン溶液を加えると色が変化するのはどのビーカーですか。A～Eから2つ選び、記号で答えなさい。

問4．問3のとき、何色に変化しますか。次のア～エから1つ選び、記号で答えなさい。

ア．青色　　イ．黄色　　ウ．緑色　　エ．赤色

問5．実験結果2で、液体が白く濁った原因は、息の中に含まれる何という気体に反応したからですか。この気体を化学式で答えなさい。

問6．実験結果4で、発生した気体は何ですか。化学式で答えなさい。

考察（まとめ）

ビーカーAの液体を1.0 mLとビーカーDの液体を3.2 mL混合します。混合液をスライドガラスに数滴落とし、蒸発させたものを顕微鏡で観察しました。このとき、ビーカーCの液体を蒸発させた場合と同じ固形物が観察できました。

固形物ができた理由は、以下の化学反応が起きたからです。

ビーカーAの液体 + ビーカーDの液体 → ［ I ］+［ II ］

問7．IとIIに該当する物質を化学式で答えなさい。ただし、Iは塩と呼ばれる物質とします。

問8．問7のように、水素イオンと水酸化物イオンが結びついて水をつくり、たがいの性質を打ち消しあうことを何といいますか。漢字で答えなさい。

3 次のⅠ～Ⅲは、ヒトのからだの刺激に対する反応の例です。これらをもとに、次の各問いに答えなさい。

Ⅰ. 暗い場所から明るい場所へ出たとき、目のひとみの大きさが変化した。
Ⅱ. 熱いものに手の先がふれたとき、思わず手を引っこめた。
Ⅲ. 手の先に虫がとまったと感じたので、追いはらおうと思って、手を動かした。

問1. Ⅰの目やⅡ、Ⅲの手の皮ふのように、外界からの刺激を受けとる部分を何といいますか。答えなさい。

問2. 図1は、暗い場所での目のようすを示したものです。それに対して、明るい場所での目のようすとして最も適切なものを、次のア～エから1つ選び、記号で答えなさい。

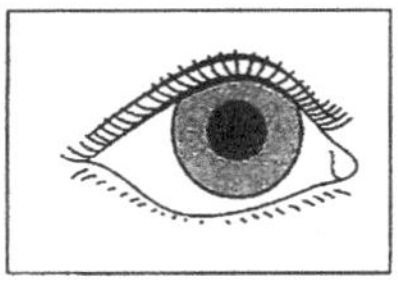
図1

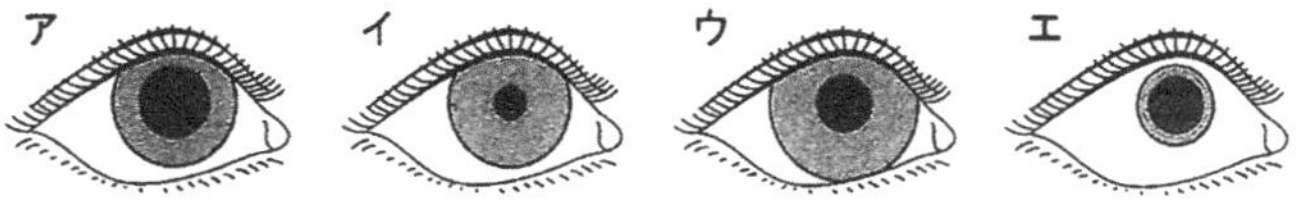

問3. ⅠやⅡのような刺激に対する反応を反射といいます。反射について、次の①～③に答えなさい。

① 刺激を受けてから反応が起こるまでの時間を比べると、ⅡはⅢより短い。Ⅱ、Ⅲにおいて、刺激を受けてから反応が起こるまでの道すじとして、最も適切なものを、次のア～オからそれぞれ1つずつ選び、記号で答えなさい。

ア. 皮ふ → 脳 → 筋肉
イ. 皮ふ → せきずい → 筋肉
ウ. 皮ふ → 脳 → せきずい → 筋肉
エ. 皮ふ → せきずい → 脳 → 筋肉
オ. 皮ふ → せきずい → 脳 → せきずい → 筋肉

② 図2のX、Yで示した部分は神経を表しています。それぞれの名称を漢字で答えなさい。

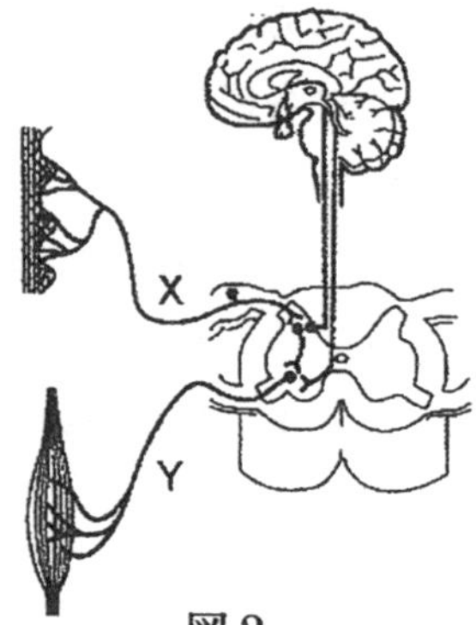

図2

③ 次の反応のうち、反射といえるものがあればすべて選び、記号で答えなさい。

ア．コショウを鼻からすい込み、くしゃみが出た。

イ．映画に感動して、涙があふれた。

ウ．「危ない」と声がしたので、とっさにしゃがんだ。

エ．空腹になったので、胃のあたりがグウッと鳴った。

問4．図3は、ヒトの目の断面を示したものです。光の刺激を受けとる細胞（感覚細胞）はどの部分にありますか。最も適当なものを図中のA～Dから1つ選び、記号で答えなさい。また、その部分の名称を答えなさい。

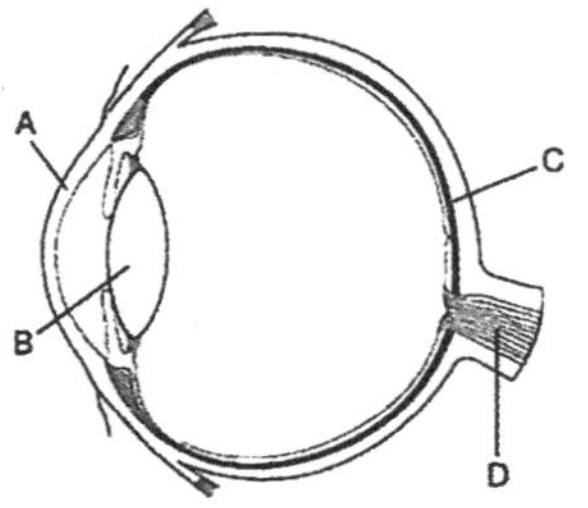

図3

問5．図4は、ライオンとシマウマの目の位置を表しています。

① ライオンとシマウマの目の位置の違いから、ライオンにとってどのような点で都合がいいですか。次のア～エから適当なものを選び、記号で答えなさい。

ア．シマウマよりも立体的に見える範囲がせまく、広範囲に見渡すことができるので敵から逃げるのに都合がよい。

イ．シマウマよりも立体的に見える範囲が広く、獲物を捕らえるのに都合がよい。

ウ．シマウマよりも立体的に見える範囲がせまく、獲物を捕らえるのに都合がよい。

エ．シマウマよりも立体的に見える範囲が広く、広範囲に見渡すことができるので敵から逃げるのに都合がよい。

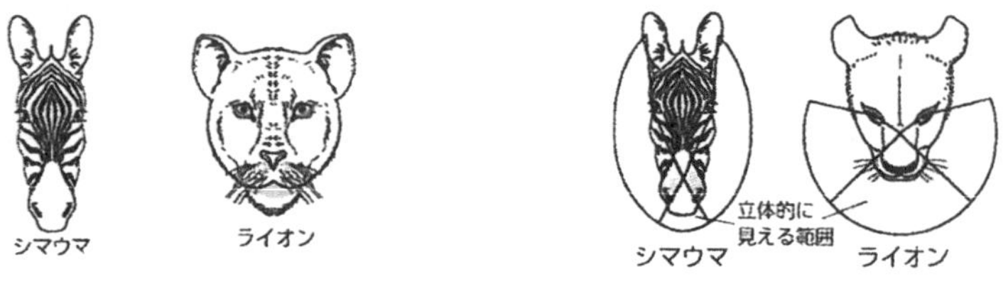

図4

② 図5は、ライオンとシマウマの歯の様子の違いを表しています。間違っているものを次のア～エから選び、記号で答えなさい。

ア．シマウマは、臼歯が発達していて、草をすりつぶすのに都合がよい。

イ．シマウマは、門歯が発達していて、草をかみ切るのに都合がよい。

ウ．ライオンは、犬歯が発達していて、獲物をしとめるのに都合がよい。

エ．ライオンは、臼歯が発達していて、草をすりつぶすのに都合がよい。

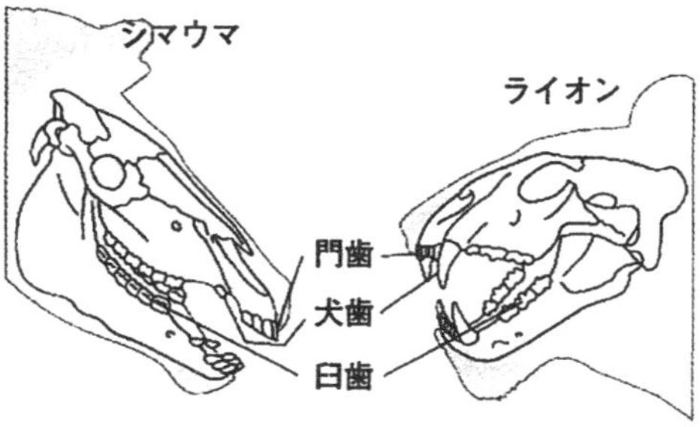

図5

4 水圧についての下の文章を読み、次の各問いに答えなさい。

【A】 水圧とは、水の重さによって生じる圧力です。水圧の大きさは深さに比例し、1m深くなるにつれて 10000 Pa（= 100 hPa）ずつ大きくなることが知られています。

問1．人が乗れる潜水調査船「しんかい 6500」が潜れる最深 6500 m では、水圧の大きさは何 hPa ですか。答えなさい。

問2．次の文中の①～④に当てはまる適切な語句はどれですか。アまたはイのどちらかを選び、それぞれ記号で答えなさい。

底びき網漁などで捕れた深海魚は目が盛り上がっていたり、口から内臓が出ていることがあります。しかし、深海中でもこのような状態で生活しているわけではありません。浅瀬に住んでいる海水魚のうきぶくろと比較すると、深海魚のうきぶくろは外圧に耐えられるように（①ア．薄く　イ．厚く）なっています。水中に溶けている（②ア．酸素　イ．二酸化炭素）を取り込み、うきぶくろ内は（③ア．高圧　イ．低圧）状態になっています。急に海面に引き上げられると、水圧の変化によりうきぶくろが（④ア．ちぢみ　イ．膨《ふく》らみ）すぎて内臓を押し出す形になってしまったからです。

問３．水圧はあらゆる向きに働きます。物体を水中に完全に沈めたとき、物体にはたらく圧力を矢印で正しく表しているものはどれですか。次のア～ウから選び、記号で答えなさい。

ア

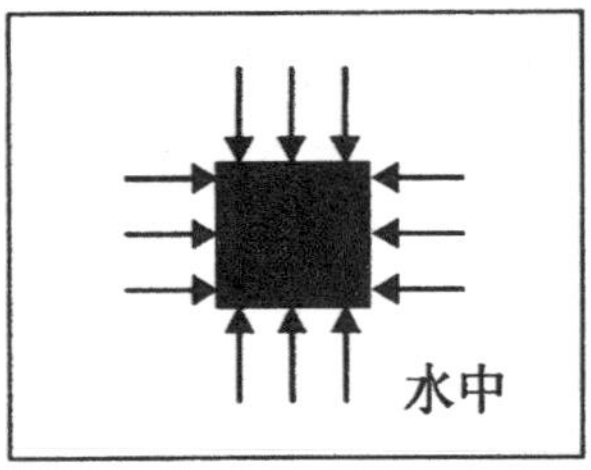

イ

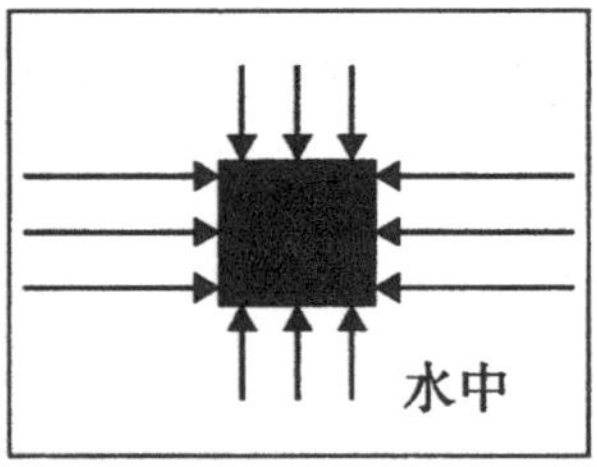

ウ

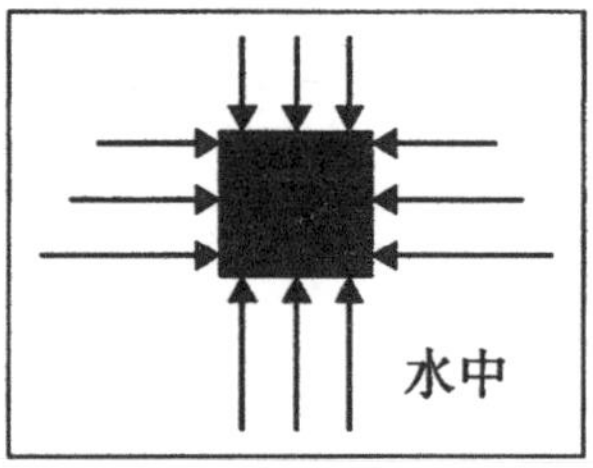

【B】 図のように、物体Aをばねばかりにつるし、物体Aを水面から水の中にゆっくり沈める実験をしました。水面を０としたときの物体Aの底面の位置 a［cm］と、ばねばかりの値［N］の関係を表にしました。

位置 a［cm］	0	1	2	3	4	5	6	7	8
ばねばかりの値［N］	8	7	6	5	4	3	2	2	2

問４．aの値が －２であるとき、物体Ａはどこにありますか。例にならって解答欄に書きなさい。ただし「物体 A」と「－２」という表記を必ず入れること。

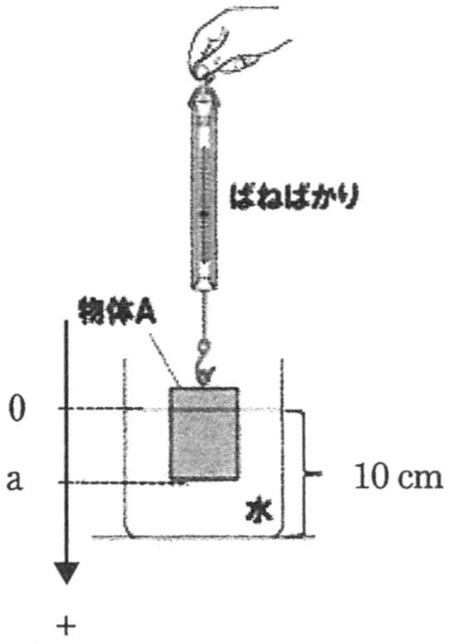

問５．物体Aの高さは何 cm ですか。答えなさい。

問６．物体Aを完全に水中に沈めたとき、物体Aにはたらく浮力の大きさは何Nですか。答えなさい。

5 氷山についての下の文章を読み、(ア)～(カ)に数値または文字式を入れなさい。ただし、(ウ)、(エ)には x を使うこと。また、(オ)は小数第二位を四捨五入して小数第一位まで答えなさい。

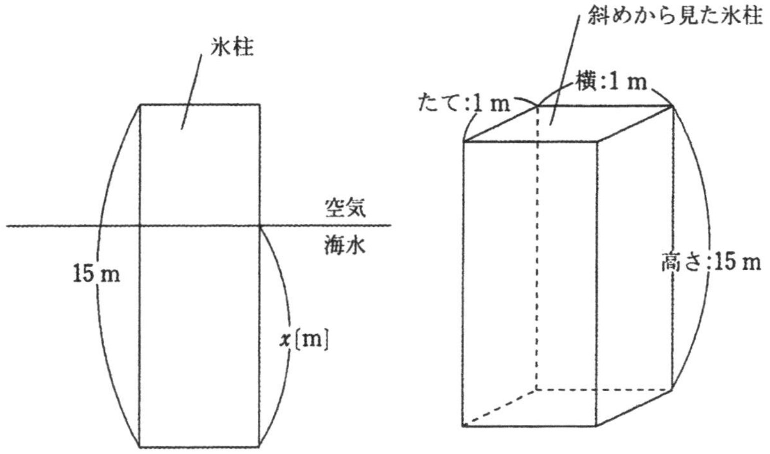

「氷山の一角」という言葉があります。氷山の一角とは何％なのか考えてみましょう。今、底面積が 1 m^{2}で高さが 15 m の氷柱を考えましょう。氷柱は、1 m^{3}当たり 920 kg とすると、この氷柱の質量は（　ア　）kg となります。100 g 当たりにはたらく重力を 1 N とすると、この氷柱にはたらく重力は（　イ　）N です。

次に、氷柱にはたらく浮力を考えましょう。浮力は、物体が押しのけた液体にはたらく重力の分だけ上向きにはたらきます。今、氷柱が沈んでいる高さを x [m] とすると、氷柱が押しのけた海水の体積は x [m^3] です。つまり、海水を 1 m^{3}当たり 1020 kg とすると、押しのけられた海水の質量は（　ウ　）[kg] となり、これを力 [N] に直すと浮力は（　エ　）[N] となります。

氷柱が沈んでいる x は、（イ）と（エ）が等しくなる所なので、これを求めると x =（　オ　）となります。

海面から出ている部分の割合は、下の式を使って求めると（　カ　）%になります。

$$\frac{\text{海面から出ている部分の高さ}}{\text{全体の高さ}}\times 100 = \frac{15-(\ \text{オ}\ )}{15}\times 100 = (\ \text{カ}\ )\%$$

2022(令和４)年度　大阪高等学校

社　会

(40分)

受験にあたっての注意

1．監督者から試験開始の合図があるまで，問題冊子を開けないこと。

2．試験開始の合図があったら，問題冊子と解答用紙に受験番号と名前を忘れずに記入すること。

3．落丁，乱丁，印刷不鮮明の箇所があれば，すぐに監督者に申し出ること。

4．試験終了の合図があったら，問題冊子を閉じて，解答用紙を机の上に置いて，監督者の指示があるまで静かに待機すること。

5．問題冊子と解答用紙はすべて回収されます。

6．試験終了後は監督者の指示で退出すること。

受験番号		名　前	

I 次の各問いに答えなさい。

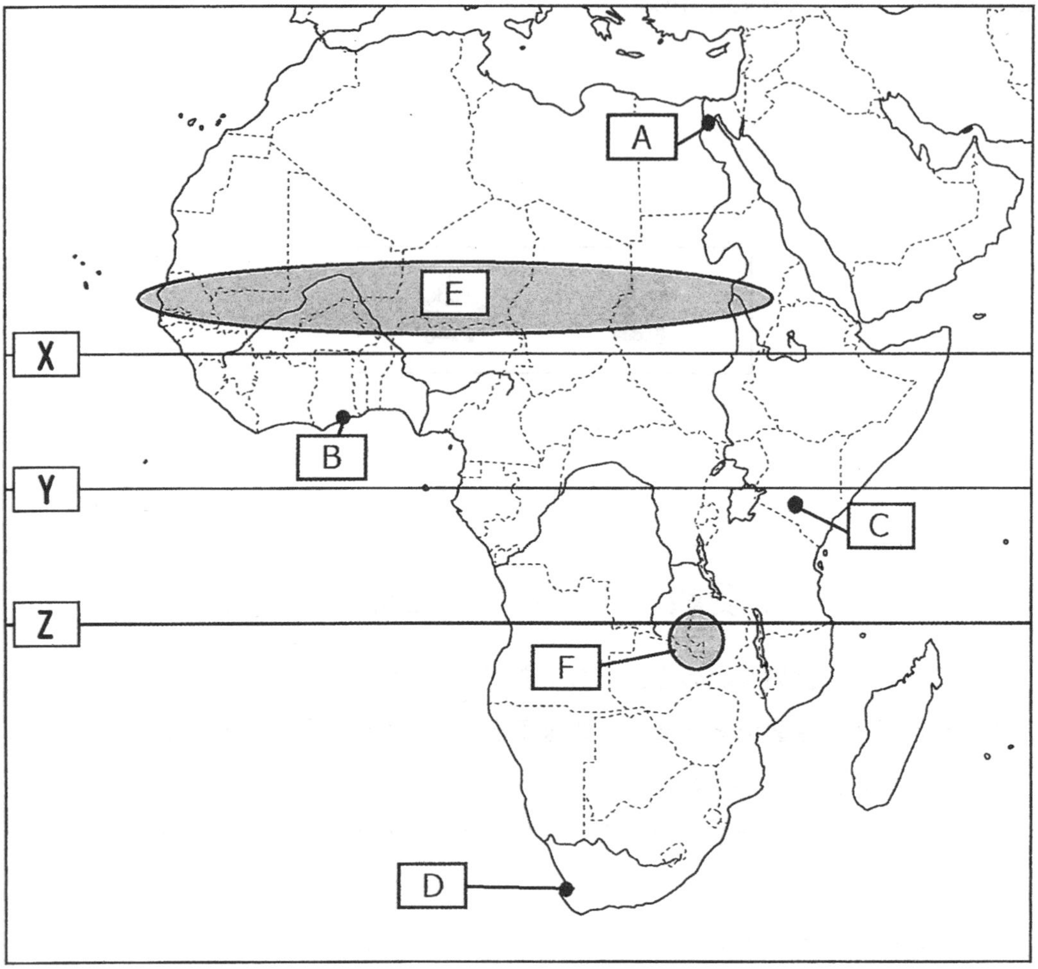

〔設問１〕赤道の位置として適当なものを地図中のＸ・Ｙ・Ｚから１つ選び，記号で答えなさい。

〔設問２〕雨温図１～４と地図中Ａ～Ｄの都市との組み合わせとして正しいものを次のア～エから１つ選び，記号で答えなさい。

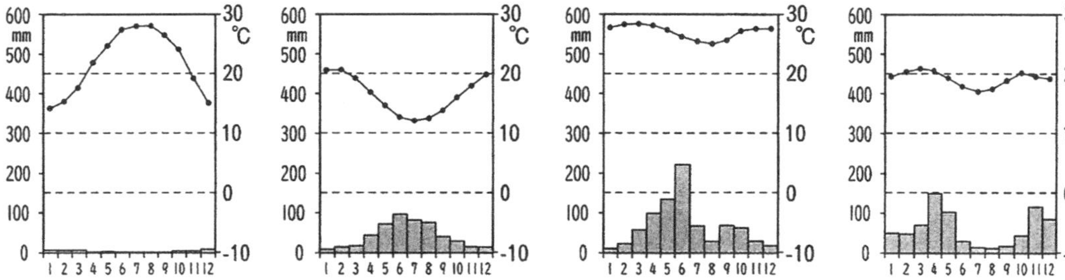

１　　２　　３　　４

	1	2	3	4
(ア)	B	A	C	D
(イ)	A	B	D	C
(ウ)	A	D	B	C
(エ)	D	A	C	B

〔設問３〕地図中のＡの都市がある国について，

①この国にあるアスワンハイダムは，ある河川のはん濫《らん》防止と農業用水確保を目的として建設された。その河川の名称として正しいものをア～エから１つ選び，記号で答えなさい。

（ア）インダス川　（イ）ガンジス川　（ウ）アマゾン川　（エ）ナイル川

②この国は１９２９年に植民地からの独立を果たした。この国を植民地にしていた国の首都として正しいものを次のア～エから１つ選び，記号で答えなさい。

（ア）ロンドン　（イ）ローマ　（ウ）パリ　（エ）ベルリン

〔設問４〕地図中のＢの都市がある国は，ある農産物の世界的生産地である。次のグラフとイラストを参考にその農産物として正しいものを次のア～エから１つ選び，記号で答えなさい。

（ア）コーヒー豆　（イ）カカオ豆　（ウ）綿花　（エ）チョコレート

順位	国名	生産量(1,000トン)
1	コートジボワール	1,964
2	ガーナ	948
3	インドネシア	594
4	ナイジェリア	333
5	カメルーン	308

資料：FAOSTAT2018年

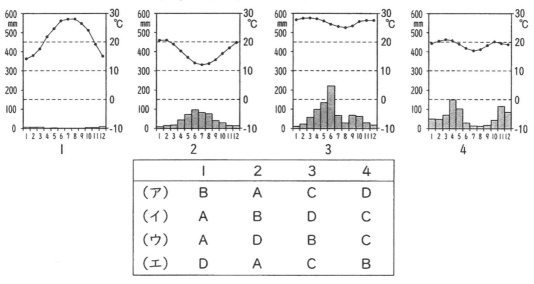

〔設問５〕地図中のＣの都市がある国では近年，写真のような地域でのサファリツアーが観光資源として人気がある。このように熱帯地域の南北にある樹木がまばらな草原地帯のことを何というか。次のア～エから１つ選び，記号で答えなさい。

（ア）サバナ　（イ）サハラ　（ウ）サヘル　（エ）ステップ

〔設問６〕地図中のＤの都市がある国は近年，経済が目覚ましく発展している。写真の喜望峰は，大航海時代にある人物が開拓したインド航路上にあることでも知られている。この人物は誰か。次のア～エから１つ選び，記号で答えなさい。

（ア）コロンブス　（イ）マゼラン　（ウ）バスコ＝ダ＝ガマ　（エ）ナポレオン

〔設問７〕地図中のＥの地域で現在進行している現象は何か。次のア～エから１つ選び，記号で答えなさい。

（ア）工業化　（イ）砂漠化　（ウ）地盤沈下　（エ）少子高齢化

〔設問８〕地図中のＦの地域はカッパーベルトと呼ばれているある鉱山資源の産地である。下のグラフを参考にして，そこで産出される鉱産資源として正しいものを次のア～エから１つ選び，記号で答えなさい。

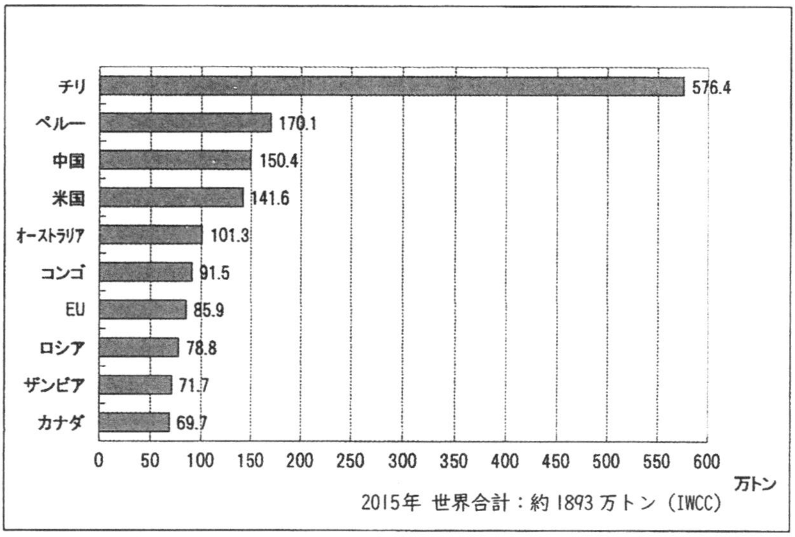

（ア）金　　（イ）銀　　（ウ）銅　　（エ）プラチナ

〔設問９〕フェアトレードは，貿易のしくみをより公平・公正にすることにより，特に開発途上国の小規模生産者や労働者が，自らの力で貧困から脱却し，地域社会や環境を守りながら，サステナブルな世界の実現を目指す取組みである。この取り組みは，ＳＤＧｓに掲げられている目標１７項目のうち，いくつかの項目に相当するといわれているが，それはどれか。次のア～エから１つ選び，記号で答えなさい。

SUSTAINABLE DEVELOPMENT GOALS

※イラスト省略

SDGs１７の目標

SDGs(SustainableDevelopmentGoals：持続可能な開発目標）とは，２０１５年９月の国連サミットで加盟国の全会一致で採択された「２０３０年までに持続可能でよりよい世界を目指す国際目標」です。

【外務省ホームページより】

（ア）すべての人に健康と福祉を　（イ）エネルギーをみんなに そしてクリーンに

（ウ）つくる責任　つかう責任　（エ）住み続けられるまちづくりを

2 愛知県に関する次の各問いに答えなさい。

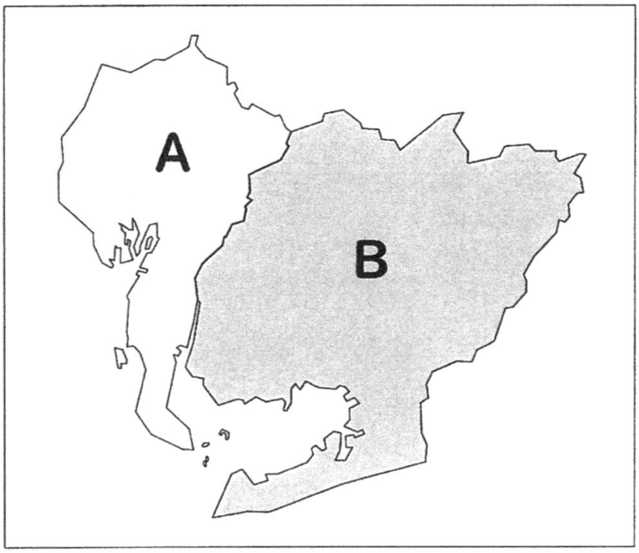

〔設問１〕２０２１年４月現在，都道府県別人口統計における愛知県の順位として，正しいものを次のア～エから１つ選び，記号で答えなさい。

（ア）３位　　（イ）４位　　（ウ）５位　　（エ）６位

〔設問２〕地図中Ａの地域の説明として誤っているものを次のア～エから１つ選び，記号で答えなさい。

（ア）濃尾平野はかつての尾張国と美濃国にまたがる地域にある平野である。

（イ）木曽三川と呼ばれる木曽川・長良川・揖斐川が流れている。

（ウ）名古屋港は日本有数の貿易港である。

（エ）浜松市ではピアノなどの楽器の生産が盛んである。

〔設問３〕下のグラフについて，

①日本の主な工業地域の工業製品出荷額内訳を示したものである。愛知県を含む中京工業地帯のグラフとして正しいものを次のア～エから１つ選び，記号で答えなさい。

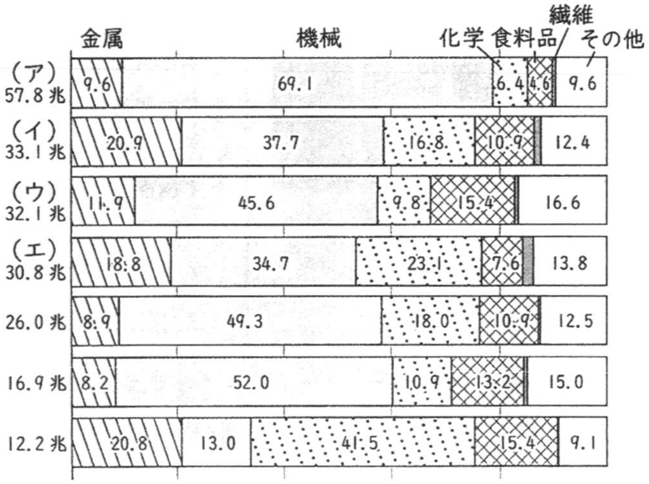

工業統計２０１８年

②中京工業地帯内の地域名と主要産業名の組み合わせとして誤っているものを次のア～エから１つ選び，記号で答えなさい。

（ア）地域名：瀬戸市　　産業名：陶磁器

（イ）地域名：豊田市　　産業名：輸送機械

（ウ）地域名：東海市　　産業名：鉄鋼

（エ）地域名：四日市市　産業名：製紙パルプ

〔設問４〕下の写真を参考に，地図中Ｂの地域で施設園芸農業が盛んな理由として誤っているものを次のア～エから１つ選び，記号で答えなさい。

（ア）豊川用水という大規模な用水路が整備されたため。

（イ）豊富な雪解け水を用いることができるため。

（ウ）冬でも温暖で温室の暖房コストを抑えることができるため。

（エ）東名高速道路などを用いた都市への輸送が容易であるため。

3　この１年間に選択授業「歴史探訪」で訪れたさまざまな場所のふりかえりとして，『歴史カルタ』を作ることにした。次の会話は，その話し合いの一場面である。会話文や写真・資料をもとに以下の問いに答えなさい。

秦さん　１学期には，和泉市の池上曽根《いけがみそね》遺跡にいったよね。確かA.弥生時代の集落の遺跡ね。

城さん　うん，B.大きな建物跡や田んぼのあとや土器も見つかっているよね。佐賀県の吉野ケ里《よしのがり》遺跡と同じタイプの集落だって，先生言っていたよね。

原さん　古墳の見学にも行ったよね。世界文化遺産にもなった堺市の大仙古墳は仁徳天皇の墓だと伝えられているけど，大きすぎて山にしか見えなかったよね。でも，隣の堺市博物館のＶＲツアーは，上空３００ｍからの景色を見ることができて，ちょっと感動しちゃった。

森さん　僕は，C.高槻市の今城塚《いましろづか》古墳の方が印象に残っているよ。古墳に整然と［　　］が並んでいてタイムスリップしたみたいだったから，印象に残ってるんだ。

城さん　私は奈良の法隆寺の整然と並んだお堂が印象に残っているかな。

林さん　D.聖徳太子(厩戸王《うまやどおう》)や蘇我氏が推古天皇を支えたころのお寺ですね。渡来人もたくさん来日し，遣隋使も派遣されて国際交流が盛んでした。ちなみに，大阪の四天王寺も聖徳太子が建てたお寺ですよ。

秦さん　林さんは，やっぱり詳しいなぁ。宇治市の平等院は，E.平安時代に栄華をほこった藤原氏によって築かれた建物だったよね。阿弥陀如来を信仰する教えが都の貴族だけではなく，地方の豪族にも広がっていったんだよね。そのあとF.武家政権でも，仏教が影響を与えましたね。

原さん　茨木市のキリシタン遺物博物館では，２０２０年に「G.フランシスコ・ザビエル像発見１００周年特別展」が行われていたね。

城さん　教科書でもよく見るザビエルの絵が身近で発見されたって知って，私，びっくりしたよ。

森さん　京都は歴史の町だから，見どころがたくさんあったけども，僕が印象に残ってるのは，H.豊臣秀吉が築いた「御土居《おどい》」だね。京都のまち全体が盛り土と堀で囲まれていたなんて，なんか不思議な感じだよね。

秦さん　京都御所や二条城へも見学にいったよね。I.二条城は幕末に大政奉還が行われた場所だったね。東大寺よりも大きな大仏が，今の京都国立博物館のところにあったんだって。今の何倍もの広さの大阪城も築いているし，やっぱり，秀吉ってすごい力をもっていたんだね。

原さん　そっか。だから，戦時中に大阪城の中に兵器工場があったり，陸軍に利用されていたんだね。

秦さん　近現代の戦争遺跡でいうと，「タチソ」にもいったよね。

林さん　「高槻地下倉庫」ですね。J．太平洋戦争の末期に，飛燕という飛行機のエンジンをつくるために掘られました。生産開始前に終戦を迎えたんですけどね。

原さん　そういえば，大阪高校の近くにも戦争の遺跡が残っているんだよ。大阪空襲の被害が結構大きかったしね。西淡路には柴島《くにじま》浄水場や大阪の町を守るための，高射砲陣地の跡がつい最近まで残ってたんだよ。

〔設問1〕下線部Aの説明として誤っているものを次のア～エから1つ選び，記号で答えなさい。

（ア）中国・朝鮮半島から北九州へ渡来した人々から稲作が伝わった。

（イ）黒褐色《こっかっしょく》でもろい土器を使用していた。

（ウ）青銅器や鉄器などの金属器が使われはじめた。

（エ）争いが起こり，ムラを守るために周りを濠《ほり》や柵で囲んだ。

〔設問2〕下線部Bについて，収穫されたコメを保管するための下の写真のような建物を何というか，漢字で答えなさい。

〔設問3〕下線部Cについて，下の写真は今城塚古墳で撮影されたものである。文中の□に入る語句を次のア～エから1つ選び，記号で答えなさい。

（ア）土偶　（イ）埴輪《はにわ》　（ウ）兵馬俑《よう》　（エ）石室

〔設問4〕下線部Dについて，聖徳太子が行った政策として正しいものを次のア～エから1つ選び，記号で答えなさい。

（ア）大化の改新と呼ばれる改革を行った。

（イ）墾田永年私財法を出して農地の開墾を進めようとした。

（ウ）仏教や儒教の考え方を取り入れて，十七条憲法を定め，役人の心構えを示した。

（エ）仏教勢力を排除するために，都を奈良から京都へ移した。

〔設問５〕下線部Ｅについて，

①平安時代に藤原氏によって行われた政治として正しいものを次のア～エから１つ選び，記号で答えなさい。

（ア）摂関政治　　（イ）院政　　（ウ）執権政治　　（エ）政党政治

②平安時代の文学・文化の説明として正しいものを次のア～エから１つ選び，記号で答えなさい。

（ア）貴族の住居として，書院造が完成し，服装も唐風から日本風へ変化した。

（イ）紫式部の『源氏物語』や清少納言の『枕草子』など，カタカナを用いた文学が盛んになった。

（ウ）日本の貴族の生活や好みに合わせた独自の文化を天平文化と呼ぶ。

（エ）極楽浄土に生まれ変わることを願う浄土信仰が広まった。

〔設問６〕下線部Ｆに関する次のカルタについて，

太政大臣に
武家で初めてついた
平氏のリーダー
図１

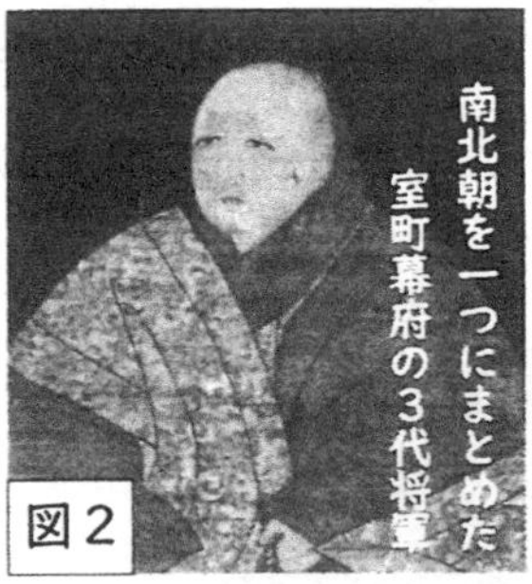
南北朝を一つにまとめた
室町幕府の３代将軍
図２

図３

①図１の人物は，保元・平治の乱に勝利し，娘を天皇と結婚させ朝廷との関係を深め，さらに，大輪田泊（兵庫県神戸市の港）を修築した人物である。この人物は誰か。

②図２の人物と関わりが深い建物として正しいものを次のア～エから１つ選び，記号で答えなさい。

ア

イ

ウ

エ

2022

国語解答用紙

一

問一
① める
②
③

④ しい
⑤
⑥

問二
① 人　色
② 転　倒
③ 日　秋

問三
①
②
③
④

問四
① 主語　述語
② 主語　述語
③ 主語　述語

二

問一

問二
X
Y
Z

問三

問四

問五

受験番号

問一　①～③各2点　④～⑥各1点
問二　各2点
問三　各2点
問四　各2点（完答）

29

問一　3点
問二　各3点
問三　5点

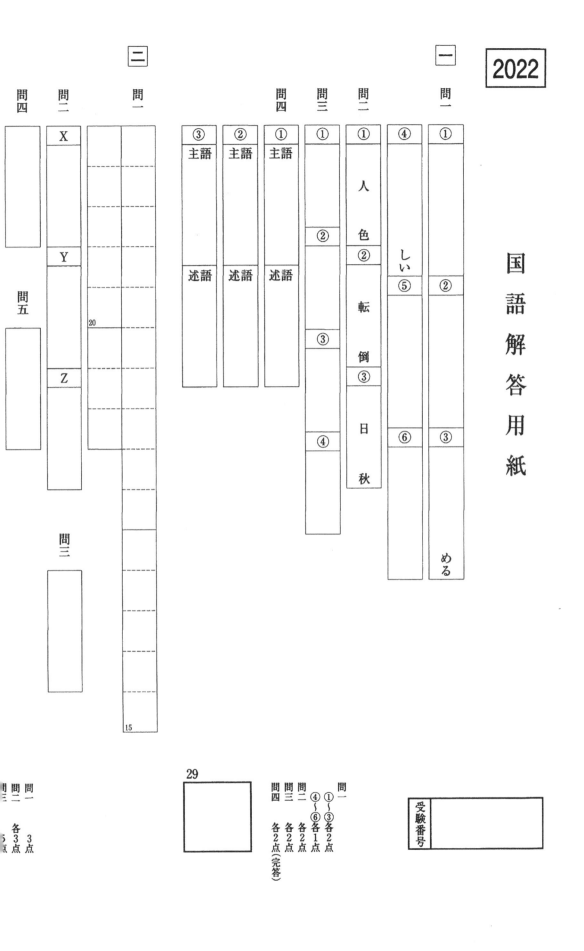

(4)	

4 ((1)は答えのみでよいものとする。(2)①②③は式と計算も記入すること。)

(1)	
(2)①	cm
(2)②	:
(2)③	cm^2

小計 5×4=20

2022 数学

受験番号		名前	

得点

※100点満点

6

(1)	*A*		*B*		*C*		(2)	
(3)		(4)		(5)		(6)		

6
3点×8問

2022 英語

受験番号		名前	

得　点

※100点満点

4

問1		hPa

問2	①		②		③		④	

問3		
問5		cm
問6		N

問4

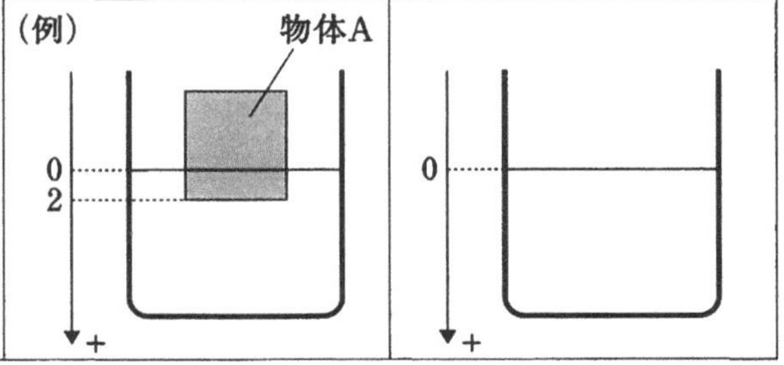

問1．２点
問2．２点×４
問3．２点
問4．３点
問5．２点
問6．２点

5

ア		イ		ウ	
エ		オ		カ	

３点×６

2022 理科

得　点

※100点満点

受験番号		名前	

2022(R4) 大阪高
教英出版

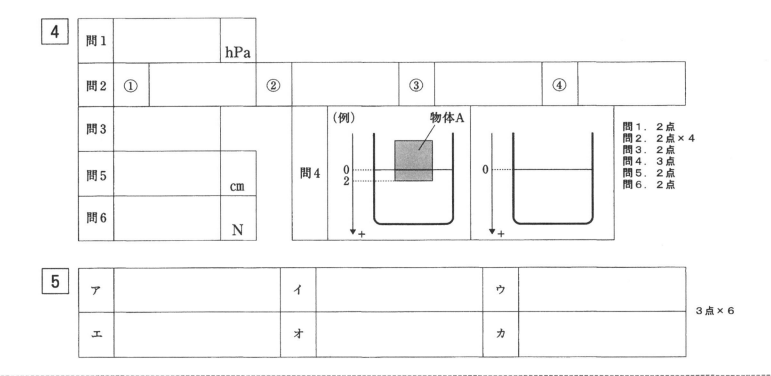

設問8	①		②		設問9	①		②	
設問10	①		②		設問11				

歴史

4

設問1		設問2	①		②		設問3	
設問4	①		②		設問5		
設問6		設問7		設問8			
設問9	①		②		③		

設問1．2点
設問2．2点×2
設問3．2点
設問4．2点×2
設問5．2点
設問6．3点
設問7．2点
設問8．2点
設問9．3点×3

公民

2022 社会

受験番号		名前	

得点

※100点満点

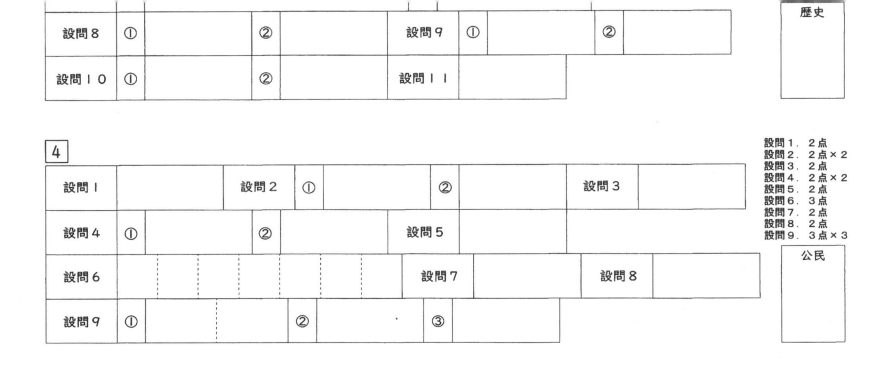

2022

社 会 解 答 用 紙

受験番号	

1

設問1		設問2		設問3	①		②	
設問4		設問5		設問6		設問7	
設問8		設問9					

２点×10

2

設問1		設問2		設問3	①		②	
設問4								

２点×５

地理

3

設問1		設問2				設問3		
設問4		設問5	①		②			

設問１．２点
設問２．３点
設問３．２点
設問４．２点
設問５．２点×２
設問６．①３点
②２点
③２点
設問７．３点×２

【解答

2022

理科解答用紙

受験番号	

1

問1							
問2	(1)						
	(2)	ア		イ		ウ	
問3	(1)		(2)	10			
	(3)		問4				

問1．２点
問2．(1)２点　(2)２点×３
問3．(1)２点　(2)３点　(3)２点
問4．２点

2

問1			問2		問3			問4	
問5		問6							
問7	I		II		問8				

問1．２点×２
問2．２点
問3．２点×２
問4．２点
問5．２点
問6．２点
問7．２点×２
問8．２点

3

問1			問2							
問3	①	II		III		②	X		Y	
	③		問4	記号		名称				

問1．２点
問2．２点

【解答

2022

英語解答用紙

受験番号	

1

(1)		(2)		(3)		(4)		(5)	
(6)		(7)		(8)		(9)		(10)	
(11)		(12)		(13)		(14)			

1 2点×14問

2

(1)		(2)		(3)		(4)		(5)		(6)	

2 3点×6問

3

(1)		(2)		(3)	

3 3点×3問

4

(1)		(2)			

順不同

4 3点×4問

【解答

2022

数学解答用紙

受験番号	

1 (答えのみでよいものとする。)

(1)		(2)		(3)		(4)	
(5)		(6)		(7)		(8)	
(9)		(10)		(11)		(12)	

小　計 4×12=48

2 (答えのみでよいものとする。)

(1)	皿
(2)	{
(3)	まぐろ　皿　サーモン　皿

小　計 4×3=12

3 ((1)は答えのみでよいものとする。(2)(3)(4)は式と計算も記入すること。)

(1)			
(2)		(3)	

小　計 5×4=20

【解答

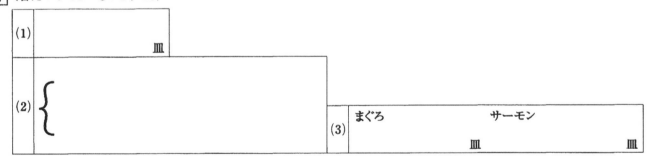

問七

問八

43

【解答

三

問一 a b

問二 A B

問三 から。

問四

問五

問六

問七

問八

問九

28

問一	問二	問三	問四	問五	問六	問七	問八	問九
各2点	各2点	3点	3点	3点	3点	2点	3点	3点

2022 国語

受験番号

名前

得点

※100点満点

③図３をもとにカルタをつくるときに，もっとも適した文章を次のア～エから１つ選び，記号で答えなさい。

（ア）元軍の火薬兵器に苦戦する鎌倉武士

（イ）戦国の世の幕を開けた「応仁の乱」

（ウ）上皇と鎌倉武士とが戦った「承久の乱」

（エ）後醍醐天皇の新しい政治「建武の新政」

〔設問７〕下線部Gについて，

①１５４９年にキリスト教布教のために鹿児島に来航したフランシスコ・ザビエルが属していたカトリックの会派を何というか。

②キリスト教に関する説明文ア～エのうち，誤っているものを１つ選び，記号で答えなさい。

（ア）ローマ帝国分裂後，プロテスタントの勢いが増し，国王の力をしのいだ。

（イ）ヨーロッパ各国の王はイスラム勢力から聖地エルサレムを奪い返す十字軍を派遣した。

（ウ）１６世紀にローマ教皇が大聖堂修築資金のために免罪符の販売を始めた。

（エ）ドイツのルターは「聖書だけが信仰のよりどころ」であると説き宗教改革をすすめた。

〔設問８〕下線部Hについて，

①１６世紀に豊臣秀吉によって出された次の史料を何というか。次のア～エから１つ選び，記号で答えなさい。

一，日本は神国であるため，キリシタンの国から悪い教えを伝えひろめられるのは非常によくない。

一，宣教師は今後，日本にいることはできない。今日から２０日以内に用意を整えて帰国しなさい。

一，ポルトガルの貿易船は，商売のために来ているので特別に許可する。今後もいろいろと売買するようにしなさい。（『松浦文書』より，一部要約・抜粋）

（ア）刀狩令　（イ）太閤検地　（ウ）バテレン追放令　（エ）武家諸法度

②豊臣秀吉による二度の朝鮮出兵を何というか。次のア～エから１つ選び，記号で答えなさい。

（ア）文永・弘安の役　（イ）文禄・慶長の役

（ウ）前九年・後三年の役　（エ）応仁・文明の乱

〔設問９〕下線部Iについて，

①二条城で大政奉還を行った徳川１５代将軍として正しいものを次のア～エから１つ選び，記号で答えなさい。

（ア）徳川吉宗　（イ）徳川綱吉　（ウ）徳川秀忠　（エ）徳川慶喜

②大政奉還ののちに起きた戊辰戦争の最後の戦いが行われた場所として関わりの深い場所を次のア～エから１つ選び，記号で答えなさい。

松本城

首里城

姫路城

五稜郭

〔設問１０〕カルタに使用する予定の風刺画１・２について，

風刺画１

風刺画２
THE BOILING POINT.

①風刺画１は，日清戦争後の列強による中国分割を描いたものである。当時の列強や東アジアについての説明文として誤っているものを次のア～エから１つ選び，記号で答えなさい。

（ア）ロシア・スイス・アメリカは，日本に遼東半島返還を迫る三国干渉を行った。

（イ）ロシアは，清から遼東半島の旅順と大連を租借《そしゃく》した。

（ウ）朝鮮は清から独立し，１８９７年大韓帝国を建てた。

（エ）日本は，台湾総督府を設立し植民地支配をはじめた。

②風刺画２を説明した次の文章の［Ⅰ］～［Ⅲ］に入る語の組み合わせとして正しいものを次のア～エから選び，記号で答えなさい。

１９世紀末，工業化を進めたドイツは海軍を増強して世界各地に進出したため，すでに植民地支配を広げていたイギリスと対立した。ドイツがオーストリア・イタリアと［Ⅰ］を結ぶと，これに対抗しイギリスはフランス・ロシアと［Ⅱ］を結成した。 バルカン半島ではオスマン帝国（トルコ）の支配が弱まり，ロシアがスラブ系民族を，オーストリアはゲルマン系民族を支援し半島での勢力を伸ばそうとしたため，争いが絶えず「ヨーロッパの［Ⅲ］」と呼ばれた。

（ア）Ⅰ：三国同盟　Ⅱ：三国協商　Ⅲ：振り子

（イ）Ⅰ：三国協商　Ⅱ：三国同盟　Ⅲ：振り子

（ウ）Ⅰ：三国同盟　Ⅱ：三国協商　Ⅲ：火薬庫

（エ）Ⅰ：三国協商　Ⅱ：三国同盟　Ⅲ：火薬庫

〔設問１１〕下線部Ｊについて，次のア～エのできごとを時期が古い順に並べたときに，３番目となるものを選び，記号で答えなさい。

（ア）広島と長崎に原子爆弾が投下された。

（イ）日本軍がハワイの真珠湾を奇襲攻撃した。

（ウ）日独伊三国同盟が結ばれた。

（エ）連合国とサンフランシスコ平和条約を締結した。

4 次の文章を読み，以下の問いに答えなさい。

中学３年生の大阪太郎さんは，１年延期して開催された「東京２０２０オリンピック・パラリンピック競技大会（以下，東京２０２０と記す）」をテレビで観戦してとても興奮し，そして深く感動した。そこで，夏休みの自由研究として，オリンピックが東京に誘致されることが決まった２０１３年から東京２０２０に至るまでの社会情勢についてまとめることにした。その際の手がかりとして，それぞれの年を特徴づける「今年の漢字」（※）に着目した。以下の表は太郎さんが調べたことをまとめたメモである。

西暦	今年の漢字	特徴づけるできごと
２０２１年	金	東京２０２０が開催される。これに伴い，祝日が移動する。 Ａ．衆議院が解散し，総選挙が行われる。
２０２０年	密	Ｂ．新型コロナウイルス感染症（ＣＯＶＩＤ－１９）がＣ．世界的に感染を広げ，国や自治体が「３密」の回避とＤ．ステイホームを呼びかける。 東京五輪が１年延期になる。
２０１９年	令	初めてＥ．日本の史料を出典とする元号に改元される。
２０１８年	災	北陸豪雪，Ｆ．大阪府北部地震，「災害級の暑さ」など，自然災害の脅威を痛感する出来事が多く発生する。
２０１７年	北	北朝鮮による度重なるミサイル発射と核実験でアジア情勢が緊迫化する。 九州北部豪雨で大きな被害を出す。
２０１６年	金	夏季オリンピック・パラリンピックが開催される。 Ｇ．日本銀行が金融政策としてマイナス金利を導入する。
２０１５年	安	安倍晋三内閣の下で，Ｈ．安全保障関連法が成立する。
２０１４年	税	Ｉ．１７年ぶりに□税が増税される。
２０１３年	輪	ＩＯＣ総会で東京が五輪開催地として選ばれる。

（※）「今年の漢字」とは，公益財団法人 日本漢字能力検定協会が全国から広く募集して決定する，その年を象徴する漢字１字のことである。

〔設問１〕下線部Ａについて，日本の国会を説明した文として誤っているものを次のア～エから１つ選び，記号で答えなさい。

（ア）衆議院の任期は４年だが，一般的に，満期を迎えて解散するよりも任期の途中で解散することの方が多い。

（イ）衆議院が解散すると，日本国憲法に基づいて４０日以内に総選挙が行われ，総選挙の日から３０日以内に国会が召集される。

（ウ）２０２２年には参議院議員の通常選挙が予定されている。

（エ）三権分立の抑制と均衡に基づき，国会議員が内閣総理大臣になることはない。

〔設問２〕下線部Ｂについて，

①次の短歌は，大阪府内を拠点に活動するイラストレーターが２０２０年４月に自身のＳＮＳ上に投稿したもので，投稿直後から「なるほど！」「これは気づかなかった！」など，ＳＮＳ上で大きな反響を呼び，朝日新聞デジタルでも紹介された。短歌の中の『　』に入る漢字１字として最も適当なものを次のア～エから１つ選び，記号で答えなさい。

「しばらくは　離れて暮らす　『コ』と『ロ』と『ナ』
つぎ逢ふ時は　『　』といふ字に」
（参考：朝日新聞デジタル　2020年5月2日 記事より https://www.asahi.com/articles/ASN5132WQN4Z0IPE03N.html）

（ア）密　（イ）君　（ウ）注　（エ）射

②新型コロナウイルスを「ＣＯＶＩＤ－１９」と名付けた国際連合の専門機関として正しいものを次のア～エから１つ選び，記号で答えなさい。

（ア）ＩＬＯ　（イ）ＷＴＯ　（ウ）ＩＭＦ　（エ）ＷＨＯ

〔設問３〕下線部Ｃについて，この現象を何と呼ぶか。正しいものを次のア～エから１つ選び，記号で答えなさい。

（ア）パンデミック　（イ）オンブズマン

（ウ）コンプライアンス　（エ）デフレ・スパイラル

〔設問４〕下線部Ｄについて，太郎さんは「世界はロックダウンをする中，なぜ日本はステイホームだったのだろう」と疑問を抱き，自主的にその理由を調べた。以下の文章は，そのまとめである。これを読んであとの問いに答えなさい。

この頃，世界では「ロックダウン（都市封鎖）」が強制的に行われ，これに従わない市民が警察に取り締まられることもしばしばだった。しかし，日本では国やＸ．自治体の長が「ステイホーム（不要不急の外出は，なるべく控えて自宅に居てくださいという意味）」と「営業の自粛《じしゅく》」を要請するだけに留まり，強制力をはたらかせることは無かった。この差はどこからくるものなのか。

それは，緊急事態条項の有無である。国難とも言うべき国家の緊急事態が発生したとき，多くの国では国民の生命を守るために，国民の権利の一部を強制的に制限することを憲法で定めている。しかし，Ｙ．日本国憲法にはそういった国民の権利を強制的に制限できる緊急事態条項が定められていない。つまり，現在の日本ではいかなる国難の場合であっても，国家が国民の自由な権利である「私権」を制限できないことになっているのである。だから，国や自治体は，国民に要請という形で「お願い」するに留まったのである。

①下線部Ｘについて，地方公共団体の長に関して説明した文として誤っているものを次のア～エから１つ選び，記号で答えなさい。

（ア）市町村長と都道府県知事の被選挙権は，３０歳以上の国民に付与される。

（イ）地方公共団体の長は，地方議会を解散することができる。

（ウ）地方公共団体の長は，議会の議決に対して拒否権を行使できる。

（エ）市町村長と都道府県知事の任期は，ともに４年である。

②下線部Yについて，以下は日本国憲法の条文である。空欄（Ⅰ）～（Ⅲ）に入る語句の組合せとして正しいものを次のア～オから１つ選び，記号で答えなさい。

第１３条	すべて国民は，個人として尊重される。生命，自由及び（　Ⅰ　）に対する国民の権利については，（　Ⅱ　）に反しない限り，立法その他の国政の上で，最大の尊重を必要とする。
第２２条	①何人も，（　Ⅱ　）に反しない限り，居住，移転及び（　Ⅲ　）の自由を有する。

（ア）Ⅰ：財産　　　　Ⅱ：法律　　　　　Ⅲ：海外留学

（イ）Ⅰ：幸福追求　　Ⅱ：公共の福祉　　Ⅲ：職業選択

（ウ）Ⅰ：幸福追求　　Ⅱ：法律　　　　　Ⅲ：職業選択

（エ）Ⅰ：幸福追求　　Ⅱ：公共の福祉　　Ⅲ：海外留学

（オ）Ⅰ：財産　　　　Ⅱ：公共の福祉　　Ⅲ：職業選択

〔設問５〕下線部Ｅについて，ここで採用された史料は，７世紀後半から８世紀後半にかけてまとめられた現存する最古の和歌集である。その名称として正しいものを次のア～エから１つ選び，記号で答えなさい。

（ア）古今和歌集　　（イ）古事記　　（ウ）万葉集　　（エ）日本書紀

〔設問６〕下線部Ｆについて，以下の地図は大阪市東淀川区の一帯を示し，この地区で地震に伴う津波や，台風に伴う洪水被害が発生した場合の浸水被害状況を色分けしたものである。自治体が作成するこのような地図をカタカナ７字で何というか，答えなさい。

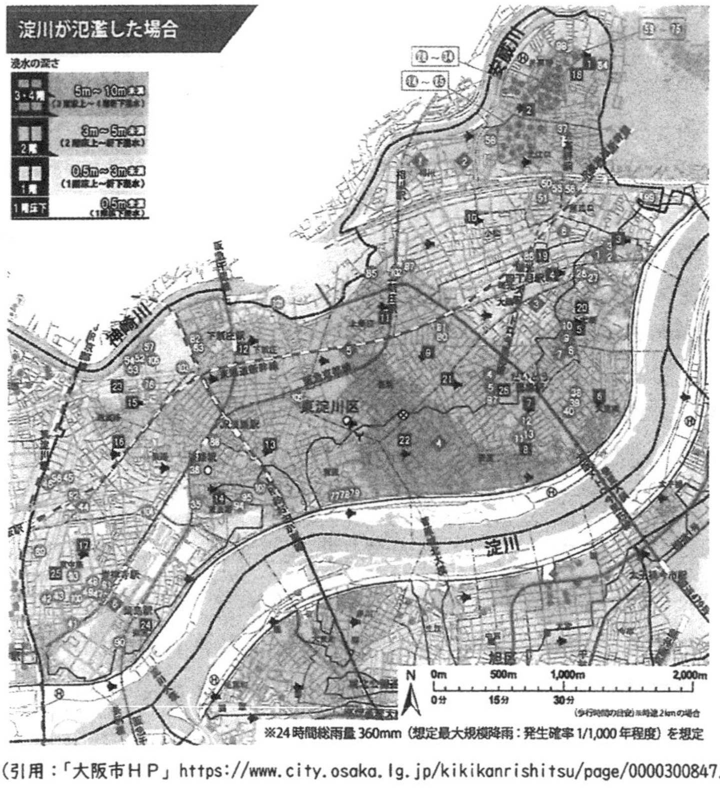

（引用：「大阪市ＨＰ」https://www.city.osaka.lg.jp/kikikanrishitsu/page/0000300847.html）

〔設問７〕下線部Ｇについて，日本銀行の３つの役割として誤っているものを次のア～エから１つ選び，記号で答えなさい。

（ア）政府の銀行　（イ）銀行の銀行　（ウ）発券銀行　（エ）信託銀行

〔設問８〕下線部Ｈについて，以下の条文は日本国憲法第９条である。［Ⅰ］～［Ⅲ］に入る語句の組合わせとして正しいものを次のア～オから１つ選び，記号で答えなさい。

> 第９条　①日本国憲法は，正義と秩序を基調とする国際平和を誠実に希求し，国権の発動たる戦争と，武力による威嚇《いかく》又は武力の行使は，［Ⅰ］を解決する手段としては，永久にこれを放棄する。
>
> ②前項の目的を達するため，［Ⅱ］その他の戦力は，これを保持しない。国の［Ⅲ］は，これを認めない。

（ア）Ⅰ：国際紛争　Ⅱ：核兵器　Ⅲ：先制攻撃

（イ）Ⅰ：テロ行為　Ⅱ：核兵器　Ⅲ：先制攻撃

（ウ）Ⅰ：国際紛争　Ⅱ：陸海空軍　Ⅲ：交戦権

（エ）Ⅰ：テロ行為　Ⅱ：陸海空軍　Ⅲ：交戦権

（オ）Ⅰ：国際紛争　Ⅱ：核兵器　Ⅲ：交戦権

〔設問９〕下線部Ｉについて，

①［　　］に入る語句を漢字２字で答えなさい。

②２０１４年当時，この税は何％に引き上げられたか。その税率として正しいものを次のア～エから１つ選び，記号で答えなさい。

（ア）３％　（イ）５％　（ウ）８％　（エ）１０％

③この税を説明した文として正しいものを次のア～ウから１つ選び，記号で答えなさい。

（ア）直接税に分類される税である。

（イ）低所得者ほど負担感が大きくなるという特徴をもつ税である。

（ウ）１９８９年に初めて導入されたときから，軽減税率が適用された。

教英出版

2022(R4) 大阪高
K 教英出版

二〇二一(令和三)年度　大阪高等学校

入学試験問題

国語

(40分)

受験にあたっての注意

1. 監督者から試験開始の合図があるまで、問題冊子を開けないこと。
2. 試験開始の合図があったら、問題冊子と解答用紙に受験番号と氏名を忘れずに記入すること。(解答用紙は受験番号記入欄が二ヶ所あり)
3. 落丁、乱丁、印刷不鮮明の箇所があれば、すぐに監督者に申し出ること。
4. 試験終了の合図があったら、問題冊子を閉じ、解答用紙を机の上に置いて、監督者の指示があるまで静かに待機すること。
5. 問題冊子と解答用紙はすべて回収されます。
6. 試験終了後は監督者の指示で退出すること。

• 設問は、別紙(色紙)でこの中にはさんであります。

受験番号		氏 名	

一　設問用紙に問題があります。

二　次の文章を読んで、別紙の問いに答えなさい。

今、日本でも欧米でも、①西洋哲学と近代科学を唯一のよりどころとして文明を推し進めてきたことを反省しようという動きが強まっています。早急に新たな発想を取り入れていかないと地球は崩壊してしまう、と。西洋哲学は、主体性をもっているのは人間だけであるというスタンスです。近代科学にとって、環境は人間が管理するものです。環境を変えることで人間に都合のよい世界をつくっていくことが大事であり、技術はそのためにあるという考えです。こうして主体と客体をはっきり分け、自然を管理してきた結果、今日のような大規模な自然破壊が起きました。プラネタリー・バウンダリーという言葉を聞いたことがあるでしょうか。これは、「地球の限界」ともいえるもので、「それを越えなければ人類は将来も発展と繁栄を続けられるが、越えると、急激な、あるいは取り返しのつかない環境変化が生じる可能性がある」境界のこと。今すでに九つの項目のうち四つが境界を越えたとされています。

こうした中で注目されているのが、東洋哲学の中にある②「容中律」（肯定でも否定でもなく、肯定でも否定でもある、とする理論）の概念なのです。これは、ⅰ0か1、その間を許さない西洋発の概念③「排中律」（どのような命題も真か偽のいずれかであるとする理論）の逆を行くもので、わかりやすいえば、ⅱ両方の存在を許すことです。日本には20世紀の前半から、西田幾多郎《きたろう》や和辻哲郎《わつじてつろう》ら、［　X　］学者が登場していました。ぼくの大師匠の今西さんも、人間以外の生物にも主体があり、環境と生物種は相互に影響を与え合ってⅲ「生活の場」をつくっていると主張していました。

「どちらでもある」ということが言えれば世界は変わるのに、それができずに、④世界は行き詰まりを見せています。だから、それを解決する手段として「容中律」という哲学、科学のあり方が模索されているのでしょう。

今、ⅳ世界はとことん正解しか求めません。それが分断につながっています。世界は本来、「実は正解がいくつもある」というものに満ちています。たった一つの正解に至らなくても、決定的に不正解に陥らなければ、戦争も起きないし、命も失われません。

考えてみれば、今のデジタル社会も、0か1かという発想でつくられています。その中間も、「どちらも」という考え方も許されません。それも排中律の概念に基づくもので、だからデジタル空間には「間」がありません。「仲間なのか、仲間ではないのか」と迫るＳＮＳの世界がまさにそうでしょう。仲間でありつつ仲間でないという発想がなぜできないのか。どちらにも属するかもしれないし、どちらにも属さないかもしれないという「間」の発想が世間一般に広がれば、もっといろいろなことが楽になるはずです。ネットワーク社会の特徴である点と点とのつながりを、弱点ではなく利点として応用すればいいのです。

科学技術と同じく、ネガティブな方向に使われ始めてしまった「言葉」も、人間は変えることができるのではないかと思っています。（　Ⅰ　）、ぼくたちは言葉の壁を越える技術をもたなくてはいけない。（　Ⅱ　）、今はまだ同時通訳機は、文字に変換されたものを機械が読んでいるだけですが、技術が進歩すれば、ひょっとしたら対話までできるようになるかもしれません。

今は英語の時代といわれていますが、これからどのくらい続くかわかりません。１００年前までの日本は漢文の時代だったし、世界ではフランス語、スペイン語の時代もありました。同時通訳機が登場して、英語すら学ぶ必要がなくなる可能性もあります。言語が均質化するのではなく、文化や歴史を背負ったまま言語が通じるグローバル化が進むかもしれません。経済はいち早くグローバル化しましたが、文化の壁を乗り越えることはまだできていません。その境界をうまく溶かして世界を調和させる方策を手に入れることができれば、それが新しい時代を生み出すことになるでしょう。

ぼくたちおとなは、今の自分たちの頭の中にあるものからしか未来を創造できません。今の若者たちは、ぼくたちよりＡＩを使える頭脳をもっています。人間の頭で考えられること以上のものをつくり出す可能性がある。たとえば、囲碁も、目

③今年こそ　一生懸命に　勉強を　する。

二

別紙の文章を読んで、次の問いに答えなさい。

問一 ――①「西洋哲学と近代科学」の考え方として適当でないものを後のア～エから選び、記号で答えなさい。

ア 人間が世界をつくるために技術は必要だ。
イ 人間の古い発想を取り入れてはならない。
ウ 人間は唯一自ら考え行動することができる。
エ 人間は環境を管理しなければならない。

問二 ――②「容中律」、③「排中律」について、次の（1）・（2）に答えなさい。

（1）～～～ⅰ～ⅴの語句に関して、「容中律」に関するものには「A」、「排中律」に関するものには「B」と答えなさい。

ⅰ 0か1、その間を許さない
ⅱ 両方の存在を許す
ⅲ 「生活の場」
ⅳ 世界はとことん正解しか求めません
ⅴ 今のデジタル社会

（2）「容中律」の例として最も適当なものを後のア～エから選び、記号で答えなさい。

ア 取引先の相手と商談する際に、相手の希望を聞かず自分の都合の良いことばかり話し、自社のサービスを売りつけた。
イ 新商品を開発する際に、街頭で一般市民対象のアンケートを実施し、多く選ばれたアイデアのみを商品化した。
ウ クラスで文化祭の出し物について話し合った際に、多数派の意見だけではなく、少数派の意見も取り入れて決めた。
エ 授業でグループワークをした際に、自分の考えが正しいと信じ、自分の意見をグループのものとして発表した。

問三 [X] に入る語句として最も適当なものを後のア～エから選び、記号で答えなさい。

ア 人間と自然を一体化して捉える
イ 人間は自然に勝てないものと捉える
ウ 人間が環境を支配すると捉える
エ 人間を環境と分断して捉える

問四 ――④「世界は行き詰まりを見せています」とありますが、筆者は世界がよくなるためには何が必要であると述べていますか。文中から四十字で抜き出し、最初と最後の五字をそれぞれ答えなさい。

問五　（Ⅰ）・（Ⅱ）に入る言葉として、最も適当なものを後のア～オから選び、それぞれ記号で答えなさい。

ア　おそらく　イ　むしろ　ウ　しかし　エ　さて　オ　たとえば

問六　――⑤「創発」とは、どのようなことですか。次の空欄に入る言葉を六十五字以内で答えなさい。

一匹一匹のアリや、一つひとつの神経細胞のように［　六十五字以内　］こと。

問七　本文の表現や構成を説明したものとして、最も適当なものを後のア～エから選び、記号で答えなさい。

ア　「プラネタリー・バウンダリー」や「グローバル化」などのカタカナ語を多用し、国際的に支持されている主張であることを強調している。

イ　西田幾多郎や和辻哲郎らの有名な学者の名前を出すことで、筆者自身の学者としての権威を高めようとしている。

ウ　「求めません」や「失われません」などの否定の言葉を使うことで、反論を絶対に受け入れないという強固な姿勢を見せている。

エ　「今」から始まる段落を複数用いることで、筆者が考える現代社会の問題や状況について、さまざまな角度から論を進めている。

三

別紙の文章を読んで、次の問いに答えなさい。

問一　――A「いはく」・B「よみがへり」を現代仮名づかいで書き改めなさい。

問二　――a「行き」・b「いはく」の主語として最も適当なものを後のア～オから選び、それぞれ記号で答えなさい。

ア　僧　イ　閻王　ウ　冥官　エ　荷葉　オ　出家人

問三　――①「帰すべし」とありますが、閻王は誰をどこに「帰すのがよい」と言うのですか。最も適当な組み合わせを後のア～エから選び、記号で答えなさい。

ア　誰を：僧を　　どこに：現世に

イ　誰を：僧を　　どこに：冥界に

ウ　誰を：冥官を　どこに：現世に

エ　誰を：冥官を　どこに：冥界に

問四　――②「命分ありといへども、食分既に尽きぬ」の現代語訳として最も適当なものを後のア～エから選び、記号で答えなさい。

ア　寿命の年数があるとはいえ、食料はそろそろ尽きるはずだ

イ　寿命の年数があるので、食料をすぐに食べ尽くしはしない

ウ　寿命の年数があるにしても、食料は誰かに食べ尽くされた

エ　寿命の年数があるといっても、食料はもう尽きてしまった

問五　――③「人中の食物」と対照的な意味で用いられている語を文中より漢字二字で抜き出しなさい。

生徒：先生は、閻王の「帰すべし」という判断をどう思いますか？

先生：良い判断だと思うよ。仏道修行に熱心に取り組んでいる者に、仏様のご加護として「荷葉」を恵むべきだと考えているんだよね。もらえる人にとっては名誉なことじゃないかな。どうしてそんなことを聞くの？

生徒：たしかに名誉なことかもしれませんけど、最後の一文の「衣食を求むべきにあらざるなり」という言葉に共感できなかったんです。

先生：どうして？

生徒：私はファッションやグルメの文化が好きだから、それらを制限される人生なんて嫌だと思ってしまいました。そんな人生になるのなら「荷葉」はいらないなって。

先生：ということは、君は「ファッションやグルメの文化を制限される」と思ったんだね。

生徒：そうじゃないんですか？「求むべきにあらざるなり」って「[A]」という意味ですよね？

先生：その通りだし、君の解釈にもうなずけると思うよ。

生徒：じゃあ、先生はどのように読んだんですか？

先生：私は「衣食を求むべきにあらざるなり」の前に「行道をもつぱらにして」とあるから「[B]」と読んだよ。ただ、この教えに従えば、結果的に「文化を制限される」ことに繋がるから、君の読み取りも適当だね。

生徒：なるほど、そういう解釈もあるんですね。

先生：仏の教えと現代社会の常識は異なるものだから、私たちにとってなじみがないし、共感できない部分があっても当然だと思うよ。

生徒：古典作品を読めばいろんな考え方に触れられて、視野が広がりますね。

先生：そうだね。それに、こうして考えを共有すれば、いろんな解釈も発見できるよ。また気になることがあればいつでも声をかけてね。

[A]

ア　求めないでおこう　　イ　求めないだろう　　ウ　求めてはならない　　エ　求めたくない

[B]

ア　仏の教えを受けたければ、自然と衣食への欲望はなくなるだろう

イ　仏の教えを学ぶことに専念し、衣食を欲しがる心をおさえなさい

ウ　仏の教えに忠実でいることを優先し、衣食への信仰はやめなさい

エ　仏の教えは世間の常識と異なり、衣食を要求することが許されない

国語　設問用紙

（解答はすべて解答用紙に記入しなさい。字数制限のある問題はすべて句読点等も字数に含みます。）

一　次の各問いに答えなさい。

問一　次の――①～④のカタカナを漢字に、――⑤～⑧の漢字はひらがなに書き改めなさい。

① 国際連合にカメイする。　② 人類のソセンを探る研究。

③ 川にソって下山する。　④ 逃げ出したワニをツカまえた。

⑤ 深い吐息をつく。　⑥ ライバルの活躍に触発された。

⑦ 隊員の機敏な処置に助けられた。　⑧ 暴飲暴食は慎むように言われた。

問二　次のことわざ①～③の意味として最も適当なものを後のア～ウから選び、それぞれ記号で答えなさい。

① 石の上にも三年

ア　忍耐強く頑張っていれば、いつかは報われていくということ。

イ　石の上に座るという試練によって、精神力が鍛えられるということ。

ウ　何事においても長期にわたって、人は我慢できないということ。

② 目くじらを立てる

ア　深く感動して、涙が浮かんでくること。

イ　人の欠点や失敗を探して注意すること。

ウ　相手をひどい目にあわせようとすること。

③ のれんに腕押し

ア　強引にものごとを進めること。

イ　張り合いや手ごたえがないこと。

ウ　油断せずに全力をつくすこと。

問三　次の傍線部の文節相互の関係として正しいものを後のア～エから選び、それぞれ記号で答えなさい。

① 机の　上に　置いて　ある　本を　取ってください。

② 彼は、　優しくて　明るい　性格なので、　人望が　ある。

③ 今年の　夏は　暑い　日が　続いたので、　大変だった。

ア　主語・述語の関係　　イ　補助の関係　　ウ　並立（並列）の関係　　エ　修飾・被修飾の関係

的をもって新たな※1アルゴリズムをつくる作業を得意とするＡＩのほうがうまいですね。⑤「創発」という言葉を聞いたことがありますか？　たとえば、一匹一匹のアリがしていることをそれぞれ見ると、とても単純なことをしているように見えます。しかし、個々の動きが相互に作用することで、立派な巣が出来上がり防衛も子育ても分担できるという、全体では思いもよらない高度な秩序が生れる。脳についても一つひとつの神経細胞がやっていることは単純な電気刺激の受け渡しですが、脳全体で見れば途方もない知的な活動をしています。そういう現象を「創発」と呼び、生物学、情報科学、社会学などさまざまな分野で引用されていますが、ＡＩを利用した創造を繰り返していけば、どこかで、思いがけない「創発」が起こるかもしれません。

人間の未来は、とんでもない方向に進む可能性もはらんでいるけれど、※2ユートピアに行き着く可能性も大いにある。ぼくはそう思っています。

（山極寿一『スマホを捨てたい子どもたち』）

※1　アルゴリズム……コンピュータなどで、計算のやり方を指示する方法。

※2　ユートピア……想像上の理想的な社会。

三　次の文章を読んで、別紙の問いに答えなさい。

昔、一人の僧ありき。死して、※1冥界《みやうかい》にa行きしに、※2閻王《えんわう》のAいはく、「この人、※3命分《みやうぶん》いまだ尽きず。①帰すべし」といひしに、ある※4冥官《みやうかん》のいはく、②「命分ありといへども、※5食分《じきぶん》既に尽きぬ。」王のbいはく、「※6荷葉《かえふ》を食《じき》せしむべし」と。しかりしより、Bよみがへりて後は、③人中《にんちゆう》の食物《じきもつ》、食することを得ず。ただ、④荷葉を食して、残命《ざんみやう》を保つ。

しかれば、出家人《しゆつけにん》は学仏《がくぶつ》の力によりて、食分も尽くべからず。※7白毫《びやくがう》の一相《いつさう》、二十年の遺恩《ゆいおん》、※8歴劫《りやくこふ》に受用すとも、尽くべきにあらず。※9行道《ぎやうだう》をもつぱらにして、※10衣食《えじき》を求むべきにあらざるなり。

（『正法眼蔵随聞記』）

※1　冥界　……　地獄。
※2　閻王　……　えんま大王。地獄の統治者として死者の生存中の罪から罰を定める。
※3　命分　……　人間の一生に備わっていると考えられる寿命。
※4　冥官　……　えんま大王に仕える冥界の下級の役人。
※5　食分　……　人間の一生に備わっていると考えられる食物の量。
※6　荷葉　……　蓮《はす》の葉。仏法信者にとっては仏から施される清浄な食物であった。
※7　白毫の一相、二十年の遺恩　……　仏が百歳の寿命を八十年に縮め、二十年を未来の弟子のために与えたこと。
※8　歴劫に受用すとも　……　どんなに長い間受け用いても。
※9　行道　……　仏道修行。
※10　衣食　……　衣料と食料。

2021（令和３）年度　大阪高等学校

入学試験問題

数学

（40分）

受験にあたっての注意

1．監督者から試験開始の合図があるまで、問題冊子を開けないこと。

2．試験開始の合図があったら、問題冊子と解答用紙に受験番号と氏名を忘れずに記入すること。

3．もしも、落丁、乱丁、印刷不鮮明の箇所があれば、すぐに監督者に申し出ること。

4．試験終了の合図があったら、問題冊子を閉じて、解答用紙を机の上に置いて、監督者の指示があるまで静かに待機すること。

5．問題冊子と解答用紙はすべて回収されます。

6．試験終了後は監督者の指示で退出すること。

受験番号		氏名	

1 次の問いに答えなさい。

(1) $(-3)^2 \div 6 \times (-8)$ を計算しなさい。

(2) $\left(\frac{1}{2}+\frac{1}{3}-\frac{1}{6}\right) \div \frac{2}{3}$ を計算しなさい。

(3) $\frac{3x-5}{6}-\frac{x+1}{3}$ を計算しなさい。

(4) $(xy^2)^2 \div (-x^2y) \times (2xy)^3$ を計算しなさい。

(5) $\sqrt{48}-(\sqrt{12}-\sqrt{27})$ を計算しなさい。

(6) $(2x-3)(3x+4)$ を計算しなさい。

(7) $x^2-2x-24$ を因数分解しなさい。

(8) 1次方程式 $\frac{1}{2}x-3=\frac{2}{3}x+1$ を解きなさい。

(9) 2次方程式 $(x+2)^2=5x+6$ を解きなさい。

(10) $x=\sqrt{2}+\sqrt{3}$, $y=\sqrt{2}-\sqrt{3}$ のとき，x^2-y^2 の値を求めなさい。

(11) ある中学校の陸上部員6人の走り高跳びの記録（cm）は次のようであった。
この6人の記録の中央値を求めなさい。

125，135，110，140，130，120

(12) 半径が3 cm，中心角が30°のおうぎ形の面積を求めなさい。
ただし，円周率はπとする。

2 A町から峠をはさんで15km離れたB町まで自転車で行った。A町を午前8時に出発して途中の峠までの上りは毎分150mの速さで，峠からB町までの下りは毎分250mの速さで走ったところ，B町には午前9時16分に到着した。A町から峠までにかかった時間をx分，峠からB町までにかかった時間をy分とするとき，次の問いに答えなさい。

(1) A町から峠までの道のり(m)を，xを用いて表しなさい。

(2) x，yについての連立方程式を立てなさい。

(3) 峠に到着した時刻を答えなさい。

3 図のように，m は放物線 $y = x^2$ のグラフ，n は放物線 $y = -\frac{1}{2}x^2$ のグラフを表す。点 A および点 B は m 上にあり，点 A と点 B の y 座標は等しく，点 A の x 座標は正，点 B の x 座標は -2 である。また，点 C は n 上にあり，点 A と点 C の x 座標は等しい。次の問いに答えなさい。

(1) 関数 $y = x^2$ について，x の変域が $-2 \leqq x \leqq 3$ であるとき，y の変域を求めなさい。

(2) 点 B の y 座標を求めなさい。

(3) 点 C の y 座標を求めなさい。

(4) 原点を O とするとき，四角形 OBAC の面積を求めなさい。

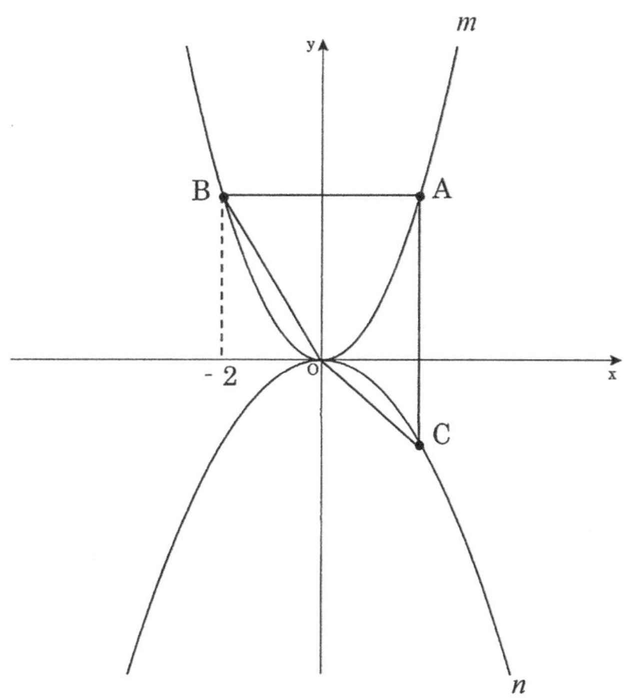

4 図のように三角形ABCにおいて，点Dは辺AB上の点であり，AB＝AC，AD＝CD＝CB＝2である。次の問いに答えなさい。

⑴ △ABC ∽ △CDBを証明する。以下の①～⑤に入るものとしてふさわしいものを次のア～シの語群の中から選び，記号で答えなさい。ただし，同じ記号を何度使っても良いものとする。

証　明　△ABCと△CDBについて，

△ABCが（　①　）であることから∠ABC＝∠（　②　）……【1】

また，△CDBが（　③　）であることから∠（　④　）＝∠CBD ……【2】

ここで，∠ABC＝∠CBDであるので，

【1】および【2】より，（　⑤　）ことから△ABC ∽ △CDBとなる。

語　群

ア．直角三角形　イ．正三角形　ウ．二等辺三角形

エ．BAC　オ．ACB　カ．CDA

キ．CAD　ク．CDB　ケ．BCD

コ．3組の辺の比がすべて等しい

サ．2組の辺の比とその間の角がそれぞれ等しい

シ．2組の角がそれぞれ等しい

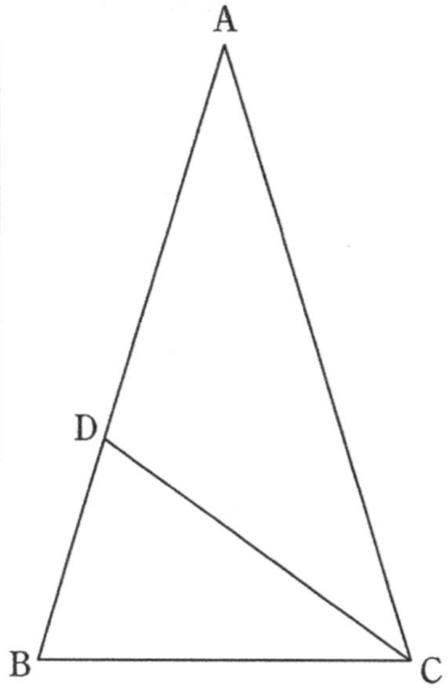

⑵ 辺ABの長さを求めなさい。

5 大小2つのさいころを振って，大きいさいころの目の数を縦の長さ，小さいさいころの目の数を横の長さとする長方形を描く。このとき，次の問いに答えなさい。

⑴ 長方形の面積が12となる確率を求めなさい。

⑵ 長方形の面積が15以上となる確率を求めなさい。

2021(令和３)年度　大阪高等学校

入学試験問題

英　語

(40分)

受験にあたっての注意

1．監督者から試験開始の合図があるまで、問題冊子を開けないこと。
2．試験開始の合図があったら、問題冊子と解答用紙に受験番号と氏名を忘れずに記入すること。
3．もしも、落丁、乱丁、印刷不鮮明の箇所があれば、すぐに監督者に申し出ること。
4．試験終了の合図があったら、問題冊子を閉じて、解答用紙を机の上に置いて、監督者の指示があるまで静かに待機すること。
5．問題冊子と解答用紙はすべて回収されます。
6．試験終了後は監督者の指示で退出すること。

受験番号		氏　名	

1 次の(　　)に入る最も適切な語句を1～4の中から1つ選び番号で答えなさい。

(1) A: Where is Satoshi?
B: He (　　) with his dog in the park now.
1 is walking　2 walk　3 walked　4 walking

(2) His garden and her garden (　　) very similar.
1 is　2 was　3 are　4 am

(3) Kate (　　) tennis.
1 not play　2 doesn't plays　3 doesn't play　4 isn't play

(4) The (　　) cat is my pet.
1 sleep　2 sleeping　3 slept　4 sleeps

(5) Excuse me. (　　) I sit here?
1 Would　2 Will　3 May　4 Had

(6) I would like (　　) to drink.
1 hot something　2 hot to something　3 something hot　4 something to hot

(7) (　　) her yesterday?
1 Are you meeting　2 Did you meet　3 Do you meet　4 Have you met

(8) I have already (　　) breakfast.
1 have　2 had　3 having　4 has

(9) My sister is (　　) any more.
1 too tired to work　2 to tired too work　3 too tired to working　4 to tired for work

(10) This question is (　　) to answer than that one.
1 easy　2 more easy　3 easiest　4 easier

(11) It is necessary (　　) my lifestyle.
1 change　2 to changing　3 to change　4 of changing

(12) Musashi is good at (　　) basketball because he is tall.
1 play　2 to play　3 plays　4 playing

2　次の対話を読み、(　　)に入る最も適切なものを１～４の中から１つ選び番号で答えなさい。

(1) A : What do you think about this bag?
B : It's nice, but it's expensive. It costs fifty dollars.
A : No, (　　) so you can save twenty dollars.

1 it's on sale for thirty dollars,
2 it's on sale for forty dollars,
3 it's not on sale today,
4 it's not on sale tomorrow,

(2) A : Hello? This is Osaka High School.
B : Hello. May I speak to Mr. Clark, please?
A : (　　) May I take a message?
B : No, thanks. I'll call back later.

1 Yes, please.
2 Speaking.
3 Sorry, I can't hear you.
4 Sorry, but he is out now.

(3) A : Are you going to be back home late today?
B : Yes, I'm busy. I have a meeting at five. Why?
A : I want to have dinner together. What time will the meeting finish?
B : (　　)

1 Hurry up.
2 Don't forget.
3 I have no idea.
4 I start eating lunch at four.

(4) A : (　　　)

B : I don't know. Why?

A : I want to go shopping with her.

B : Check outside. Maybe she's there.

1 What time is it now?

2 When did Mom go shopping?

3 Where's Mom?

4 What does Mom find this morning?

(5) A : Look! Finally I've got new shoes!

B : Cool! (　　　)

A : They are. I feel like I can keep dancing forever.

1 Where did you buy them?

2 Why?

3 Are those shoes great?

4 Do you like dancing?

3 日本文に合うように(　　)内の語句を並べ替え、2番目と4番目に入るものを選び番号で答えなさい。

(1) 明日、晴れるといいなぁ。

I (1 be / 2 will / 3 it / 4 fine / 5 hope) tomorrow.

I ＿＿＿ 2番目 ＿＿＿ 4番目 ＿＿＿ tomorrow.

(2) 彼女が留守の時、父が帰宅した。

Her father (1 got / 2 when / 3 home / 4 she / 5 wasn't) there.

Her father ＿＿＿ 2番目 ＿＿＿ 4番目 ＿＿＿ there.

(3) 息子に野球選手になってもらいたかった。

I (1 a baseball player / 2 be / 3 to / 4 wanted / 5 my son).

I ＿＿＿ 2番目 ＿＿＿ 4番目 ＿＿＿ .

(4) もう一杯、お茶はいかがですか。

Will (1 of / 2 drink / 3 another / 4 you / 5 cup) tea?

Will ＿＿＿ 2番目 ＿＿＿ 4番目 ＿＿＿ tea?

(5) 四国はオーストラリアほど大きくはありません。

Shikoku (1 as / 2 not / 3 large / 4 is / 5 as Australia).

Shikoku ＿＿＿ 2番目 ＿＿＿ 4番目 ＿＿＿ .

4 例にならって次のイラストを英語で説明しなさい。英文は1文でなくてもよい。

〈例〉 She feels his music is noisy because the volume is too loud.

(1)

(2)

5 次の対話文を読み、以下の質問に答えなさい。

Kim : Hi, Chris. (Ⅰ)

Chris : I'm good. How about you? Did you get a good sleep?

Kim : Yes, I did. What are you doing?

Chris : I am cooking dinner for the party.

Kim : Is it for your father's (a)promotion? The big business went well, didn't it?

Chris : Yes, it did. A lot of his friends will come home. Can you help me?

Kim : I'd love to. (Ⅱ)

Chris : Well, Can you make a famous Korean food, such as Bulgogi, Kimchi, Samgyeopsal and Gimpap?

Kim : Of course, but we need a lot of (b)ingredients. Are they in this fridge?

Chris : No. Could you go out? I' ll tell you where you can buy them.

Kim : (Ⅲ) I'll go get a pen and some paper… OK, I'm ready.

Chris : First, walk east along the street. In a few minutes, you will see K-mart on your right. You should get some vegetables there. Second, when you leave the mart, you will see an *intersection on your left. Soon, you will see ABC market at the corner of the first block. You should buy many kinds of meats there.

Kim : I got it. Can't I buy cabbages and carrots at ABC market?

Chris : Yes, you can, but they are cheaper at K-mart.

Kim : I see. How many people did you invite to the party?

Chris : About 30.

Kim : Wow! That's so many! Well, I should buy 10 carrots, 5 cabbages, and 14kg of meats. I'll get them as cheaply as possible.

Chris : I'll *leave it to you.

Kim : (Ⅳ)

Chris : Take care.

注 *intersection 交差点 *leave を任せる

(1)　空欄（ Ⅰ ）～（ Ⅳ ）に入る最も適切なものを次の1～4の中からそれぞれ選び番号で答えなさい。

1　Wait a minute…

2　What can I do?

3　How are you doing?

4　I'm going now.

(2)　下線部(a)と(b)の日本語の意味として最も適切なものを次の1～4の中から選び番号で答えなさい。

【(a)の選択肢】 ⇒ 1　誕生日　2　還暦　3　昇進　4　テレビ放映

【(b)の選択肢】 ⇒ 1　市場　2　食材　3　文化　4　飲料

(3)　対話文の内容に合っているものを1～4の中から2つ選び番号で答えなさい。(順不同)

1　Chris is going to go out with Kim to buy some foods.

2　Kim should go to K-mart to buy cabbages and carrots cheaply.

3　About 30 people will come to Chris's house for lunch party.

4　Chris tells Kim where he can buy some foods.

6 以下の質問に英語で答えなさい。ただし、全体の語数は10語以上（. , ! ? などの符号は語数に含まない）とする。

(1) Which do you like better, paper books or *e-books? Why?

注 *e-books 電子書籍

(2) Which country do you want to go? Why?

<記入例>

How	are	you?	I'm	fine,
thank	you.			

問題は次のページに続く

7 次の文章を読み、以下の質問に答えなさい。

ROBERT GRANT worked in an office in New York. At the end of a long day, he was walking to the subway station on his way home. Then, he found an old woman near the station. She was selling flowers.

"Buy *a bunch of violets," she said. "Only fifty *cents, and they'll bring you luck."

Robert Grant was careful with his money. He (a)hesitated for a moment, then he remembered that his wife Jean liked flowers. "All right," he said, "I'll have two bunches." The old woman *wrapped the violets in a piece of newspaper.

There were a lot of people in the train, and most of them were reading a book or something. (b)He had a long way to go and nothing to read. Then Robert remembered the piece of newspaper around his bunch of violets. He *unwrapped the piece of the newspaper and carefully *smoothed it out.

The first words he saw were, "Win $10,000!", and under this there was a crossword puzzle. Robert liked doing crossword puzzles, so he took out a pencil and began. He finished the puzzle before the train arrived at his station and posted it to the newspaper company. When he got home, Ms. Grant was very pleased with her violets, and husband and wife spent a happy evening together.

Mr. Grant forgot all about the crossword puzzle. But a month later he had a letter from the newspaper company. It said:

"Dear Mr. Grant,

We are pleased to tell you that you have won ten thousand dollars for your correct crossword puzzle. We hope you will go on reading our newspaper for many years."

"But you never read that newspaper," said Ms. Grant.

" (c)No," said her husband, "but do you remember that I bought the violets a few weeks ago? The flower-seller wrapped a piece of newspaper around (d)them, and because I didn't have anything to do in the train, I did the puzzle on this piece of newspaper. And now I've won the prize."

"What shall we do with the money?" asked Ms. Grant.

"I have an idea," said her husband, "We'll buy a little house you've always wanted and keep a pet."

A few weeks later, they bought a little house in the town and enjoyed their life in the new house.

One day Jean said, "I'd like to go up to New York to say, 'Thank you' to the old flower-seller because she brought us all our luck."

Next day they went up to New York. They got off the train and went to the place Mr. Grant bought the violets. But there was a much younger girl in the place of the old flower-seller.

"Where's the old woman who sold violets here?" Robert asked the young girl.

"It's strange you should ask about her today," she answered. "She gave up coming here about a month ago because she was ill. She died this morning," said the girl.

"Poor old dear," said Jean sadly. "And I never met her."

"And I never said, 'Thank you'," said Robert.

注　*a bunch of violets　一束のスミレ　　*cent　セント(お金の単位)
　　*wrap　包む　　*unwrap　包みを解く　　*smooth out　しわをのばす

(1) 下線部(a)の動詞 hesitate の意味として正しいものを、1～4の中から1つ選び番号で答えなさい。

1　ためらった　　2　喜んだ　　3　無視した　　4　怒った

(2) 下線部(b)を日本語に直した場合、最も適切なものを1～3の中から1つ選び番号で答えなさい。

1 家への道のりは遠く、何も読むものがなかった。
2 行くべき道は遠かったので、新聞を読むことは何でもなかった。
3 彼の道は長く続き、何も読めなかった。

(3) 下線部(c)の"No"の示す内容を1～4の中から1つ選び番号で答えなさい。

1 Mr. Grant is reading that newspaper.
2 Mr. Grant is not reading that newspaper.
3 Mr. Grant has read that newspaper.
4 Mr. Grant has not read that newspaper.

(4) 下線部(d)の them の指す内容を本文から2語で抜き出しなさい。

(5) 本文の内容に合うものに○を、合わないものに×をつけなさい。

1 Robert は仕事の帰り道、電車の中で読む新聞を駅で買った。
2 Robert は奥さんの誕生日だったので、彼女の好きな花を買った。
3 Robert は新聞のクロスワードパズルを車内で解き、降りたときにポストに入れた。
4 Jean は花が好きだったので、Robert が買ってきた花を見て、とても喜んだ。
5 1ヶ月後、いつも読んでいる新聞社からクロスワードパズル当選の手紙がきた。
6 もらった賞金で Jean は今まで働いていた会社を辞め、新しく店を買った。
7 ある日 Robert と Jean はお礼を言うために New York へ出かけた。
8 花束を売った女性は、Robert が再度訪ねたその日の朝に亡くなった。

2021(R3) 大阪高
教英出版

2021（令和３）年度　大阪高等学校

入学試験問題

理　科

（40分）

受験にあたっての注意

1．監督者から試験開始の合図があるまで、問題冊子を開けないこと。
2．試験開始の合図があったら、問題冊子と解答用紙に受験番号と氏名を忘れずに記入すること。
3．もしも、落丁、乱丁、印刷不鮮明の箇所があれば、すぐに監督者に申し出ること。
4．試験終了の合図があったら、問題冊子を閉じて、解答用紙を机の上に置いて、監督者の指示があるまで静かに待機すること。
5．問題冊子と解答用紙はすべて回収されます。
6．試験終了後は監督者の指示で退出すること。

受験番号		氏　名	

1　大阪高校の和太鼓部のメンバーが、夏休み目前に「感動してもらえる演奏を目指すにはどうしたらいいか！」というテーマでミーティングをしていました。話し合いが進んでいく中で、そもそも太鼓の音は、どのように耳に届くのだろうと音についての疑問が出てきました。以下は、ミーティングでの様子です。次の各問いに答えなさい。

部　　長：「2020 年度新学期早々、臨時休校となりました。6月に授業が開始され、7月には新入部員を迎えてクラブ活動が再開されました。今までにないスタートになりましたが、大阪高校の和太鼓部に入部してからの感想を聞かせてください。」

新入生A君：「入部してはじめて太鼓をたたかせてもらったとき、びっくりしました。太鼓をたたいて音が出たときに、太鼓の表面が振動しているのがわかりました。」

部　　長：「音を発生しているものを（　①　）というって習ったよね。この場合、和太鼓が（　①　）ということだね。」

新入生Bさん：「私は、隣のA君が太鼓をたたいたとき、同じ大きさの太鼓の前で立っていると、太鼓の表面が振動しているのに驚きました。」

部　　長：「A君のたたいた太鼓の振動が、周りの空気を次々と振動させ、Bさんの太鼓に伝わって振動させたんだね。音がきこえるのは、空気の振動が耳の中にある（　②　）を振動させ、その振動を私たちが感じているんだね。」

問 1.（　①　）（　②　）にあてはまる語句を答えなさい。

問 2.波線部　　　のように振動が次々と伝わる現象を何といいますか。漢字で答えなさい。

新入生Cさん：「体育祭の練習で感じたことです。太鼓をたたいている音が、バチさばきと一致しないので、広い場所での演奏は難しいと思いました。音の伝わる速さが関係するんですね。」

部　　長：「空気中を伝わる音の速さは、確か約 340 メートル毎秒と習ったね。クラブで、太鼓を使って音の速さを測定しようか。方法をみんなで考えてくれるかな。」

【実験】目　　　的：太鼓を使って音の速さを調べる。

準備する道具：和太鼓、ストップウォッチ、メジャー

方　　　法：①～③の通り行う。

① 河川敷でa地点、b地点を決めて、その距離を測る

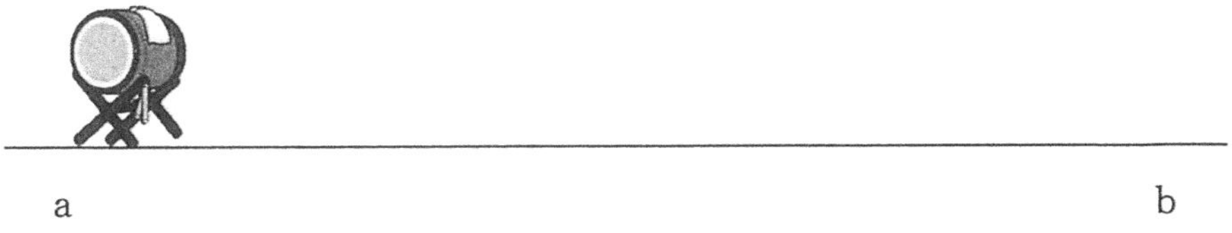

② 2人が同時にストップウォッチをスタートさせ、①で決めたａ地点 、ｂ地点にそれぞれ立つ。

③ ａ地点でほかの人が太鼓をたたき、その音が聞こえた瞬間に、2人ともストップウォッチを止める。

結果：ａ地点、ｂ地点の距離660メートル

	ａ地点	ｂ地点
②のとき	0秒	0秒
③のとき	2分25秒	2分27秒

問3．以上の結果から、音の速さは何メートル毎秒ですか。答えなさい。

新入生D君：「僕は、太鼓に種類があることに驚きました。大阪高校の和太鼓部には4種類の太鼓があり音の高さが違います。バチもそれぞれ異なって、たたき方まで違います。想像していた以上に難しいと感じました。」

部　　長：「そう、それぞれの太鼓に、音の大きさ、高さ、リズムの取り方など特長があります。だから、それらを合わせると変化に富んだ演奏ができるんだよ。」

問4．基本になる太鼓の音をマイクロホンで拾って、オシロスコープで波形表示しました。図1はこのときの波形を表しています。次の各問いに答えなさい。

(1) このときの音は、1回振動するのに何秒かかっていますか。答えなさい。

(2) このときの音の振動数は、何Hzですか。答えなさい。

(3) 同じ太鼓を使って、図1のときより強くたたきました。その時の波形を、図1を参考に解答欄の図に表しなさい。

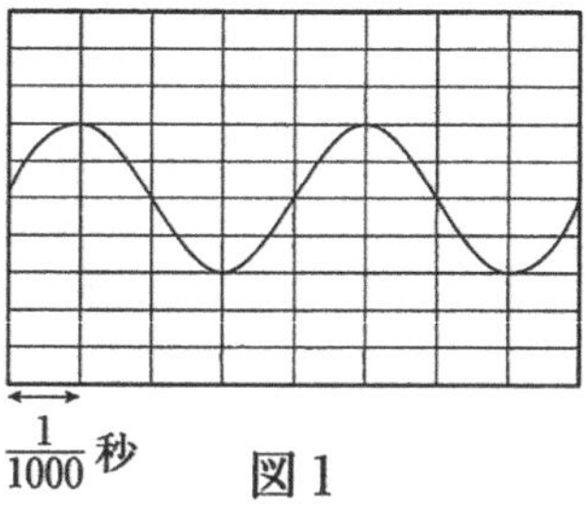

図1

部　　長：「みんながそろってたたいているときは、自分たちも感動します。僕は、演奏中に一瞬はっとするときがあります。それは、音がなくなる時です。きっと聞いている人達もドキっとすると思います。鳴っているときだけでなく、意外と音が聞こえなくなる瞬間が大切だと僕は考えます。」

問5．鳴っている音が聞こえなくなる状態にするには、どのようにすればよいですか。振動という語句を使って10字以内で説明しなさい。

2　下の文章を読み、次の各問いに答えなさい。

ドルトンは19世紀の初めごろ、物質はそれ以上分割することのできない小さな粒子でできていると考えました。そしてその粒子を（ ① ）とよびます。ドルトンが（ ① ）の考えを発表してから少し後に、アボガドロは水素や二酸化炭素などの気体では、いくつかの（ ① ）が結びついてできた粒子が単位となっていると考えました。そのような粒子を（ ② ）とよびます。1種類の（ ① ）からできている物質を（ ③ ）といい、また、2種類以上の（ ① ）が組み合わさってできている物質を（ ④ ）といいます。

問1．空欄①～④に当てはまる適切な語句はどれですか。次のア～ケから1つ選び、記号で答えなさい。

ア．原子　　イ．化学式　　ウ．分解　　エ．単体　　オ．化合物
カ．分子　　キ．化合　　　ク．燃焼　　ケ．還元

問2．化学変化の説明として、最も適するものはどれですか。次のア～オから2つ選び、記号で答えなさい。

ア．氷が溶けて水になる。
イ．水を加熱すると水蒸気になる。
ウ．水素を燃焼すると水が発生する。
エ．泥水をろ過すると水と泥に分かれる。
オ．鉄でできたクギを放置すると、さびたクギになる。

問3．以下の化学変化について、次の各問いに答えなさい。

(1) 密閉した丸底フラスコの中で、鉄と硫黄の混合物を加熱すると、黒い物質ができました。この物質は鉄の原子と硫黄の原子が結びついた物質です。このときの変化を化学反応式で答えなさい。

(2) (1)の実験で、加熱する前の鉄と硫黄、実験器具として使用した丸底フラスコの質量はそれぞれ表の通りです。鉄と硫黄を丸底フラスコの中に入れ、密閉した丸底フラスコの中で、(1)と同様の方法で完全に反応を進めたとき、反応物が入った丸底フラスコ全体の重さは何gになるか答えなさい。

表　実験で使用する鉄、硫黄、丸底フラスコのそれぞれの質量

	鉄	硫黄	丸底フラスコ
実験前	18g	24g	120g

3　下の文章は、図中のX地点から山頂Zに登るとき途中で観察したことです。次の各問いに答えなさい。

X地点を早朝に出発して川に沿って進み、Y地点で川から離れ尾根づたいに山頂Zまで登りました。X地点には花こう岩の露出した所が見られました。Y地点から山頂Zまでは堆積岩が見られました。また、出発するときには山の中腹にうっすらとかかっていた雲が時間とともに濃くなり山頂Zへと上昇していきました。尾根を登っていくころには山頂の上空に大きな雲ができていました。山頂に着いたころには雲は大きく厚くなり雨が降りそうだったので大急ぎで下山しました。

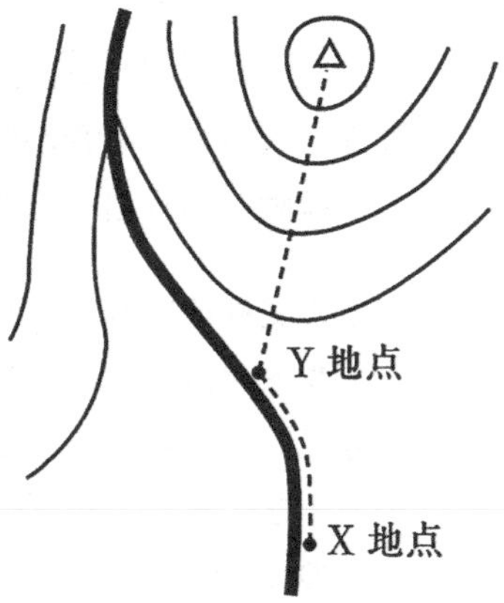

問1．X地点にあった花こう岩の露出した所はどんな地質現象の結果できたものですか。下のA群とB群の地質現象から正しいものの組み合わせを1～4の選択肢から1つ選び、番号で答えなさい。

A群（隆起・沈降）　　　B群（侵食・堆積）

選択肢	A群	B群
1	隆起	侵食
2	隆起	堆積
3	沈降	侵食
4	沈降	堆積

問2．花こう岩の組織についての記述として、下のA群とB群から正しいものの組み合わせを1～6の選択肢から1つ選び、番号で答えなさい。

A群　ア．全部が肉眼で見える大きさの粒だけでできている。
　　　イ．肉眼で見える大きさの粒と肉眼で見えない大きさの粒とが入り混じっている。
　　　ウ．全部が肉眼では見えない大きさの粒だけでできている。
B群　a．等粒状組織
　　　b．斑状組織

選択肢	選択肢	選択肢
1	ア	a
2	ア	b
3	イ	a
4	イ	b
5	ウ	a
6	ウ	b

問３．火成岩はマグマが冷えたものであるが、火山活動のときに微小な粒子として放出される噴出物を何といいますか。漢字で答えなさい。

問４．問３の微小な粒子が堆積すると凝灰岩の地層を作ります。この地層の色は、花こう岩になるようなマグマの場合には白っぽい色になります。白っぽい層になる理由としてａ～ｃの文があります。ａ～ｃの正誤について適切な組み合わせを１～８の選択肢から１つ選び、番号で答えなさい。

ａ．粒が大変小さいために、どの粒も白く見えるため。

ｂ．水中に積もったときに、色の成分が水に溶け出してしまったため。

ｃ．花こう岩の構成鉱物はほとんど白いため。

選択肢	a	b	c
1	正	正	正
2	正	誤	正
3	誤	正	正
4	誤	誤	正
5	正	正	誤
6	正	誤	誤
7	誤	正	誤
8	誤	誤	誤

問５．Ｙ地点から山頂Ｚへ登るときに見られた堆積岩の中に、種類の不明なサンゴの化石が見つかりました。この化石について下のＡ群・Ｂ群の正しい記述の組合せを１～８の選択肢から１つ選び、番号で答えなさい。

Ａ群　ア．示相化石
　　　イ．示準化石

Ｂ群　ａ．古生代
　　　ｂ．中生代
　　　ｃ．新生代
　　　ｄ．わからない

選択肢	A群	B群
1	ア	a
2	ア	b
3	ア	c
4	ア	d
5	イ	a
6	イ	b
7	イ	c
8	イ	d

問6．Y地点から山頂Zへ登っていくとき、風がふもとから山頂へ向かって吹いていました。このような風が吹く理由として正しいものを次のア～エから1つ選び、記号で答えなさい。

ア．山にあたった風が山を越えようとして山の斜面をはい上がっていくから。

イ．山の頂上付近の空気が太陽光で温められて上昇するから。

ウ．山の頂上はふもとより高度が高いので気圧が低くなって、周りから空気を吸い込むから。

エ．山の頂上はふもとより高度が高いので気圧が高くなって上昇するから。

問7．山頂Zからの下山途中に雷を伴った強い雨が降りました。このときの雨を降らせる雲について、下に示したa・bの文の正誤について適切な組み合わせを1～4の選択肢から1つ選び、番号で答えなさい。

a．雨を降らせた雲は積乱雲である。

b．山のふもとから上昇してきた暖かい空気が山頂付近の冷たい空気にぶつかってできる雲である。

選択肢	a	b
1	正	正
2	正	誤
3	誤	正
4	誤	誤

問8．X地点で日没後に山頂から山のふもとへ風が吹いてきます。この風と同じ種類の風はどれですか。次のア～エから1つ選び、記号で答えなさい。

ア．竜巻　　イ．台風　　ウ．偏西風　　エ．海陸風

4　消化のしくみについて、下の文章を読み、次の各問いに答えなさい。

①消化のしくみは、今から300年ほど前までは、分かっていませんでした。18世紀中ごろ、フランスのレオミュールが消化についての実験をしました。ある種のトビは、飲み込んで消化できなかったものをはき出します。そこで、レオミュールは、小さなあなのあいた金属製のかたいカゴに肉を入れ、トビに飲みこませました。しばらくしてはき出させたカゴの中の肉は、一部がとけていました。さらにレオミュールは、スポンジを飲みこませてはき出させ、そのスポンジから胃液をしぼり出し、その液の中に肉を浸しました。すると、肉がとけることが確認できました。また、イタリアのスパランツァーニらも、ほかの動物で同様のことを調べました。このような観察や実験を通して、消化というはたらきや②消化酵素の存在が少しずつ明らかになりました。

問1．下線部①について、次の各問いに答えなさい。

⑴　図は、ある消化器官の構造です。何という消化器官ですか。その器官の名称を漢字2字で答えなさい。

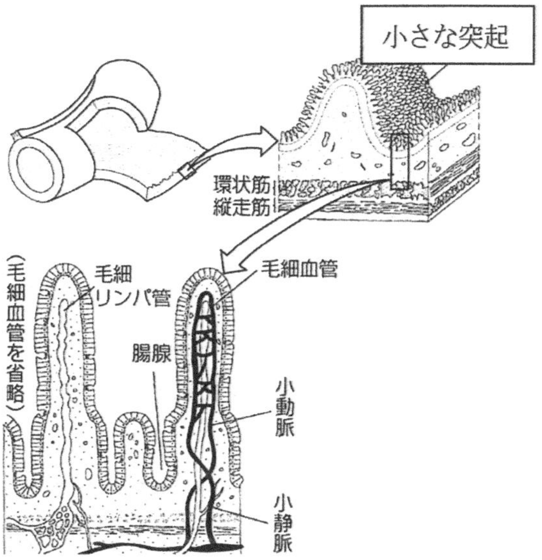

⑵　図に示した小さな突起を何といいますか。その名称を漢字2字で答えなさい。

問2．下線部②に関して、食物中の(A)デンプン、(B)タンパク質は、図の小さな突起から吸収されるとき、何という物質になっていますか。それぞれの物質の名称を次のア～カから1つずつ選び、記号で答えなさい。

ア．モノグリセリド　　イ．脂肪　　ウ．炭水化物
エ．脂肪酸　　オ．アミノ酸　　カ．ブドウ糖

問3．図のような小さな突起がたくさんあると、養分の吸収という点から考えてどのような利点がありますか。20字程度で答えなさい。

次に、だ液に含まれる消化酵素のはたらきを調べるため、次の実験を行いました。

A：１%デンプン溶液 10 ㎤ に、うすめただ液 2 ㎤ を入れ、ふり混ぜました。

B：１%デンプン溶液 10 ㎤ に、食塩水 2 ㎤ を入れ、ふり混ぜました。

C：水 10 ㎤ に、うすめただ液 2 ㎤ を入れ、ふり混ぜました。

A、B、Cそれぞれの試験管を約 40 ℃の湯で 5 ～ 10 分あたため、ヨウ素溶液を入れて反応を確認しました。

問４．だ液に含まれる消化酵素を何といいますか。その名称を答えなさい。

問５．下の文章を読み、①、②にあてはまる適切な語句をア～ウから選び記号で答えなさい。

ヨウ素溶液を加えたときに反応が見られた試験管は ①（ア．A　イ．B　ウ．C）であり、その反応により色は ②（ア．青紫色　イ．赤かっ色　ウ．黄緑色）に変化した。

問６．しばらく放置すると、ある試験管には色の変化が見られました。この変化からわかったことは何ですか。次のア～エから１つ選び、記号で答えなさい。

ア．糖ができたこと　　イ．糖がなくなったこと

ウ．デンプンができたこと　　エ．デンプンがなくなったこと

5　ある容器内に水を入れました。次の各問いに答えなさい。

たて 1.4 ㎝、横 3.5 ㎝、高さ 5.6 ㎝の容器に 24.5 ㎤の水を入れました。

問１．水はこの容器の高さ何㎝のところまで入りますか。答えなさい。

問２．容器を横に倒し、たて 1.4 ㎝、横 5.6 ㎝にしたとき、24.5 ㎤の水は高さ何㎝になりますか。四捨五入して小数第１位まで答えなさい。

次に、半径３cm の球体の容器を用意しました。下の公式を参考に、次の各問いに答えなさい。ただし、容器の厚さは無視できるものとし、円周率を 3.14 とします。

$$球の体積 = \frac{4}{3} \times 円周率 \times (半径)^3$$

問３．この容器に入れられる水は最大何㎤ですか。小数点以下を四捨五入して、整数で答えなさい。

問４．水の密度を 1.0g/㎤、氷の密度を 0.98g/㎤とするとき、この容器に入れられる水および氷は最大何 g ですか。小数点以下を四捨五入して、整数で答えなさい。

2021（令和３）年度　大阪高等学校

社　会

（40分）

受験にあたっての注意

1．監督者から試験開始の合図があるまで、問題冊子を開けないこと。
2．試験開始の合図があったら、問題冊子と解答用紙に受験番号と氏名を忘れずに記入すること。
3．もしも、落丁、乱丁、印刷不鮮明の箇所があれば、すぐに監督者に申し出ること。
4．試験終了の合図があったら、問題冊子を閉じて、解答用紙を机の上に置いて、監督者の指示があるまで静かに待機すること。
5．問題冊子と解答用紙はすべて回収されます。
6．試験終了後は監督者の指示で退出すること。

受験番号		氏　名	

1 次の文章を読み，空欄（①）～（③）に適当な語句を入れ，後の問いに答えなさい。

オーストラリアは世界の中で面積が６番目に大きい国である。また，A.大陸としては世界最小である。西岸はB.インド洋に面しており，東岸は太平洋に面している。

気候のほとんどが（①）帯に属しているため，「（①）大陸」とも呼ばれる。しかし，東部・南西部は温暖で，比較的降水量も多く，農業がさかんである。

オーストラリアの国旗の中にはイギリスの国旗が描かれている。これは，植民地であったことのなごりである。その影響によって，C.キリスト教を信仰する人が多く，英語をD.公用語にしている。

２０世紀初頭からE.移民を制限する政策を行ってきた。しかし，１９７０年代以降は政策が変更されたため移民が増加した。それによって，多種多様な文化を互いに尊重しあう多文化社会へと大きく変化した。また，先住民である（②）の人々も多文化社会の大切な一員として，彼らの社会的・経済的地位の向上や，独自の伝統文化を尊重するための努力も続けられている。

オーストラリアはF.鉱産資源が豊富な国としても有名である。その中でもアルミニウムの原料である（③）の輸出額は世界第１位（２０１８年）である。

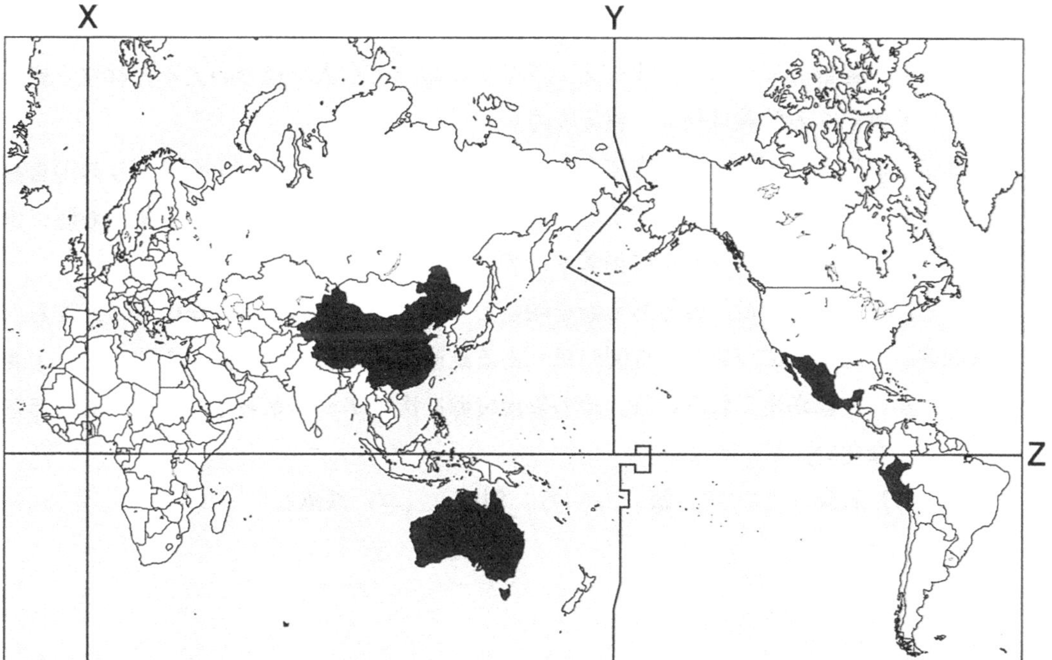

〔設問1〕地図中X～Zの線を何というか，それぞれ答えなさい。

〔設問2〕下線部Aについて，地球には6つの大陸が存在する。その中で面積が5番目に大きいものを答えなさい。

〔設問3〕下線部Bについて，インド洋は世界で3番目に面積が大きい海として知られている。インド洋に面していない国を次のア～エから1つ選び，記号で答えなさい。

(ア) 南アフリカ共和国　(イ) ベトナム　(ウ) スリランカ　(エ) タイ

〔設問4〕下線部Cについて，今日，キリスト教は民族や国境をこえ，世界中の人々に信仰されている宗教である。主にキリスト教が信仰されている国を次のア～エから1つ選び，記号で答えなさい。

(ア) マレーシア　(イ) インドネシア　(ウ) カンボジア　(エ) フィリピン

〔設問5〕下線部Dについて，次の国旗の国はイギリスの植民地であったという歴史があるが，英語以外の言語も公用語として認められている国である。国名とその言語をそれぞれ答えなさい。

〔設問6〕下線部Eについて，オーストラリアにおいて白人ではない人々の移住を厳しく制限する政策は何か，答えなさい。

〔設問7〕オーストラリアの都市であるシドニー（東経150度）からイギリスの首都ロンドンまでは飛行機で19時間かかる。シドニーを7月28日午前6時に出発したとき，ロンドンに到着するのはいつか，答えなさい。

ただし，午前と午後どちらかを明記し，サマータイムは考えないものとする。

〔設問8〕下線部Fについて，地図には，ある鉱産資源の産出量上位4カ国（2018年）に色が塗られている。その鉱産資源を次のア～エから1つ選び，記号で答えなさい。

(ア) 石炭　(イ) 銀　(ウ) 銅　(エ) 鉄鉱石

2 次の日本地図を見て，後の問いに答えなさい。

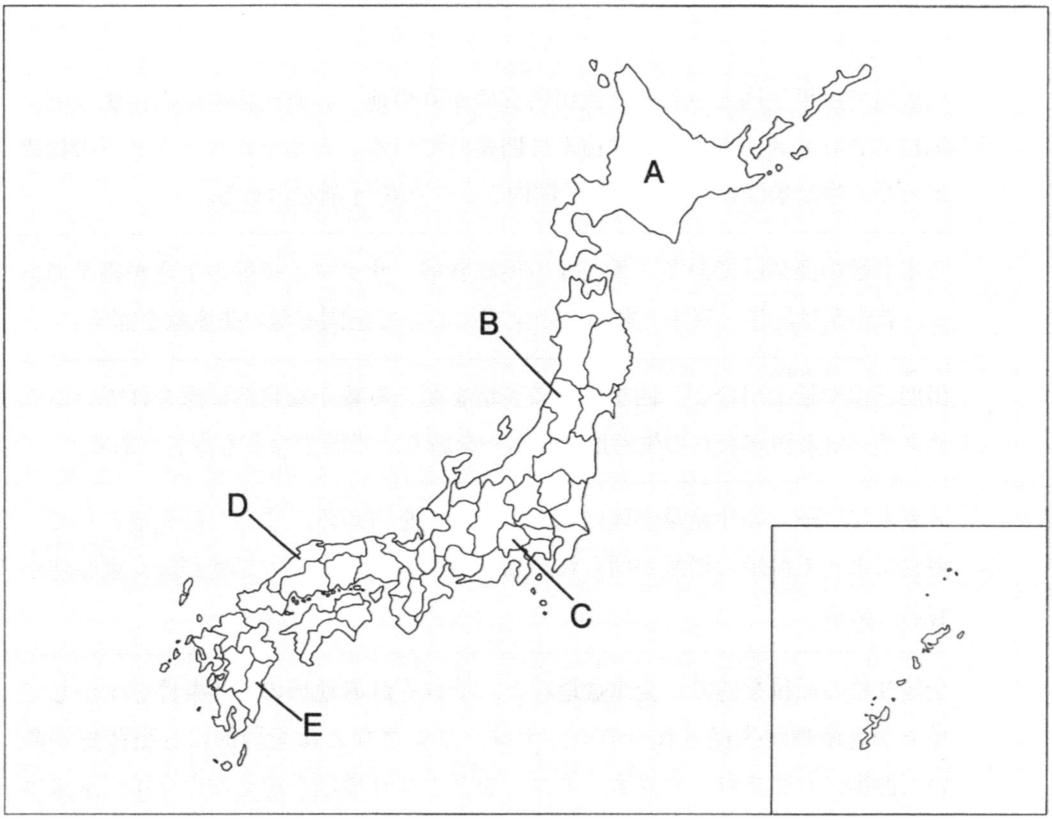

〔設問１〕Ａ～Ｅの都道府県について説明した文章をア～クからそれぞれ選び，記号で答えなさい。

ア	旧国名では甲斐国《かいこく》とされる「武田信玄ゆかりの地」。富士山や赤石山脈など，海抜２０００メートルを超す山々に囲まれている。ミネラルウォーターの採水地として生産量は日本一を誇り，国内シェアの約４割を占める。
イ	日本有数の農業県で野菜・果実等の促成栽培，サツマイモ等の生産が盛んである。牧畜業は乳牛・肉牛・豚・鶏の全てにおいて全国有数の生産量を誇る。
ウ	出羽《でわ》三山や最上《もがみ》川など，四季折々に表情を変える豊かな自然に恵まれている。サクランボと西洋なしの生産量は日本一を誇り，米沢牛なども有名である。
エ	メガネフレームの生産量が国内シェアの９割を占める。また，観光地として，海食によって海岸の岩肌が削られ，高さ約２５メートルの岩壁が続く東尋坊《とうじんぼう》が有名である。
オ	全国３位の面積を誇り，会津盆地など，それぞれの地域の自然条件を生かして様々な農産物が生産され，モモ，ナシ，リンゴなどは全国的にも出荷量が多い。漁場にも恵まれ，カツオ，タコ，など１００種類を超える魚介類が水揚げされる。郡山市の鯉の養殖は全国屈指である。
カ	年間を通して冷涼で，梅雨がないのが特徴である。農業生産額は全国トップである。豊かな食材に加え，世界遺産の知床《しれとこ》半島など自然にも恵まれ，雪まつりには多くの観光客が訪れる。
キ	北部は赤城山や谷川岳などのスキーリゾートや，草津などの温泉地が知られ，南部は前橋市の農業や高崎市の商工業を中心に発展している。様々な農畜産物が全国上位であり，工芸品では高崎市のダルマが有名である。また，世界遺産の富岡製糸場がある。
ク	『日本書紀』にも登場する「出雲大社」は縁結びの神様としても知られ，神在《かみあり》月《つき》（１０月。他の地方は神無月《かんなづき》という）には全国から八百万《やおよろず》の神々が集まるとされる。また，シジミの養殖が有名で，ヤマトシジミの約４０％は宍道湖《しんじこ》でとれている。

〔設問２〕Ｂの都道府県の祭りを次のア～エから１つ選び，記号で答えなさい。

（ア）《ねぶた祭》

（イ）《祇園祭》

（ウ）《阿波踊り》

（エ）《花笠まつり》

〔設問３〕次の雨温図のうち，Ｃの都道府県の雨温図を次のア～エから１つ選び，記号で答えなさい。

（ア）

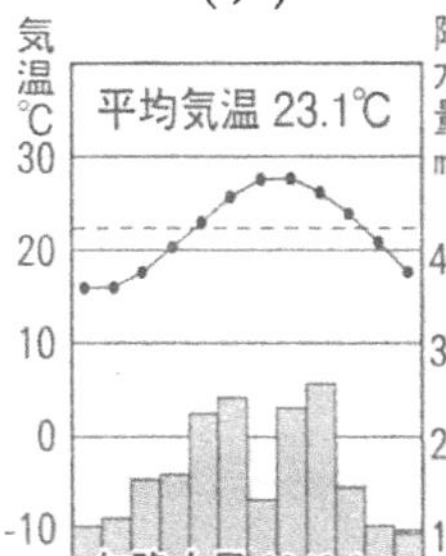

（イ）

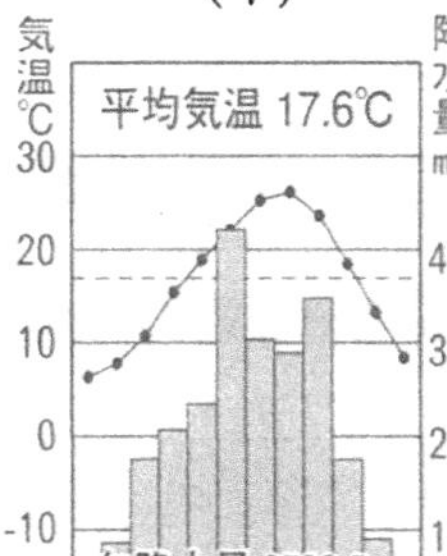

（ウ）

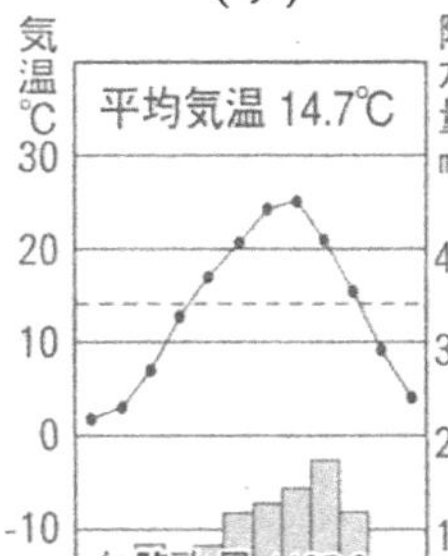

（エ）

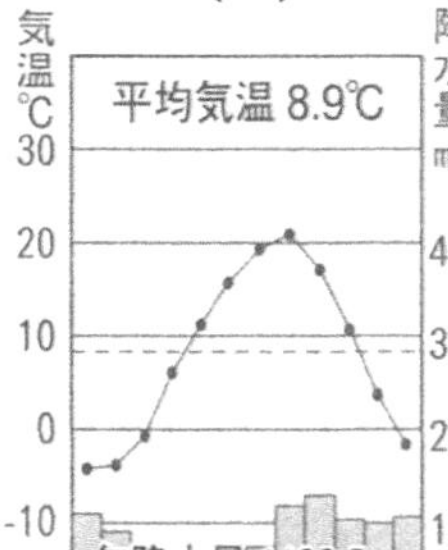

〔設問４〕Ｄの都道府県にある世界遺産を次のア～エから１つ選び，記号で答えなさい。

（ア）《石見銀山》

（イ）《白川郷・五箇山の合掌造り集落》

（ウ）《姫路城》

（エ）《百舌鳥・古市古墳群》

〔設問５〕次のグラフはある５つの都道府県の農業産出額の割合を示したものである。Ｅの都道府県のグラフとして適当なものを次のア～オから１つ選び，記号で答えなさい。

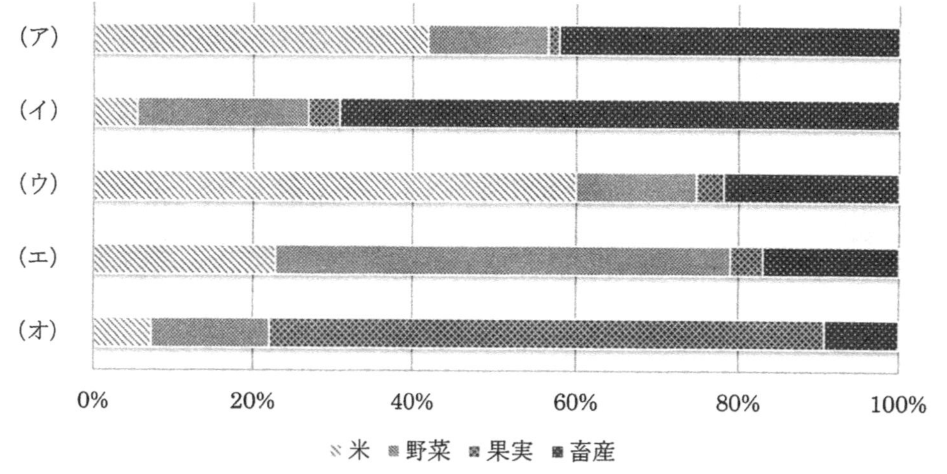

『データブック オブ・ザ・ワールド』（農林水産統計データ 2018年）

2021

国語解答用紙

一

問一
①
②
③ って
④ まえた
⑤
⑥
⑦
⑧ む

問二
①
②
③

問三
①
②
③

問四
① 主語 述語
② 主語 述語
③ 主語 述語

二

問一

問二
(1) i ii iii iv v
(2)

問三

問四
〜

受験番号

問一 ①〜④ 各1点 ⑤〜⑧ 各1点
問二 各2点
問三 各2点
問四 各2点

26

問一 5点

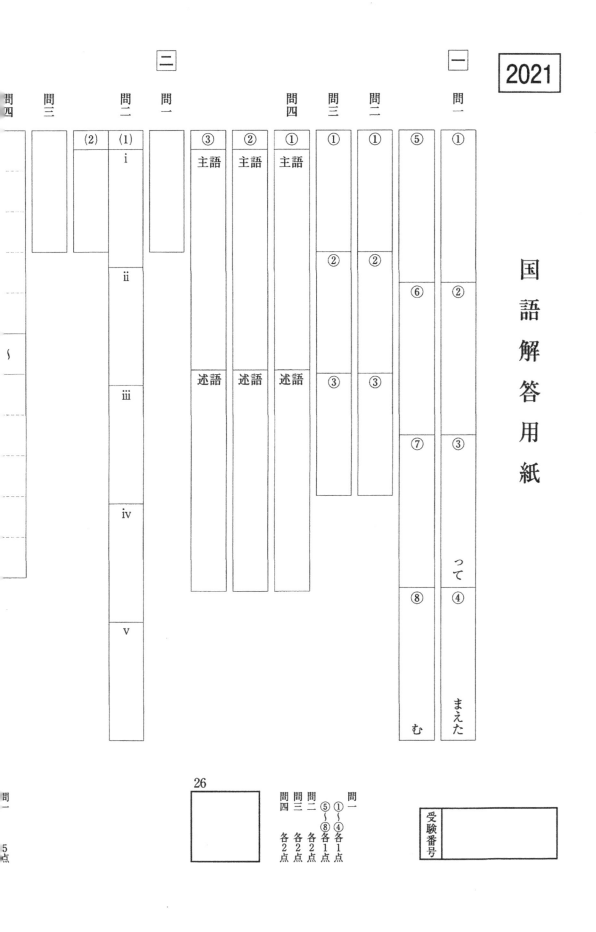

4 ((1)は記号で答えなさい。(2)は途中式と答えを記入すること)

(1) ①	②	③	④	⑤
(2)				

小　計 1×5+5=10

5 (答えのみでよいものとする)

(1)	(2)

小　計 5×2=10

2021 数学

受験番号		氏名	

得　点

※100点満点

				20

(2)

				5
				10
				15
				20

7

(1)		(2)		(3)		(4)	

7
2点×12問

(5)	1		2		3		4	
	5		6		7		8	

2021 英語

受験番号		氏名	

得　点

※100点満点

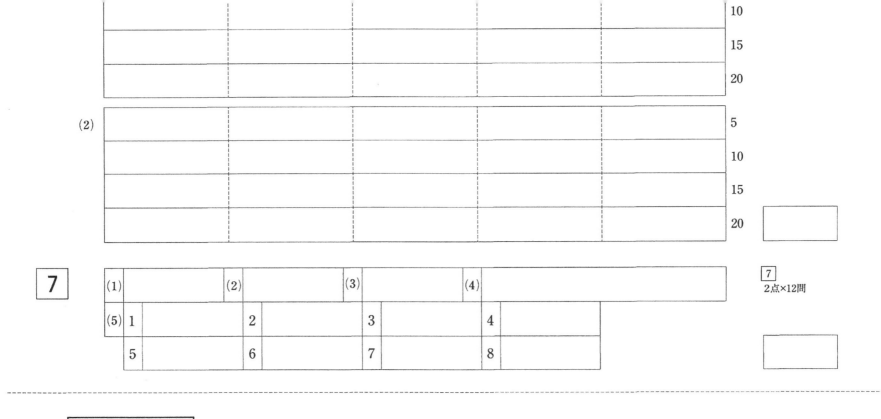

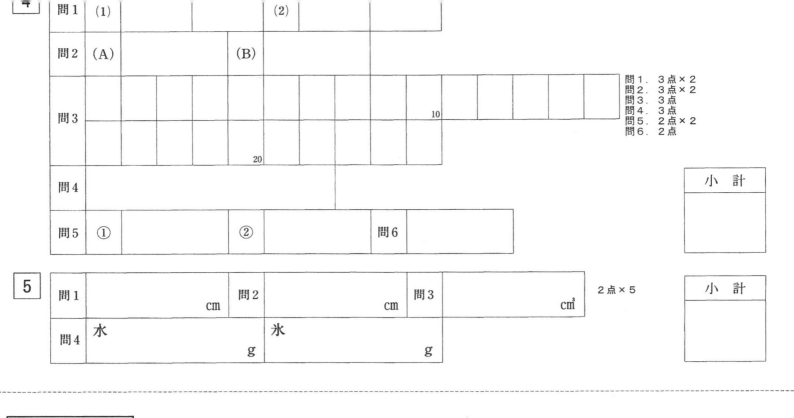

4

問1	(1)		(2)	
問2	(A)		(B)	
問3				
問4				
問5	①		②	
問6				

問3 answer grid: first row of 15 boxes, with 10 printed in the 10th box; second row of 10 boxes, with 20 printed in the 5th box.

									10					
				20										

問1．３点×２
問2．３点×２
問3．３点
問4．３点
問5．２点×２
問6．２点

小　計

5

問1	cm	問2	cm	問3	cm^3
問4	水　g		氷　g		

２点×５

小　計

2021　理科

受験番号		氏名	

得　　点

※100点満点

設問12		設問13		設問14		設問15	
設問16		設問17		設問18			
設問19		設問20		設問21			
設問22		設問23					

歴史

4

設問1	合意	効率	公正				
設問2	①	②	設問3	X	Y	Z	
設問4		設問5	①	②A	B		
設問5	③	設問6	A	B			

2点×15

公民

2021 社会

受験番号		氏名	

得　　点

※100点満点

2021

社 会 解 答 用 紙

受験番号	

1

①	②	③		

設問1	X	Y	Z

設問2		設問3		設問4	

設問5	国名	言語　　　語	設問6	

設問7	月　　日　　時	設問8	

①～③１点×３　設問１．１点×３
設問２．２点　設問３．１点
設問４．２点　設問５．１点×２
設問６．２点　設問７．２点
設問８．２点

2

設問1	A	B	C	D	E

設問2		設問3		設問4		設問5	

設問１．１点×５
設問２．１点
設問３．２点
設問４．１点
設問５．２点

地理

設問１．２点　設問２．２点
設問３．１点　設問４．２点
設問５．２点　設問６．１点
設問７．２点　設問８．１点×２
設問９．１点　設問10．２点
設問11．２点　設問12．２点
設問13．２点　設問14．２点
設問15．１点　設問16．２点
設問17．１点　設問18．２点
設問19．２点　設問20．２点
設問21．１点　設問22．２点
設問23．２点

3

設問1		設問2		設問3	

設問4		設問5		設問6	

設問7		設問8	①	②	設問9	

【解答

2021

理科解答用紙

受験番号

1

問1	①		②		問4	(3)	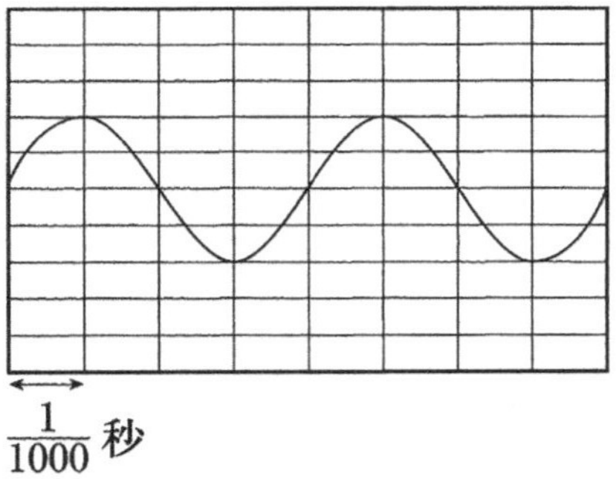
問2							
問3	メートル毎秒						
問4	(1)	秒					
	(2)	Hz					
問5							10

問1．２点×２
問2．２点
問3．３点
問4．３点×３
問5．３点

小　計

2

問1	①		②		③		④	
問2								
問3	(1)		(2)	g				

３点×７

小　計

3

問1		問2		問3		問4	

小　計

【解答

2021

英語解答用紙

受験番号	

1

(1)		(2)		(3)		(4)		(5)		(6)	
(7)		(8)		(9)		(10)		(11)		(12)	

1
2点×12問

2

(1)		(2)		(3)		(4)		(5)	

2
2点×5問

3

(1)	2番目	4番目	(2)	2番目	4番目	(3)	2番目	4番目
(4)	2番目	4番目	(5)	2番目	4番目			

3
2点×5問(完答)

4

(1)
(2)

4
4点×2

5

(1)	Ⅰ		Ⅱ		Ⅲ		Ⅳ	
(2)	(a)		(b)		(3)			

5
2点×8問

【解答

2021

数学解答用紙

受験番号	

1 (答えのみでよいものとする)

(1)	(2)	(3)	(4)
(5)	(6)	(7)	(8)
(9)	(10)	(11) cm	(12) cm^2

小計 4×12=48

2 ((1)(2)は答えのみでよいものとする。(3)は途中式と答えを記入すること)

(1)	(3)
(2)	

小計 4×3=12

3 ((1)(2)(3)は答えのみでよいものとする。(4)は途中式と答えを記入すること)

(1)	(2)	(3)
(4)		

小計 5×4=20

【解答

問六

（60・30）

こと。

問七

三

問一　A　B

問二　a　b

問三

問四

問五

問六

問七　A　B

42

問四	5点
問五	各3点
問六	6点
問七	5点

32

問一	各2点
問二	各2点
問三	4点
問四	4点
問五	4点
問六	4点
問七	各4点

【解答

2021 国語

受験番号

氏名

得点

※100点満点

2021(R3) 大阪高
教英出版

3 次の年表を見て，後の問いに答えなさい。

日本		海外
	B.C.7世紀	シャカ，仏教をおこす
A.稲作が伝わる		
倭，100余りの小国に分裂（漢書）	B.C.1世紀	
		イエス・キリスト誕生
B.邪馬台国の卑弥呼，中国に使者派遣	3世紀	
		C.倭，朝鮮半島南部の伽耶（加羅）と連携
D.仏教伝来	6世紀	
		ムハンマド，イスラム教をおこす
	663	E.倭，唐・新羅連合軍に敗れる
F.大宝律令制定	701	
最澄・空海唐に渡る		
	907	G.唐滅亡
		H.ローマ教皇，聖地奪回を要請
I.平清盛，太政大臣となる	1167	
	1274	J.蒙古襲来
	1368	明，建国
K.足利義満，日明貿易開始		
	1517	L.ルター，カトリック教会を批判
種子島に鉄砲伝来	1543	
フランシスコ＝ザビエル，鹿児島に到着	1549	
M.豊臣秀吉，朝鮮出兵	1592～	

N. 徳川家康, 江戸幕府を開く	1603	
島原・天草一揆	1637	
O. 鎖国の完成	1639	
	1840	P. アヘン戦争
日米和親条約締結	1854	
Q. 日米修好通商条約締結	1858	
R. 大政奉還, 王政復古の大号令	1867	
日清戦争	1894	
日露戦争	1904	
	1914	S. 第一次世界大戦
	1929	T. 世界恐慌
日中戦争	1937	
太平洋戦争	1941	
U. ポツダム宣言を受諾	1945	ドイツ降伏
	1950	V. 朝鮮戦争
サンフランシスコ講和会議	1951	
W. 沖縄返還	1972	

〔設問１〕下線部Ａについて，B.C.４～３世紀頃から農耕が始まり弥生時代に入った。弥生時代は戦いの時代ともいわれる。物見やぐらをそなえ，柵や深い濠に囲まれた佐賀県の遺跡は何か，答えなさい。

〔設問２〕下線部Ｂについて，この記事が載っている中国の歴史書は何か，答えなさい。

〔設問３〕下線部Ｃについて，倭はなぜ伽耶（加羅）とつながりを持ったのか，次のア～エから１つ選び，記号で答えなさい。

（ア）朝鮮半島には鉄を作りだす技術がなく，日本が輸出したから。

（イ）日本には鉄を作りだす技術がなく，朝鮮半島から輸入したから。

（ウ）朝鮮半島には銅を作りだす技術がなく，日本が輸出したから。

（エ）日本には銅を作りだす技術がなく，朝鮮半島から輸入したから。

〔設問４〕下線部Ｄについて，仏教の導入につとめ，反対する物部氏を倒し勢力を大きく伸ばした豪族は何氏か，答えなさい。

〔設問５〕下線部Ｅについて，この戦いを何というか，答えなさい。

〔設問６〕下線部Ｆについて，律令制の導入によって国のしくみが整うと，天皇が日本を治めることの正当性を明らかにするための歴史書が作られた。中国の歴史書にならって漢文で書かれた歴史書は何か，次のア～エから１つ選び，記号で答えなさい。

（ア）古事記　　（イ）万葉集　　（ウ）風土記　　（エ）日本書紀

〔設問７〕下線部Ｇについて，唐の滅亡前に，遣唐使の中止を決めた人物は誰か，答えなさい。

〔設問８〕下線部Ｈについて，

①この聖地とはどこか，次のア～エから１つ選び，記号で答えなさい。

（ア）ローマ　（イ）エルサレム　（ウ）コンスタンチノープル　（エ）ロンドン

②この遠征軍を何というか，答えなさい。

〔設問９〕下線部Ｉについて，平氏政権の経済基盤の一つに中国との貿易があるが，この貿易の相手となった中国の王朝名は何か，次のア～エから１つ選び，記号で答えなさい。

（ア）秦　　（イ）周　　（ウ）宋　　（エ）呉

〔設問１０〕下線部Ｊについて，元のフビライが日本に朝貢を求めたが，これを拒否した鎌倉幕府の８代執権は誰か，答えなさい。

〔設問１１〕下線部Ｋについて，この貿易で大量の明銭（銅銭）が輸入された理由は何か，答えなさい。

〔設問１２〕下線部Ｌについて，ルターが批判した，カトリック教会が販売したものは何か，答えなさい。

〔設問１３〕下線部Ｍについて，秀吉は二度にわたって出兵したが，民衆の抵抗運動や明の援軍などで苦戦が続き，秀吉の死によって全軍が引き上げた。亀甲船による抵抗を指揮した朝鮮水軍の将軍は誰か，答えなさい。

〔設問１４〕下線部Ｎについて，家康は海外貿易に積極的であった。外国と貿易する大名や豪商に，渡航の証書を与えて収入の一部を納めさせた。この証書を何というか，答えなさい。

〔設問１５〕下線部Ｏについて，幕府はキリスト教を禁止し鎖国を行ったが，完全に鎖《とざ》されたわけではなく四つの窓口が開かれていた。四つの窓口として正しいものを，次のア～エから１つ選び，記号で答えなさい。

（ア）長崎，対馬，薩摩，松前　　（イ）長崎，博多，堺，江戸

（ウ）長崎，対馬，堺，松前　　（エ）長崎，堺，江戸，松前

〔設問１６〕下線部Ｐについて，清に勝利したイギリスは，香港を手に入れ多額の賠償金を得る条約を結んだ。この条約は何か，答えなさい。

〔設問１７〕下線部Ｑについて，ペリーと日米和親条約を結んだあと，アメリカは自由貿易を強く要求した。その結果，大老井伊直弼は日米修好通商条約を結んだが，ほかにも同様の条約を四か国と結んだ。四か国として誤っているものを，次のア～オから１つ選び，記号で答えなさい。

（ア）イギリス　　（イ）ロシア　　（ウ）ドイツ

（エ）オランダ　　（オ）フランス

〔設問１８〕下線部Ｒについて，１５代将軍徳川慶喜は天皇に政権の返上を申し出たが，討（倒）幕派は天皇を中心とする新政府の樹立を宣言した。さらに，慶喜の官職と領地の返上を迫ったため，１８６８年，鳥羽・伏見で戦いが始まった。翌年の函館まで続いた戦いは何か，答えなさい。

〔設問１９〕下線部Ｓについて，「ヨーロッパの火薬庫」と呼ばれたバルカン半島をめぐる対立から第一次世界大戦が起こった。そのきっかけとなったオーストリア皇太子夫妻が暗殺された事件は何か，答えなさい。

〔設問２０〕下線部Ｔについて，ニューヨークで株価が大暴落し，アメリカ経済が不景気となり世界中に広がった結果，世界恐慌となった。アメリカでニューディール政策をおこない経済の回復をはかった大統領は誰か，答えなさい。

〔設問２１〕下線部Ｕについて，ドイツ降伏後ポツダムで会議が開かれ，日本の無条件降伏をうながす共同宣言が出された。会議に参加した国はアメリカ・イギリス・ソ連であったが，宣言はソ連にかわる国の名前で出された。その国名を答えなさい。

〔設問２２〕下線部Ｖについて，朝鮮戦争が始まると連合国軍総司令部（ＧＨＱ）はそれまでの政策を転換し，日本政府に治安維持のための組織を作らせた。この組織は何か，答えなさい。

〔設問２３〕下線部Ｗについて，沖縄の返還は日米安全保障条約に従い，アメリカの基地を残したままでの返還であった。沖縄返還にともない非核三原則があらためて確認されたが，この三原則とは何か，答えなさい。

4 次の文章を読んで，以下の問いに答えなさい。

A.社会の中で，それぞれの年齢層の人々がどのような割合で生活しているかというB.人口構成とその推移は，その国のC.経済，教育，福祉など，国民生活に大きな影響を与える。

日本は現在，人口に占める高齢者の割合が増加する「高齢化」と，出生率の低下により若年者人口が減少する「少子化」が同時に進行するD.「少子高齢化」となっている。

E.政府は，２０１７年に「人口１００年時代構想会議」を立ち上げ，F.高齢者から若年者まで，すべての国民に活躍する場があり，元気に生活し続けられる社会をつくる必要があると考え，様々な取り組みが行なわれている。

〔設問１〕下線部Aについて，社会で生きていくために必要な「合意」・「効率」・「公正」の説明文として，適当なものを次のア～エからそれぞれ１つ選び，記号で答えなさい。

（ア）資源を無駄なく使うことで、だれの満足も減らすことなく全体の満足を増やすこと。

（イ）一人ひとりの置かれている状況に目を向け，特定の人が正当な理由もなく不利な扱いを受けることがないようにすること。

（ウ）自分の意見を主張するだけではなく，相手の話をよく聞いて，互いに受け入れることのできる解決策を求めていくこと。

（エ）人間には個性があり，考え方や求めるものが違うため争うこと。

〔設問２〕下線部Bについて，

①人口構成の説明文として正しいものを次のア～エから１つ選び，記号で答えなさい。

（ア）人口を年齢によって１０歳未満の年少人口，１０歳以上６５歳未満の生産年齢人口，６５歳以上の高齢人口に分類したもの。

（イ）人口を年齢によって１５歳未満の年少人口，１５歳以上６０歳未満の生産年齢人口，６０歳以上の高齢人口に分類したもの。

（ウ）人口を年齢によって１０歳未満の年少人口，１０歳以上６０歳未満の生産年齢人口，６０歳以上の高齢人口に分類したもの。

（エ）人口を年齢によって１５歳未満の年少人口，１５歳以上６５歳未満の生産年齢人口，６５歳以上の高齢人口に分類したもの。

②現在の日本の人口ピラミッドに最も近いものを次のア～ウから１つ選び，記号で答えなさい。

（ア）　　　　　　　（イ）　　　　　　　（ウ）

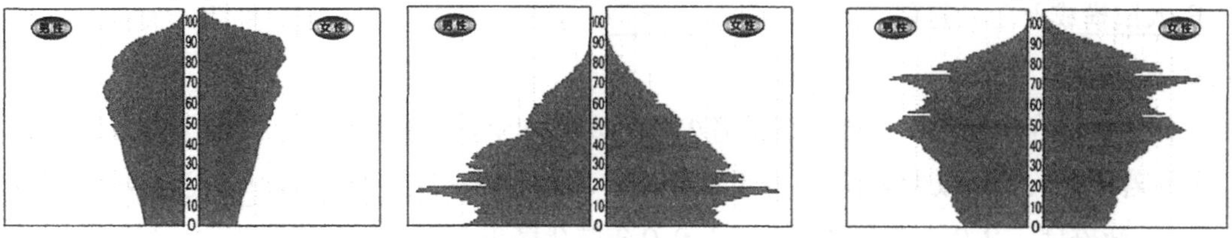

国立社会保障 人口問題研究所作成

（１９６５～２０１５：国勢調査，２０２０年以降：「日本将来推計人口（平成２９年推計）」（出生中位（死亡中位）））

〔設問３〕下線部Ｃついて，次の図は，経済の三主体を表したものである。空欄（ Ｘ ）（ Ｙ ）（ Ｚ ）に入る適語をそれぞれ答えなさい。

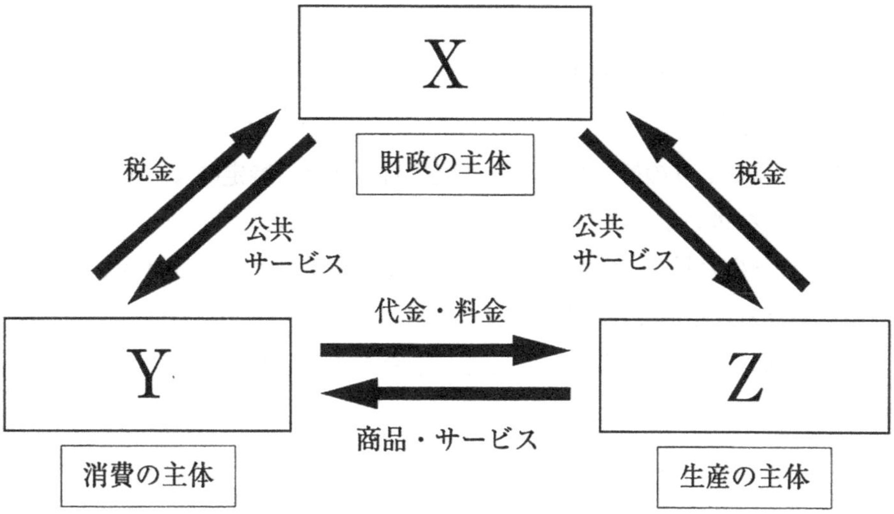

〔設問４〕下線部Ｄについて，日本の「少子高齢化」の要因として誤っているものを次のア～エから１つ選び，記号で答えなさい。

（ア）働くことと子育ての両立の難しさや，結婚年齢の高まりなどから，一人の女性が生む子どもの数が減少している。

（イ）経済成長により，食生活や衛生環境，医療環境が向上し死亡率が低下した。

（ウ）国民年金や医療保険を中心とした福祉の充実があった。

（エ）高齢者の生活を支える公的年金や医療介護などの社会保障にかかるお金が増えた。

〔設問5〕下線部Eについて，

①図のように，権力のらん用を防ぎ，国民の権利を保障する仕組みを何というか，答えなさい。

②図中の空欄（Ａ）（Ｂ）に入る語句として適当なものを，次のア～エからそれぞれ１つ選び，記号で答えなさい。

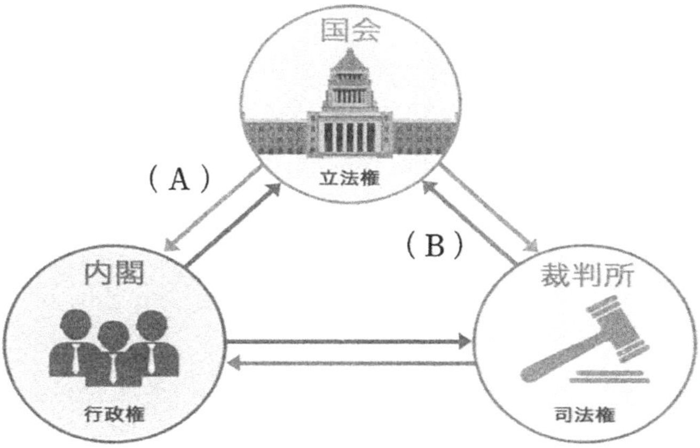

（ア）違憲立法審査権　　（イ）弾劾裁判所の設置
（ウ）最高裁判所長官の指名　　（エ）内閣総理大臣の指名

③２０２０年９月に就任した第９９代内閣総理大臣は誰か，次のア～エから１つ選び，記号で答えなさい。

（ア）菅義偉　　（イ）田中角栄　　（ウ）中曽根康弘　　（エ）安倍晋三

〔設問6〕下線部Ｆについて，次の条文の空欄 A B に入る適語を答えなさい。

日本国憲法 第２５条
①すべて国民は，健康で文化的な A の生活を営む権利を有する。
②国は，すべての生活部面について，社会福祉，社会保障および B の向上及び増進に努めなければならない。

プリント形式のリアル過去問で本番の臨場感！

大阪府

清風 高等学校

2025年春 受験用 解答集

本書は，実物をなるべくそのままに，プリント形式で年度ごとに収録しています。
問題用紙を教科別に分けて使うことができるので，本番さながらの演習ができます。

■ 収録内容

・解答集（この冊子です）

書籍ＩＤ番号，この問題集の使い方，最新年度実物データ，リアル過去問の活用，
解答例と解説，ご使用にあたってのお願い・ご注意，お問い合わせ

・2024（令和６）年度 ～ 2020（令和２）年度　学力検査問題

JN132629

○は収録あり	年度	'24	'23	'22	'21	'20	
■ 問題収録		○	○	○	○	○	
■ 解答用紙		○	○	○	○	○	
■ 配点		○	○	○	○	○	

全教科に解説
があります

注）国語問題文非掲載：2021年度の【二】

問題文の非掲載につきまして

著作権上の都合により，本書に収録している過去入試問題の本文の一部を掲載しておりません。ご不便をおかけし，誠に申し訳ございません。

本文の一部を掲載できなかったことによる国語の演習不足を補うため，論説文および小説文の演習問題のダウンロード付録があります。弊社ウェブサイトから書籍ＩＤ番号を入力してご利用ください。

なお，問題の量，形式，難易度などの傾向が，実際の入試問題と一致しない場合があります。

教英出版

■　書籍ＩＤ番号

入試に役立つダウンロード付録や学校情報などを随時更新して掲載しています。
教英出版ウェブサイトの「ご購入者様のページ」画面で，書籍ＩＤ番号を入力してご利用ください。

書籍ＩＤ番号　104529

（有効期限：2025年9月30日まで）

【入試に役立つダウンロード付録】
「ラストチェックテスト（標準／ハイレベル）」
「高校合格への道」

■　この問題集の使い方

年度ごとにプリント形式で収録しています。針を外して教科ごとに分けて使用します。①片側，②中央のどちらかでとじてありますので，下図を参考に，問題用紙と解答用紙に分けて準備をしましょう（解答用紙がない場合もあります）。

針を外すときは，けがをしないように十分注意してください。また，針を外すと紛失しやすくなりますので気をつけましょう。

① 片側でとじてあるもの

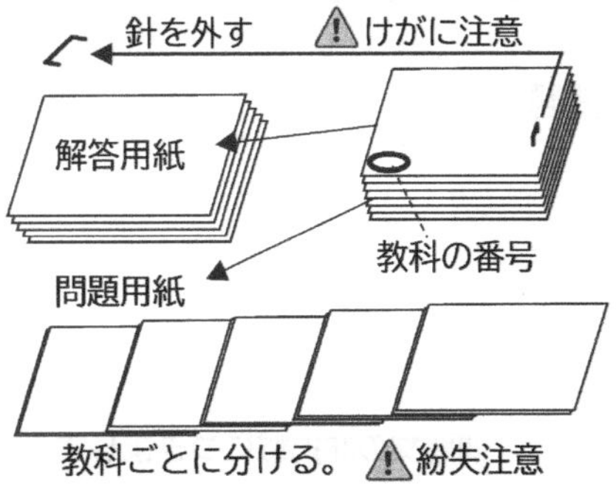

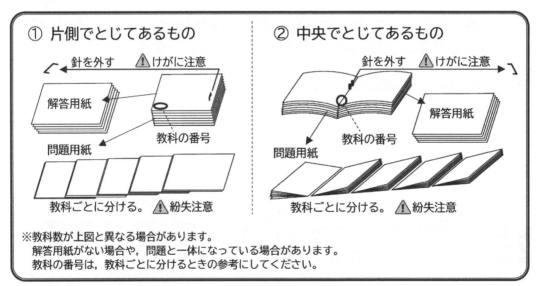

② 中央でとじてあるもの

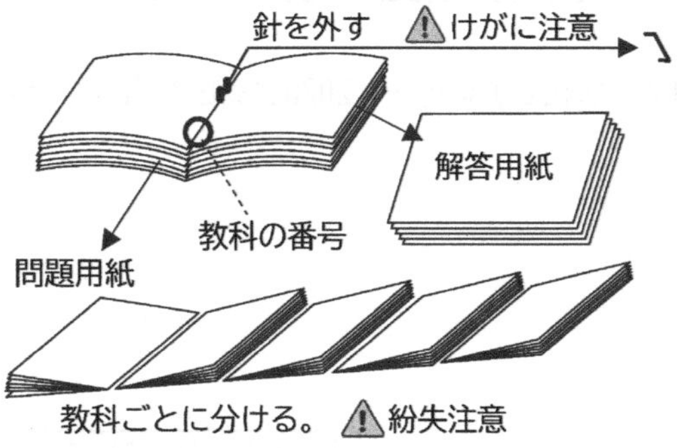

※教科数が上図と異なる場合があります。
解答用紙がない場合や，問題と一体になっている場合があります。
教科の番号は，教科ごとに分けるときの参考にしてください。

■　最新年度 実物データ

実物をなるべくそのままに編集していますが，収録の都合上，実際の試験問題とは異なる場合があります。実物のサイズ，様式は右表で確認してください。

問題用紙	Ｂ５冊子（二つ折り）
解答用紙	Ｂ４片面プリント

リアル過去問の活用

～リアル過去問なら入試本番で力を発揮することができる～

本番を体験しよう！

問題用紙の形式（縦向き / 横向き），問題の配置や余白など，実物に近い紙面構成なので本番の臨場感が味わえます。まずはパラパラとめくって眺めてみてください。「これが志望校の入試問題なんだ！」と思えば入試に向けて気持ちが高まることでしょう。

入試を知ろう！

同じ教科の過去数年分の問題紙面を並べて，見比べてみましょう。

① 問題の量

毎年同じ大問数か，年によって違うのか，また全体の問題量はどのくらいか知っておきましょう。どのくらいのスピードで解けば時間内に終わるのか，大問ひとつにかけられる時間を計算してみましょう。

② 出題分野

よく出題されている分野とそうでない分野を見つけましょう。同じような問題が過去にも出題されていることに気がつくはずです。

③ 出題順序

得意な分野が毎年同じ大問番号で出題されていると分かれば，本番で取りこぼさないように先回りして解答することができるでしょう。

④ 解答方法

記述式か選択式か（マークシートか），見ておきましょう。記述式なら，単位まで書く必要があるかどうか，文字数はどのくらいかなど，細かいところまでチェックしておきましょう。計算過程を書く必要があるかどうかも重要です。

⑤ 問題の難易度

必ず正解したい基本問題，条件や指示の読み間違いといったケアレスミスに気をつけたい問題，後回しにしたほうがいい問題などをチェックしておきましょう。

問題を解こう！

志望校の入試傾向をつかんだら，問題を何度も解いていきましょう。ほかにも問題文の独特な言いまわしや，その学校独自の答え方を発見できることもあるでしょう。オリンピックや環境問題など，話題になった出来事を毎年出題する学校だと分かれば，日頃のニュースの見かたも変わってきます。

こうして志望校の入試傾向を知り対策を立てることこそが，過去問を解く最大の理由なのです。

実力を知ろう！

過去問を解くにあたって，得点はそれほど重要ではありません。大切なのは，志望校の過去問演習を通して，苦手な教科，苦手な分野を知ることです。苦手な教科，分野が分かったら，教科書や参考書に戻って重点的に学習する時間をつくりましょう。今の自分の実力を知れば，入試本番までの勉強の道すじが見えてきます。

試験に慣れよう！

入試では時間配分も重要です。本番で時間が足りなくなってあわてないように，リアル過去問で実戦演習をして，時間配分や出題パターンに慣れておきましょう。教科ごとに気持ちを切り替える練習もしておきましょう。

心を整えよう！

入試は誰でも緊張するものです。入試前日になったら，演習をやり尽くしたリアル過去問の表紙を眺めてみましょう。問題の内容を見る必要はもうありません。どんな形式だったかな？受験番号や氏名はどこに書くのかな？…ほんの少し見ておくだけでも，志望校の入試に向けて心の準備が整うことでしょう。

そして入試本番では，見慣れた問題紙面が緊張した心を落ち着かせてくれるはずです。

※まれに入試形式を変更する学校もありますが，条件はほかの受験生も同じです。心を整えてあせらずに問題に取りかかりましょう。

2024 解答例　清風高等学校

令和6年度

《国　語》

【一】問一．a．ウ　b．エ　c．イ　問二．どんな言葉　問三．イ　問四．ウ　問五．エ　問六．ウ，カ

【二】問一．a．圧倒　b．任　c．専門　d．こうむ　e．容易　問二．イ　問三．信頼は、相手が想定外の行動をとる可能性を前提としつつ、それでも相手はひどい行動をとらないと信じることであり、安心は、相手を自分のコントロール下に置き、想定外の行動の可能性を意識していない状態である。　問四．ア　問五．イ　問六．ウ

【三】問一．エ　問二．イ　問三．ウ　問四．二三千のたいまつ　問五．むかで　問六．ウ，オ

《数　学》

1　(1)$\frac{13a+7b}{15}$　(2)$(x-1)(x-3)y$　(3)67　(4)11　(5)c

2　(1)売り値…360　売れる個数…72　(2)20　(3)3　(4)5

3　(1)(0，3)　(2)$x+6$　(3)$\frac{15}{2}$　(4)－3，－9　(5)$-\frac{6}{13}$

4　(1)$\sqrt{3}$　(2)$2\sqrt{21}$　(3)120　(4)$\sqrt{7}$　(5)$\frac{18\sqrt{3}}{7}$

5　(1)PQ…2　OM…$6\sqrt{2}$　(2)x．$\frac{3\sqrt{2}}{2}$　y．$\frac{3\sqrt{14}}{2}$　(3)4：9　(4)(ア)$\frac{14\sqrt{14}}{9}$　(イ)$\frac{56\sqrt{7}}{27}$

《英　語》

I　1．(a)dangerous　(b)Tom　2．(a)as　(b)books　3．(a)like　(b)cold　4．(a)talking　(b)speaks

II　問1．A．イ　B．ア　C．エ　D．ウ　問2．(a)subject　(b)should　(c)study　問3．誰もテスト勉強をしないこと。　問4．the important points we need to study　問5．alone　問6．ウ

III　問1．イ　問2．(1)イ　(2)ア　(3)エ　(4)ウ　問3．(a)that　(b)tree
問4．[A]ウ　[B]ア　[C]イ　[D]エ　問5．彼らはカカオの木を育てた最初の人々だった　問6．money
問7．1．×　2．×　3．○　4．×

IV　問1．(A)エ　(B)イ　(C)ウ　(D)ア　問2．X．ウ　Y．イ　Z．ア　問3．発展途上国の子どもたち
問4．イ　問5．(a)so　(b)it　問6．ウ，エ

《理　科》

1　問1．ウ　問2．イ　問3．$CH_4+2O_2 \rightarrow CO_2+2H_2O$　問4．水…54　二酸化炭素…66　問5．68
問6．①3　②2　問7．(1)49.5　(2)エ

2　問1．ア　問2．ウ　問3．エ　問4．イ　問5．ア
問6．(1)③ア　④5　(2)3.5　(3)呼吸商の値…0.7　栄養分…脂肪

3　問1．ア　問2．(1)示準化石　(2)エ　問3．ウ　問4．イ，カ　問5．ウ　問6．55
問7．(1)イ　(2)16

4　問1．イ　問2．ウ　問3．エ　問4．オ　問5．①エ　②ア　③エ　問6．④青　⑤赤

《社　会》

1　問1．エ　問2．ア　問3．ウ　問4．エ　問5．エ　問6．イ　問7．オ　問8．ハザード

2　問1．イ　問2．ア　問3．エ　問4．エ　問5．ウ　問6．ア　問7．エ
問8．グリーンランド

3　問1．ア　問2．エ　問3．エ　問4．ア　問5．ア　問6．(1)墾田永年私財法　(2)ウ　問7．ア
問8．イ　問9．ア　問10．イ　問11．エ

4　問1．ア　問2．エ　問3．イ　問4．マルクス　問5．エ　問6．イ　問7．イ

5　問1．ウ　問2．公共の福祉　問3．イ　問4．ウ　問5．ア　問6．オ

6　問1．ウ　問2．ア　問3．エ　問4．エ

《2024　国語　解説》

【一】

問三　――線部②の直前に「思いがけない言葉だったからだ」とある。思いがけなかったのは、亜紗《あさ》が「（合唱の）コンクールがなくなった美琴《みこと》にしてみたら、天文部の合宿なんて、遊びみたいに思えるかもしれない」と思っていたところ、美琴が『できてほしいな。天文部、屋外だし』と亜紗の気持ちに寄りそう言葉を言ってくれたからである。よって、イが適する。

問四　――線部③は「胸が締め付けられる」（不安や悲しみなどで胸が圧迫されたような苦しさを感じる）ということ。直前に「皆が家にこもる日々～誰も経験したことがない～誰もどうしていいのかわかっていない。正解がない中で、さまざまな意見があり、対立もまたある」とあることから、ウのような心情が読みとれる。

問五　亜紗が送った X の前行の『悲しみとかくやしさに、大きいとか小さいとか、特別とかないよ』を、美琴が言っていた『うちの部は別に強豪ってわけじゃないし～こんなことで落ち込むのも図々《ずうずう》しいのかもしれないけど』をふまえて解釈すると、エのようになる。

問六　ウ．本文７～８行目に「泣いたり、怒ったり、大騒ぎする感じがまるでなくて、それが美琴らしくない」とあるから、「美琴は、きっと普段から冷静にふるまえる人物なのだろう」は適切でない。　カ．「リーダ記号～亜紗が語尾を強めているところで使われている」「前者（一重かぎかっこ）はどれも亜紗の言葉に使われ、後者（二重かぎかっこ）はどれも美琴の言葉に使われていて」が適切でない。

【二】

問二　――線部①の直前に「他者のために何かよいことをしようとする思いが～その他者をコントロールし、支配することにつながると感じていた」とあり、――線部①の後で、そのような例として「全盲になって一〇年以上～すべてを先回りして言葉にされてしまうと～自分なりに世界を感じることができなくなって～『障害者を演じなきゃいけない窮屈さがある』～『善意の押しつけ』という形をとってしまう」「若年性アルツハイマー型認知症当事者～周りの人が助けすぎる～先回りしてぱっとサポート～むしろ本人たちの自立を奪っている～自己肯定感が下がっていく」という話を取り上げている。これらから読みとれることをまとめると、イのようになる。

問三　――線部②の後で「安心は、相手が想定外の行動をとる可能性を意識していない状態～相手の行動が自分のコントロール下に置かれていると感じている」「信頼とは、相手が想定外の行動をとるかもしれないこと～を前提としています～それでもなお、相手はひどい行動をとらないだろうと信じること。これが信頼です」と述べていることを用いてまとめる。

問四　――線部③の後で「利他的な行動には～『私の思い』が含まれています～思いは思い込み～相手が実際に同じように思っているかどうかは分からない」「利他の大原則～やってみて、相手が実際にどう思うかは分からない。分からないけど、それでもやってみる。この不確実性を意識していない利他は、押しつけであり～暴力になります」と述べていることから、アのような理由が読みとれる。

問五　「やってみて、相手が実際にどう思うかは分からない」ということ、つまり、「自分の行為の結果はコントロールできない」ということ。

問六　ウの「解くためのヒントをいくつか教えた」が、先回りしすぎずに相手の力を信じている、相手が自分で考えられるようにするという点で、押しつけではない「利他的な行動」だと言える。